The Soft Vengeance of a Freedom Fighter

溫柔的復仇

奧比・薩克思的創痛與重生札記

Albie Sachs
奧比・薩克思——著
堯嘉寧——譯

【目錄】

唐獎基金會讚詞

充滿驚嘆號的一生

唐獎教育基金會執行長 陳振川

奧比．薩克思攜帶妻兒來到台灣領取唐獎之法治獎，就如同奧比的一生，也是一個驚嘆號！

當我以唐獎教育基金會執行長身分親自打電話恭喜他時，他很客氣的表示感謝，並認同設置此一獎項之價值。基金會曾先委託友人先告訴他獲獎消息，但他起初並不相信，因為他尚未聽過唐獎，此一由中央研究院所成立獨立公正之法治組委員會 動提名評選作業，經邀請世界法學領域具有一定地位之先進上千人提名推薦，第一屆第一位法治獎得主，終於由百餘位被推薦人士中經委員會挑選脫穎而出。

企業家尹衍樑博士長期投入教育公義事業，成立諾貝爾獎級之國際大獎，不分種族、國籍、性別，遴選出對世界具創新實質貢獻與影響力的成就者，以帶動世界文明進步及生活福祉是他二十年前設定的目標。唐獎設立四大獎項領域，有別於百年前設置之諾貝爾獎重視基礎科學，考究的是二十一世紀人類所需要的智慧，並勉勵時代先驅者以其學易天下，以天下為己任，共同為世界文明而努力。「永續發展」表彰對人類在地球上永續生存與發展具開創性及卓越貢獻者；「生技醫藥」著重透過生物醫學或藥物研發，有效解決人類疾病，提升健康與生活品質；「漢學」指其廣義領域，重點在彰顯中華文化，促進人類內在的精神自覺；「法治」則基於人生而平等的信念，期待建立更為普及、完善的制度，以實踐人類及自然之共同福祉為目標。唐獎法治獎提倡法律應兼顧正當程序與實體正義，獎勵為和平、人權、永續發展而奮鬥的傑出個人或機構。

奧比．薩克思第二次來台灣，他在心理上已比較熟悉。第一次經雷震基金會邀請蒞臨台灣前，他對前南非政府所結交友邦之中華民國政府是有排斥的，他認為怎麼會有一個國家是支持當時南非黑白種族隔離之政府？那時，他不瞭解台灣也是聯合國世界外的孤兒，以及當時政治環境的特殊情況。很快的，他第一次來到台灣感受到開放民主氣息及人民百姓之友善，也紓解了他對台灣問題之疑惑。走過那刻骨銘心的生涯，也是時勢造英雄的經歷，他仍是充滿熱忱及平易近人，他瞭解每一國家有其特殊發展環境及文化背景，而不願做直接評判，但卻熱情的願意分享他的經驗及看法，供大家分享。

在唐獎週期間，他對基金會表示儘量將他行程排滿，對於媒體之訪問要求也從不拒絕，直至在唐獎週結束返國前，在桃園機場仍在接受媒體訪問。而他深扣人性尊嚴及精闢法治之見解，在場場演講中均深深打動人心，令人感動，特別是在司法院，對全體大法官及近兩百位人員之演說，及在台中中興大學對六百位年輕學子之座談會，在頒獎典禮發表演說時，他以嘴角翻開講稿之動作，全場人士肅穆，感人無聲。他總是很謙卑地和他的夫人Venessa Rose熱情對待人，而他的年輕小男孩Oliver拉著他斷臂長袖傳統襯衫一起愉快同行，參加唐獎週的活動，令人倍感溫馨。

唐獎教育基金會很榮耀並感謝由國際著名法學專家組成之評選委員會，精挑出奧比．薩克思大法官為首屆得獎人，以表彰他提升世人對法治之理解，對普世人權及正義所做出卓越之貢獻。我們也希望他來台灣所帶來法治經驗及看法對我國法治教育及體制改善有所助益，也能經由和本基金會之合作，將法治精神帶到全世界。

研讀《溫柔的復仇》這本書，可瞭解他終身追求理念發展之動力。二〇一四年，奧比和獲得諾貝爾獎和平獎得主馬拉拉一樣，巧都歷經恐怖攻擊而存活，年輕的馬拉拉以堅毅志氣為兒童及年輕人之受教權努力，而年紀較長、閱歷豐富的奧比．薩克思成功地經由法治的實踐，來癒合過去撕裂社會所帶來的創痛，以建立一個尊重多元，擁抱民主價值、社會正義與基本人權的社會。馬拉拉的事蹟感動人心，而奧比．薩克思已將他的智慧及法治見解，經由制度轉化成實際作為及成果，造福南非人民及影響世界，令人感佩。

現今世界中不論是已開發、開發中或低度開發國家，甚至許多國家正在打仗中，均有很大提升法治之空間，唐獎創辦人尹衍樑博士曾提及「沒有法治，是無法成就和平、人權與人類的永續發展」，唐獎得主奧比．薩克思所提供經驗將讓政治人物思考、法務人員學習，使國家社會進步、百姓受益。

推薦序（一）

溫柔之必要，肯定之必要——序薩克思《溫柔的復仇》*

單德興
中央研究院歐美研究所特聘研究員

「我寫過的每則判決都是謊言」，南非憲法法院前大法官薩克思（Albie Sachs）在一次演講中以如此驚人之語開場，果然「驚醒了許多打瞌睡的聽眾」。為何一個掌握國家憲法解釋權的大法官，竟會說自己殫精竭慮所寫出的每則判決都是謊言，這究竟是怎麼一回事？！

他在《斷臂上的花朵》（*The Strange Alchemy of Life and Law*）第二章〈我的每則判決都是謊言〉（"Tock-Tick: The Working of a Judicial Mind"，直譯為「司法心靈的運作方式」）伊始除了敘

* 本文標題借自瘂弦〈如歌的行板〉。

述以上的插曲，並稍加修正：「我寫過的每則判決都透露了一個自相矛盾的謊言。」細讀該章就明瞭，原來他以「條理井然、概念清晰、層次分明的敘述方式」所呈現的判決，其實「都是從混沌甚至混亂的心靈狀態開始」，這些在眾人眼中看來「完全平靜，甚至是平淡、冷漠的文字」，無法反映他在撰寫過程中「熱情與激烈的論辯」以及「費心和艱困」。他把撰擬判決書的過程比喻為「旅程」，「始於最具嘗試性的大膽想法，經過徹底的懷疑和論辯，最終排除所有的可能錯誤，獲致經得起考驗的結論。」他坦言自己有一次判決前後修改了二十六回之多。如果在撰擬法律的判決時如此，那麼在書寫自己身心最大的創傷時，又如何傳達自己熱情、艱困、激烈的生命故事，再現「斷臂上的花朵」？

薩克思一九三五年生於南非，是猶太移民後裔。身為白人的他稟性正義，自幼便好打抱不平，對於白人政府統治下的南非，尤其種族隔離政策（apartheid）極為不滿，當他在大學二年級（十七歲）故意去選坐「限黑人」的座位時，便踏上了自由鬥士之途，繼而以法律專長為黑人爭取權利，在兩度下獄後選擇流亡英國，取得博士學位，隨後返回非洲，於莫三比克擔任法學教授，就近繼續為建立自由、平等、法治的南非而奮鬥。

一九八八年四月七日，定居莫三比克首都馬布多（Maputo）的他，原本要開車到海灘慢跑、喝啤酒，但在打開汽車車門時，引爆了南非政府特務安置的炸彈，登時被炸到數公尺開外，汽車碎片甚至飛到八樓高的陽台上。倒臥血泊中的他，勉強以一隻手撐起上半身，無助地張望。當時恰好在附近的一個電視台錄影小組聞聲而至，拍下此情此景，並趕忙開車送他到醫院急救。這則消息與照片立即出現在全球重要媒體，舉世為之震撼。身為國際恐怖主義受害者的他雖然幸運逃過死劫，卻失去了右臂和左眼的視力。這對任何人都是難以接受的。在身體狀況穩定後，他被送往倫敦一家醫院接受進一步治療與復健。一天，他接到一張字條，上面寫著：「不要擔心，奧比同志，我們會為你復仇。」（"Don't worry, comrade Albie, we will avenge you."）薩克思痛思，如果一個國家充滿了以牙還牙、以眼還眼的暴戾之氣，絕非長治久安之計。若能將充滿不公不義、種族歧視的南非轉化為民主、自由、法治的社會，那將是他「溫柔的復仇」（soft vengeance）。換言之，薩克思將個人遭受的劫難，轉化為促進民主、自由、法治的動力，而他對此事的「判」斷與「決」定就是要進行「溫柔的復仇」！因為他不願自己奮鬥的目標到頭來是「一個充滿了獨臂人和獨眼龍的南非？……只有一種復仇能夠讓我的手臂不會白白犧牲——一種基於歷史的復仇：爭取到我們奮鬥的目標，讓我們的理想取得勝利。」

「溫柔的復仇」一詞脫胎自「甜美的復仇」（sweet vengeance），但兩者的境界天差地別，後者在復仇中得到滿足與快感，不在意是否真能解決問題，或只是埋下冤冤相報的禍根。「溫柔的復仇」則在回應中結合了「回答柔和，使怒消退」（"A soft answer turns away wrath"）以及「溫柔的人有福了，因為他們必承受地土」（“Blessed are the meek, for they shall inherit the earth”）的精神，以正面態度面對自己的創傷。然而這種「判」斷與「決」定並非只是口說，必得身體力行才能發揮實效。

本書以敘述為主、議論為輔，藉由個人痛切的創傷以及漫長艱辛的身體復健與心靈超越，坦誠分享一己刻骨銘心的經驗以及內省反思的心得，進而驚醒／警醒陷於蒙昧「瞌睡」中的世人。《溫柔的復仇》與兼具敘事與判例的《斷臂上的花朵》並讀，更能領會薩克思的身心復原與反思，如何具現於擔任南非第一任大法官時諸多發人深省的判決。

英文中的「自傳」（autobiography）一詞的字源為“auto”（“self”，「自我」）、“bio”（“life”，「生命」）與“graphy”（“writing”，「寫作」），其中主角（protagonist）、敘事者（narrator）與作者（author）合而為一，因係現身說法，所以具有獨特的權威與力道。自傳體的《溫柔的復仇》選擇從火光四射、痛徹心扉的爆炸瞬間開始，細述人權鬥士薩克思遭遇汽車炸彈時的慘狀，以及受創後的身心「旅程」，既是個人療傷止痛的過程，也折射了整個南非邁向正常化的軌跡，有如一則國族寓言。

此書一九八九年二月至五月撰於紐約，正是薩克思努力尋求恢復正常生活之際，脫稿時距離他受傷僅一年一個月，是為斷臂傷目、刻骨銘心的自我生命書寫。無怪乎一九九〇年於英國出版，次年便獲得南非巴頓獎（the Alan Paton Award），而二〇〇〇年於美國與南非再版，二〇一一年又出新版，足證其歷久彌新。

初版分為四章，首章以極為戲劇性的手法描述自己遭到汽車炸彈時的身心狂亂反應，接著是到醫院緊急治療以及自己的一些回應與感想。在描寫重創與救治的那十天時，作者／主角依然不失幽默，令醫師難解為何「全身骨折、滿身是傷的躺在一片黑暗中，但是我還覺得這麼美好？」大難不死的他成為眾人心目中的英雄，卻不以此自居。

第二章敘述薩克思在倫敦一家醫院的治療與復健，以往習以為常的動作如今成為困難重重的挑戰，並學習與兩件事共存：永遠失去一條手臂，成為人們心目中的英雄。在心理醫師、外科醫師、內科醫師、職能治療師、物理治療師、義肢裝具師等的協助下，他逐步練習重新站立，走路，寫字，爬樓梯，洗澡，維持平衡……在這段過程中必須面對身心的痛苦、折磨與軟弱，以及肢體殘缺的事實，包括明顯感覺右手手指還在、甚至刺痛的幻肢（phantom limb）現象。成為「勇氣和不滅的象徵」的他，如此比較住院與坐牢的同異：「住院像坐牢一樣，都是個歷程完整的經歷，只有一件事完全相反，住院這段經歷完全有助於我的復原，而坐牢則是完全讓我陷於毀滅。」他也反思南非的種族隔離政策，認為其最大罪惡在於「逼使我們這一代最優秀的人——最勇敢和無私、有著崇高理想和浪漫情懷、最聰明和最有能力的人——只能把他們的精力和才能投注在戰爭的藝術中。」在勇敢、幽默與反思之外，他也有脆弱與情緒失控的時候，令人目睹此過程的艱辛矛盾、跌宕起伏。在醫護人員悉心照顧下，他終能出院，但這才是進一步挑戰的開始。

第三章描寫他如何回到家居生活，重新融入世界，獨自飲泣，接納自己，重拾魚水之歡，將BBC的拍片視為復仇（「我反擊的方式，不是再去殺別人，而是把壞的變成好的，用我的心和腦，盡可能表達出我還活著、我的奮鬥、勝利和人性」），參加會議，發表演講卻當眾跌倒，甚至在夢中也接受了獨臂的現實，反覆思索後決定捨棄義肢，將斷臂視為「短臂」而非「殘肢」，在給予之外並學習接受，重新體認男女性別意識，再次學會游泳與跑步，努力重建自己與世界的「積極而快樂的關係」，「強調柔性、幽默和靜靜的復原力」。此外，他確認自己爭取的是普世價值，省思身為白人的他為黑人人權奮鬥，其實不是為了別人的自由，而是「為了自己的權利而奮鬥——能夠在自由國家當一個自由公民的權利……而讓我們都可以獲得真正自由的唯一辦法，就是要摧毀白人統治的體系，這個體系拖垮了整個國家，讓我們都無法獲得人道待遇——包括黑人和白人。」在去看依自己入獄經驗改編的舞台劇《奧比．薩克思的獄中日記》（*The Jail Diary of Albie Sachs*）在倫敦上演時，無法鼓掌的他只能用單手拍打大腿或臉頰，並表示「透過演員、導演和劇作家，我們表達出對炸彈策畫者的唾棄，和我們人類彼此的團結」，其復仇「在此時達到最高潮」，因為「就在今晚，我進行了溫柔而快樂的復仇」。

第四章雖只短短一節，卻劇力萬鈞。薩克思重返爆炸現場，並繼續先前未竟的沙灘慢跑，此外他在所到之處充分感受到「驚喜」、「民主」、「祈福」、「榮耀」。最令人動容的莫過於他說道，如果抓到設計暗殺他的炸彈客，「我最強烈的願望，是希望他（或她）能夠在審判一般人民的法庭、受到正當法律程序的審判，如果證據不足以證明他有罪，希望他最後能夠以無罪釋放」。他語重心長地指出，這會是「我個人對於炸彈客的勝利，這將完全彰顯出我們的價值觀優於他們的，這是我這次溫柔而甜蜜的復仇中，最完美的結局。」

再版的〈後記〉與新版的〈尾聲〉代表了作者從兩個不同的時間點對往事的回顧與評斷，為原已精采的自傳再添兩個面向，使其更為豐厚。〈後記〉撰於一九九八年的開普敦，此時薩克思已結束漫長的流亡歲月，返回南非參與建設自由、民主、法治的社會，推動轉型正義。其中提到他參與的幾項意義深遠的活動：選舉投票使得多年奮鬥的夢想成真；首次參加同志遊行並現場演說；參與制定不分種族、不分性別的南非憲法；宣誓擔任憲法法院大法官；希望當年的炸彈客能向南非大主教屠圖（Desmond Tutu）主持的真相與和解委員會（Truth and Reconciliation Commission）完全坦白以獲得特赦；參與設計新憲法法院建築（此地原為監禁過甘地與曼德拉的監獄，在人類歷史上具有獨特意義）；說明新憲法中"ubuntu"一詞的深意在於「將信仰、希望和慈悲，與自由、平等與博愛調和在一起」，「代表每個人都可以享有尊嚴，只要他們有與其他人共同在群體中生活的美德」。

〈尾聲〉撰於二〇一一年，描寫薩克思為了拍攝紀錄片，帶著三歲半的兒子奧利佛（Oliver）回到爆炸現場，有些艱難地訴說當時的情景，最後認為往者已矣，決定不說明這宗爆炸案源自白人與黑人的鬥爭，以免把兒子拉回「終其一生必須如此緊張、而且憤怒的奮鬥」的另一個世界，「就讓他沐浴在、感受現在這個有機、純淨、不存在種族主義的世界吧（這才是他們長大的世界）」。也是在〈尾聲〉中，畢生致力於建設南非為自由、平等、法治的薩克思為自己溫柔的復仇劃下句點：「我溫柔的復仇已經過時了」，因為新時代必須運用新思維來處理新問題，「現在我們必須完全超越復仇的想法」，用前瞻的觀點來「堅守我們贏來的權利，守護它們、強化它們。讓新人在詳細計畫、躊躇猶豫之後邁步向前。」

綜觀全書，薩克思以生動的文字，鋪陳自己的生命書寫，兼具感性的傾訴與理性的思索，在活潑幽默中見幽微深邃，並致力於轉化世人對他的聯想：「我不希望人們看到我，就想到暴力或是恐怖，我希望他們想到的是重生和喜悅，以及復健的無聲勝利。」令人印象深刻的除了受傷、治療、復健的具體細節之外，還有他如何透過面對創傷來重新省思自己的身體、心靈、政治信念與人生理想，如何藉由書寫創傷來記錄個人重生的過程，並分享以生命換取的 貴心得。其中女性的溫柔、慰藉的力量以及療癒、救贖的關鍵性角色更是重點，在書中多所著墨。

《溫柔的復仇》前後超過二十年的三個版本，具現了作者／傳主的心路歷程，為「復仇」下了最佳的定義：薩克思以書寫生命、報導創傷積極正面回應／回報自身遭遇的暴力，而非冤冤相報的惡性循環，以致不僅為個人回復／恢復身心的健康，並為整個社會創造復元（restoration）與新生（renewal）的契機，在面對新生的下一代時，他連「溫柔的復仇」也放下，在真相與修復式正義的原則下，進入另一個層次的和解（reconciliation）與和諧。

有鑑於薩克思傳奇性的生平與貢獻，二〇一四年首屆唐獎的法治獎決定頒予他，「以表彰他提升吾人對法治之理解，對普世人權及正義所作出卓越之貢獻」，得獎原因概括了他的理念、實踐與影響：「奧比．薩克思長期主張所有人的尊嚴皆應予以尊重，不同社群的能力與價值皆應予以肯認，充分體現法治的重要價值。特別是其一生致力為民主自由的南非帶來法治，無論作為政治運動工作者、律師、學者乃至於南非新憲法的起草者，在在都努力經由法治的實踐來癒合過去撕裂社會所帶來的創痛，以建立一個尊重多元，擁抱民主價值、社會正義與基本人權的社會。」

總之，全書藉由書寫身心的創傷，見證了一位南非白人自由鬥士，如何坦然面對傷痛，進行反思，化逆境為個人超越以及國家提昇的動力，並將理想落實於現世。在距離《溫柔的復仇》初版二十一年後，帶著稚子回到爆炸原點的薩克思，有如莎士比亞最後劇本《暴風雨》（*The Tempest*）中的老魔法師，選擇了寬恕與和解，放下仇恨與復仇，讓新世代以新思維建立自己的新世界。《溫柔的復仇》記錄了這位法律與人權勇士在生命中最重要的身心奮鬥歷程，彰顯了面對暴戾與普世價值時，堅持「溫柔之必要」與「肯定之必要」。

二〇一五年二月二十三日初稿於台北南港
二〇一五年三月十二日定稿於香港屯門

推薦序（二）

破碎與重生——奧比的奇幻旅程

中央研究院唐獎評選機構研究專員　宋承恩

如果有機會，你會如何重塑自己的人生？

一九八八年四月七日，馬布多，莫三比克。奧比．薩克思很早起床，提著海灘椅和冰啤酒，拿著書本，計畫去沙灘上跑步，看書，來瓶冰涼的啤酒。他下樓，把東西放入後車廂，打開駕駛座側的車門，因為正好看到朋友開車經過對街，抬起頭來向她揮手，沒有立即進入車內。剎那間轟然巨響，在炸彈的威力下車子成了一顆鋼球，奧比單手撐起軀殼，地上血跡遍佈。「來了，來了，他們還是找上我了！」的確，要作自由鬥士，就準備有這麼一天。

這並不是出於個人的選擇或計畫——車底下的炸彈是南非特務放的，為了要奪取他的性命。也不是受歡迎的——奧比因此失去右手臂與左眼的視力。但這樣的機遇，卻開啟了奧比人生的驚奇旅程。那天他並未抵達馬布多的海灘，而是被送進醫院。誰又能料到他將帶著鑲入身體的老本田與海灘椅碎片，全身紗布包裹著啤酒與血的凝結，被送到倫敦，輾轉到了紐約，最後回到南非？

在《溫柔的復仇》一書中，奧比以細膩的筆觸，記敘了自己的人生重建之旅——身體的、心理的、人際的、自我認同與公共形象，無一不自我剖析，敞開這段驚奇旅程為他所開的一扇窗。在此同時，本書也為讀者開了，不只是認識奧比，也是重新省思人生、社群關係，乃至和解與公義的一扇窗。

但請不要誤認這只是浴火鳳凰，邪不勝正的光榮故事。台灣的讀者親身認識奧比的機會，始於二〇一三年十二月的系列演講，後來又因為他榮膺首屆唐獎法治獎，而有更進一步聆聽他理念的機會。但這本於一九九〇年出版的書，給讀者的是原原本本的奧比。

如果不是坦誠，奧比就不再是奧比。這本書中他以第一人稱的自述，鉅細靡遺地寫下收拾破碎身體的歷程，輔以細節豐富的箇中體會。許多場景與心路交織的「意識流」段落，最為有趣，畢竟對於生命中特別艱辛的經歷，每個人腦海中，或多或少都有個聯結，有時是場景，有時是聲音，或氣味。這些烙印在生命上的刻痕，是每個人所獨有珍藏的，至死方休。因此，復健中拄著拐杖學習爬樓梯的漫長過程裡，奧比在心裡也到加州、紐約、倫敦、馬布多曾經駐足之處走了一圈。

本書中的奧比，是主角但不是英雄。這裡的奧比不是律師、法學教授，也還不是唐獎法治獎得獎人。他用平凡人的口吻，做出赤裸裸的靈魂告白。

「我期待有一天，所有懦弱的、掃興的、軟弱的人會繼承這個世界，不分男女。」

很少人像奧比一樣，不以自我為中心。我們最早與他聯絡時，加上一大堆頭銜以示尊敬：一下「薩克思大法官」，又是「薩克思教授」，很快的，回應來了：「不介意的話，請叫我奧比。」當唐獎評選委員會選出奧比為第一屆法治獎得主時，我們真的非常擔心他會優雅地拒絕接受：不只是因為年輕的唐獎知名度尚未打開，更因為以奧比的個性，是否對個人獲獎一事感到自在？是否不願意他人以「唐獎獲獎人」的身分看待他？我們又能否將他獲獎的理由寫得足夠清楚，說服他就算是為了爭取自由過程中犧牲、流亡、受壓迫的萬千夥伴，也應該領取這個肯認南非法治進程的獎項？

果然，在最早的一份訪談中，奧比的確閃過婉拒的念頭，「因為不確定這個獎會帶來怎樣的改變：別人將怎麼看我？」

當生命被剝奪殆盡，留下的僅有遍體鱗傷的軀體，與仍然會哭，會笑，會痛，會沮喪，有思念，有渴望，會恨惡自己，仍在意公眾眼光的靈魂。當生命好像沒有什麼還可以失去的，任何人都將被迫面對人生的本質。但，每個人的反應不會一樣。

這本書裡的，是感觸敏銳、浪漫的、多情的、可愛的奧比。在許多段落中，他誠實到讓人心疼的地步：例如，向來最喜愛泡澡的他，在受傷數週之後，滿心期待再次接受水的洗滌，卻因為失去一臂的平衡而差點沒入水中，由雲端狠狠被打下凡塵：

「水出賣了我，我的身體感受到背叛，我真是個傻瓜，才會期待有什麼快樂的事，……我恨浴缸，我恨待在這裡，我恨水，我恨我的樂觀、恨我的想像。事實是我現在重度傷殘了，而且我的身體很難保持平衡。我在練習走路時恢復的自信，在我進到水裡時又消失殆盡了。」

破碎的生命，必須一點一滴找回來。未曾有相同經歷的人，很難想像失去一隻手臂會帶來如何的不方便。原本不是問題的，瞬間成為失能事項之一。舉凡寫字、洗澡、繫鞋帶，乃至遇到時才會發現的限制，例如無法鼓掌表達激賞，不能再駕駛手排車，像暗中躲藏的埋伏者，三不五時冷不防撲過來揮你一拳。

書中寫到奧比如何像回到孩提時代，一步一小確幸重拾自己的人生：左手寫字、打電腦、從輪椅上站起來、保持平衡、行走、如廁、沐浴。甫出院還必須依靠拐杖時，無法邊接聽電話邊記下留言，弄得滿頭大汗的窘境，又是一幕令人心疼的畫面。面對自己的戰爭中，再樂觀的人也必須迎接真實的挑戰。

奧比來台領取唐獎時，筆者有幸隨側提供協助，而有近身觀察的機會。此時的奧比，早已與身體取得協議，知道自己能做什麼，不能做什麼。每天早晨上車時，他一定請我幫忙扣上袖子的鈕釦。我不曾看他穿上需要打領帶或領結的裝束，儘管依照書中所說，他有一套自己打領帶的方法。使用西式自助餐，他從不用托盤；儘管自己取用食物不成問題，但看到背後窺探目光裡的誠意，有時也樂於接受分擔的邀請。獲總統府致贈手錶，很是歡喜，但立刻想到，回南非要把皮革的錶帶換成伸縮的才行。

「我想要一支手錶，我說，一支漂亮的手錶，好讓我留著美好的時光，我從來沒有過手錶，不過一定要漂亮的才行。」

法律人之間有一套師徒的潛規則，我們知道大法官不管說什麼，照著清楚的指示去做就對了，不必多問。因此，在喬好適合的字體大小後，他指示用單面列印出講稿，左上角用訂書針訂起來。典禮時，奧比走上裝點得富麗堂皇的舞台，帥氣地由胸前的口袋拿出講稿，用嘴唇含著一角，再單手將其鋪平。對他而言再尋常不過的舉動，換得的卻是全場的屏息與靜默。到底誰「正常」，誰「不正常」？

這讓我想到書中奧比的出院記者會上，

「記者們都被我的外觀嚇到，他們好像才是受傷者，只有我因為自己的存活而興奮莫名，所以我反而是完整的。」

也許，就是要藉由如此巨大反差的畫面，平日習於舒適圈的我們，才有機會直視一直平行存在的世界。果真如此，這本書將幫助我們，消弭許多視而不見，被當成理所當然的樊籬。

這段直視生命核心的歷程，深化了奧比真誠擁抱周圍每個人的內觀。還記得奧比二〇一三年訪台活動的最後一天，下午先有一場座談，接著錄公視訪談，最後是麥田出版社的攝影與訪問，中間穿插了簽書會、報社訪問，與BBC晨間節目越洋電話追憶甫辭世的曼德拉。再累、再多人圍繞，沒有不耐，沒有優越、架子、倚老、自我中心。

當然，同為法律人，我欽佩他思路之清晰，更折服於他的理念。但真正令我驚訝的，是他以無盡的耐心，真誠的與每位前來的人對話。內容超越一切推理，理念不再是教條。這是一位親身實踐人性尊嚴的法律人，在以肉身經歷了一切可能的磨難以後，仍然對人性抱持信心、對和解的可能充滿希望。當時心中就有個疑問：是怎樣的經歷，成就了如此的奧比？我在這本書裡找著了答案。最核心的，莫過於對生命的內觀，那成就了對人的尊重，包括與自己不同的人，甚至站在敵對方的人。

奧比的許多理念，不論是廢死、同性婚姻、和解共生，都是有高度爭議性的。抱持懷疑態度的人認為這些主張陳義過高，不切實際；有人冷眼旁觀，把這些當作南非來的故事姑且聽之。也有朋友對於他「溫柔的復仇」，不計個人損失，執意完成民主、自由、法治改革之大我推崇備至，認為他是活菩薩。

不，奧比只是人，一個曾被剝奪殆盡再重新站起來的人，一個曾走過死蔭幽谷但不斷向前的人。我相信透過這本書，讀者會了解，這一切的根源除了族群平等的童年、理念追求的狂飆青年，更來自破碎後一片片重建的試煉。在書中，那些出現在奧比生命中的人——兒時牽著他的手過馬路的母親、在病床邊一起捧腹大笑的革命夥伴、帶領他一路復健的治療師、照顧他的梅爾巴，還有靈慾纏綿的神秘愛人……輪番躍上舞台，每個人都各自有一場戲。是的，人生有挑戰，但，與人互動何等喜悅，而生命多麼寶貴！

「我們要活下來，看著我們的人民得到自由。」

這是一本充滿意象、靈光顫動，甚至是幽默滿懷的書。最有名的，當然是猶太人劃十字盤點身體部位的笑話：眼鏡（spectacle）、蛋蛋（testicle）、錢包（wallet）和手錶（watch）。另一則發生在護理師拆紗布時，拿著鑷子清理傷口裡的碎片，

「『又清掉了一片垃圾，』她語帶勝利的宣布。

『那不是垃圾，』我回答，『那是我的車。』」

在笑中帶淚的故事之間，一位自由鬥士直視人生核心，昂首宣告了他理念的勝利，經過破碎後的勝利。書末，奧比終究來到了海灘，跑步……

「生命很美好，太陽暖暖的，沙子搔過我的腳底，我跑，故我在。希望這世界上的每個人從今以後都有一點點瘋狂，跟很多的快樂；希望有一天，所有人都穿著泳衣到處趴趴走，身上沒有地方放槍；希望太陽繼續照亮大地，而海浪也永遠拍打著海岸。」

從南非到台灣，我想，我們都會欣賞這本書的出版，並感謝奧比的現身說法，繼續他的奇幻旅程。

序

戴斯蒙・屠圖
榮譽大主教

在一次莫三比克的強大汽車爆炸中，奧比・薩克思幾乎遭到暗殺。他失去了右手的大部分，和一眼的視力。按理說，他應該是一心想著要向策劃這場卑鄙行動的人討個公道。但是他卻反而投入幫助南非的新（且令人讚賞的）憲法的誕生，在協商中擔任核心任務，這部憲法對於新民主厥功至偉，它的誕生也意味著種族隔離政策走向尾聲，邁向正義的自由。

在舊時代的南非，國會是最高的主權。它能夠——而且的確——通過了各種特別法，這些法律大部分都將合法性和道德或善、正義分得很開，而且兩邊似乎不能互通。在新的秩序中，憲法是絕對的，在世界上的大多數地方，憲法都很受到重視，因為它堅守人權的普世適用的原則。這意味著即使是在舊秩序中的加害者、和它最忠實的擁護者，都必須擁有不可剝奪的權利，雖然當他們掌權時，並沒有容許自己的對手享有這種自由表達、公平審判、不受拷問等的權利。奧比·薩克思竭盡一切，要確保在新南非灌溉出尊重人權的文化，這必須是普世共通的，所以也適用於想要殺他的那些人。

他被任命為憲法法院——這個國家的最高法院——的法官。它的第一批行動之一就是宣布某個總統的命令違憲，因為這個命令侵犯到省的權力。這等於是反對納爾遜·曼德拉（Nelson Mandela）總統，和擁護聯邦主義的人站在同一邊——雖然大部分聯邦主義的擁護者以前都支持種族隔離政策——而奧比·薩克思正是做出這個裁定的法院成員之一。這件事現在很具有指標性！從人性上來說，你一定希望他們得到報應。但是不，這才是我們奮鬥的目標，這才是他失去手臂想要換得的代價，這才是一切的意義——要建立這個新社會，要建立一個新的南非（遵守法治的南非），而不是像以前一樣，讓法治遭到嚴重的破壞：一個新的社會意味著人類權利的神聖性——全人類，即使是那些以前極力不讓別人享有權利的人。對於奧比·薩克思來說，這才是他的復仇，他溫柔的復仇。也許讓討厭美麗事物的人坐在一個最棒的花園中，就是一種復仇——但這不具有破壞性，他認為有一天可以翻轉，讓你的敵人變成朋友，這就表示你消滅這個敵人了。

這是一本極為動人的書——非常誠實，暴露出他最脆弱的自我、缺點和一切。他描述自己身體的感覺、他純粹的身體反應、女性們如何幫助他重新接觸自己的身體、幫助他復原成一個整體，一切都十分美，甚至是詩意。最後則是完美的結尾——對他母親的崇高敬意。

這本書一定是本暢銷書。

戴斯蒙．屠圖（Desmond Tutu）

導讀

努亞布羅．努德貝拉
開普敦大學校長

手掌。手臂。當我翻開這本書的書頁時，它們留駐在我的腦海中，像是眾多想法的節奏。手掌。手臂。手指。它們像是貫穿了這本書的一串旋律，一再重複，讓曲調之間取得一致性。它們讓奧比．薩克思的故事可以很協調的處理受傷、復原、癒合和重新生活這個過程。

曾經有一個微妙的時刻，當奧比在「大約九歲」的時候，他的母親想要安全的牽著兒子的手過馬路，但是奧比卻推開了母親的手。這是一個出於本能的、對於獨立的宣稱，他選擇了以憤怒作為表達的方式。但是這種憤怒——應該是這個世界上許多母親的兒子都曾經表達過的——只是一個男孩的成長過程中，對某一個階段必然的信號。奧比的母親也像許多其他的母親一樣，必須有所認知，並且以它原本的樣子接受它。

但是，有哪個母親會在那個時刻不感到一絲痛苦和後悔呢——雖然也帶有看到兒子成長的樂趣？它所導致的情感斷裂就像是鬆開的帶子，斷裂的兩端只能永遠期待有一天，能夠再連上另一端。在經過許多年的各自生活之後，它們等到了那個奇蹟的一刻，找回了彼此，又重新連在一起了。對於奧比和他的母親來說，這樣的重新連結發生在一個劇院中。

手臂。手指。手掌。奧比是用哪一隻手推開母親要給他的照顧的呢？是在遭到暗殺後倖存的那一隻手嗎？當《奧比．薩克思的獄中日記》（*The Jail Diary of Albie Sachs*）——由大衛．埃德加（David Edgar）編劇——在義演的那晚，他便是用那隻手「用力的」向坐在楊維克（Young Vic）劇場中「舞台另一側的她揮動」。

哪一隻手呢？是那隻在那一天被暗殺者的炸彈炸飛了的手嗎？我很自然的想到這些問題（或者我該說，這些問題就「浮現在我腦中」？），好像在讀這本書時，我也讓自己變得像是奧比在寫它。他並沒有表明是哪隻手向母親送出了演變的訊號。根據他的母親是站在他的哪一邊，應該是幸運的左手在許多年之後，又在楊維克劇場向他的母親做出了補償。

但那又比較像是「挑釁的」右手會做的事。可能是奧比母親的左手臂、手掌和手指提供了保護，而被她兒子的右手拒絕了。可能是這隻手嗎——後來奧比和他的朋友瑪格麗特在討論失去了右手掌和右手臂反而得到的好處時，提到的這隻手？

「那就是我所說的，我們的右手是好鬥的一邊，尤其是男人，我們都用右手把世界拒絕於外、試圖用右手操控一切，但左手則代表我們的天性中溫柔和接受的一面。現在，你必須用自己比較柔軟的那一面面對世界，所以你會成為一個比較和諧的人。人可以讓溫柔的這隻手比較活躍，但是反過來說，要讓主導的手變得比較溫柔，那是很困難的。」

要有這些反思——就像瑪格麗特所說的——你必須慢慢的、慎重而且有耐心的看待某個人受傷的經驗，而且他還又經過復原、癒合、重新與社會產生連結的過程。奧比——反思的主角——有了一次辛苦的經歷，讓他可以不戴面具的看到自己：包括他戴著、用來保護自己不被別人看到，和保護自己不被自己看到的面具。

突然之間，它們都不見了！那些面具。當奧比在浴缸中，掙扎著用一隻手臂和一隻手掌，讓自己在周圍來勢洶洶的水中取得平衡時，他不再有掩飾了。在那時候，浮現了擁有第二隻手掌和第二隻手臂的價值。它們的價值從來就沒有被清楚的意識過——就和我們視為理所當然的其他東西一樣。它們過去就在那裡，以後也一直會在吧：直到被拿走的那一天。一個缺乏自省的生命是如何的揮霍無度啊！這是因為深沉的無助才會出現的深刻理解。很明顯的，承認自己的無助，帶給他自己也從未預期過的力量。

如果個人可以感受到這種無助，國家也一樣可以嗎？這是一個無可避免的問題，因為對於奧比——一位奉獻給自由的「自由鬥士」、非洲國民議會（African National Congress）的成員——而言，「國家」從來不曾遠離他的意識。個人的意向、國家的目標：以及個人的行動、國家的行動，可能會不斷而且隱密的互相影響。這種互動會不會也造成了奧比寫下這本南非文學中最充滿省思的著作之一呢？

所以，這本書的首次面世到底具有什麼意義呢？

我有一本大衛．菲利浦出版社（David Philip Publishers）版的《溫柔的復仇》，翻開它精裝的封面，第一頁空白頁的右上角就有我的題字，N.S. Ndebele, May 2, 1991。標示了我擁有這本書。在二十年後，我試著喚醒我讀這本書的回憶：我對於它的想法和感覺。

一開始先說，我買下這本書，是因為我想要讀讀一位受人尊敬的活動家的故事——他在一次攻擊事件之後存活了下來。他曾經到達一個我們絕大部分人都不曾到過的地方。所以，他比差點失去的生命更具分量。就是這個，比生命的形體更具有分量，而在我讀到他對於存活下來的說法之前，我就曾經聽過他說了。一九九〇年二月的《每週郵報》（*Weekly Mail*）上刊載了一篇他十分具有開創性的文章——〈為自由準備自己〉（Preparing Ourselves for Freedom），他就是透過那篇文章告訴我的，那篇文章在一九九〇年刊出的時候，剛好是納爾遜・曼德拉從牢裡釋放出來的那個月。多麼具有意義啊！它被看作是「非洲國民議會內部的討論報紙」，可以一窺非洲國民議會難得一見的內部狀況，這個長久以來好像很遙遠、但又頗引起共鳴的運動，現在一步步的靠近它在南非的根源了。

《溫柔的復仇》和〈為自由準備自己〉刊出的時候，正是南非和整個世界都預期，長久以來對抗種族壓迫的自由鬥爭將走向尾聲的時候。它會怎麼結束呢？會爆發種族內戰，或是可以避免呢？如果南非的未來必須要由協商決定，長久以來對立的雙方要如何建立信任呢？在其中一方的眼裡，另一方一開始要和解的姿態有多麼值得信任呢？是希望，或是背叛！敵對的雙方可以有多少期望呢？可以期望它更好，而不要有太多警戒嗎？希望必須是自由的才是真正的希望嗎？擁有希望需要什麼條件呢？

〈為自由準備自己〉沒有花篇幅處理這個議題。希望來自於存在的遠景。意願會讓人採取無畏的步驟。不會再有對「內部討論會」更大的挑戰了——如同它一開始的論述：

我們都知道南非在哪裡，但我們不知道它是什麼。我們的世代享有特權，可以去發掘它——如果我們眼睛睜得夠大的話。問題在於我們是否有足夠的文化想像，在我們竭盡全力、實現自由而統一的南非之後，也能夠掌握它豐富的內涵。

在他們的位置上、或是在自己鎮定的面具之下，有多少動搖呢？因為意識到還有激烈的爭論存在，而且水門一旦打開之後，就不可能再網住水了，所以奧比半開玩笑的繼續下去：

我的第一個提議——而且我做出這個提議，是因為我確實知道我們都反對審查制度，而且贊成自由發言——是我們應該要禁止成員說文化是抗爭的武器。我想大概要禁止五年的期間。請讓我說明——因為的確有人多年來都主張藝術應該被當作我們奮鬥的工具——為什麼這種說法突然變得看起來很陳腐，而且失去了真正的內涵，它其實是錯的，甚至可能是有害的。

讓人驚訝的是，這甚至幾乎是一種褻瀆；完全翻轉了多年來所接納的組織常識和實務——它們採用的刻在摩西石板上的戒律。但是奧比很能看出不同的時刻。是因為他對這個時刻的解讀，而且也算出如果採取某些行動，可能會確實出現共鳴。這時候，出於一般會有的懷疑，奧比也許感到大家都知道國王沒穿衣服，但是沒有人會說出來。許多困境中的感情可能在確認的同時鬆了一口氣：就算是在群眾參與的奮鬥中，我還是可以做自己。隨著歷史的行進，我的個性還是可以依自己的想像和創造力，投入大眾的行動之中。

爭取自由的奮鬥原本就有許多個面向，就算是經過組織化的策略，也可能假裝有許多個面向。它可能涉及槍枝；但也可能還包括更多。自由鬥士不也會陷入愛河嗎？他們不也會說笑話，而且喜歡聽笑話嗎？他們不也會欣賞好的畫作、好的音樂；喜歡聽些流言蜚語；慫恿別人；咬著牙一點一點的嚥下羨慕和妒忌之情嗎？日常生活也可能是「奮鬥」的一部分。對於奧比來說，當生活之事自己被重新想像時，這就可能發生了。

但是，重新想像每天的生活是不夠的；我們也必須試著建立一個環境，在整個社會氛圍中具體啟動新的情感。這時候，奧比提起他的研討會聽眾，非洲國民議會起草的憲法方針是朝向一個新社會的新憲法結構。更值得注意的是，他強調不應該由憲法的方針決定文化，而是應該由文化「進入這些方針中」；應該用文化的面向豐富憲法。

就是在這個脈絡和理解之下，我才開始讀《溫柔的復仇》。這本書的一開頭講的是發生在他身上的那場恐怖攻擊事件，我記得在讀完這個部分之後，我開始感到越來越沒耐心。奧比一點一滴的描述他在復健和治療過程中和自己的相遇，這部分並沒有讓我感到十分引人入勝。我跳過它們，想要找到一個比較「知識層面的」架構，而不是他重建意識的沉重過程。我感到奧比最後的「復仇」似乎不比他對非洲國民議會研討會的挑戰來得可靠。

我無法完全信任他的聲音。裡面有什麼東西太過不自然；有什麼——像是勇氣的標章——要在肩上展示。勇氣是被喚起的，而不是被表現出來的。對於他一直描寫他在醫院裡和「便器」之間的細微末節；他用一隻手在浴缸裡的掙扎，我感到沒有什麼耐心，「動人」，雖然它本該如此。他對於照顧他的女性所體現的感情；對於他的感性的宣稱：「因為那些每天幫我洗澡、清理、包紮傷口的手指，我感到對於英國人充滿愛，這是我真實的經驗」，我也感到沒什麼耐心。我覺得他多愁善感得過了頭了。

這些都有個起頭：在楊維克劇場的那晚。因為奧比沒有兩隻手可以互拍，以表達出對這個特別的夜晚的感謝，所以他開始用左手拍著他的左臉頰，並邀請觀眾幫他這個忙。緊接著整個劇場都充滿了純粹的歌劇院般的情緒，每個人都成為演出者之一。奧比的這個舉動非常聰明，而且經過設計。觀眾不可能拒絕他。劇場中的每個人都一定愛他，而且支持他。他可以從觀眾那兒擠出最後一點熱情，並且把它扭轉成「人類精神的勝利」。他叫這個是「情緒的翻轉」。的確，我認為《溫柔的復仇》有一個重要的部分就是一次危險的跳躍。

我的反應很卑鄙而且無情。為什麼奧比對他的困境只是輕描淡寫，好像失去一隻手也不是什麼大事（但它當然應該是）？難道我們不會一直看著他右手袖子下的手臂「殘肢」動來動去，而且在那袖子下——它很難被視為正常和自然的——越是宣稱它的正常，我們就會認為那是「正常的」嗎？不是吧：我想要一個肯定的決定。我想要一個比意識到的狀態更肯定的結論。

廣泛的政治變遷提供了許多國家脈絡，也正是奧比這本書出版的背景。時代的通俗用語證明了這點：政治犯獲得釋放；流亡者歸國；關於談判的說法；日落條款；調解；彩虹國度[1]；第三勢力；黑人對黑人的暴力；武裝抗爭的暫停而不是終結；武器存放處。這些是變遷過程的大概，而對於在一次預謀暗殺後，仍需要被細心照料的病人來說，這依然太過嚴酷了。

這是二十年前的事！

二十年後，當我要開始重讀《溫柔的復仇》時，我感到恐慌。我對於這本書的態度好像沒變。奧比的聲音試圖要傳達爆炸之後最直接的後續，但是我還是無法輕易的完全相信。但是這種感覺沒有持續下去。在讀到第二章的結尾時，我放下書，看著天花板，重新想起舊日的回憶，試著要改變它。

在我的城市——查特斯頓（Charterston），它位於威特沃特斯蘭德（Witwatersrand）山脈的

1 譯注：rainbow nation，在南非第一次民主選舉之後，屠圖大主教用這個詞來形容不再有種族隔離政策的南非。

東邊——外圍，有一座天主教堂。我們叫它「東羅馬」。在鄉愁的驅使之下，在許多年之後，我走訪了那座教堂，並且覺得很失望。當我還是小孩子的時候，那棟建築的大小曾經讓我敬畏，但是它現在看起來又小、又破，還很寒酸。是誰、還是什麼，改變了嗎？讀到愛因斯坦的相對論之後，我馬上放心了。因為我長大了，所以教堂就變小了。教堂和我都變了：隨著時間而改變。這樣來說，應該是《溫柔的復仇》和我都因為時間而變了。但是，怎麼變的呢？

在二十年前，我只對他所說的故事有反應；但在二十年之後，怎麼說卻立即打動了我。二十年之後我再讀奧比的書，比起二十年後的南非，一九九〇年的南非單純得多。《溫柔的復仇》並沒有超過它出現的那個時刻。奧比在受傷、康復、治療、重新生活的那段艱辛旅程中預示的複雜性，並沒有足夠強大到推翻這個時刻的特性。二十年之後，我們從一個政策的國家（政策都進入了憲法方針之中），過渡到一個需要重新想像每天的生活細節的國家；而且這些細枝末節透露了家庭、社群、組織或公共團體內部的個人新能力。

現在，我可以對這本書那穩定、蓄積的影響做出回應。它來自於對經驗在過去時刻的細節紀錄：觀察、想法、感覺、果決和猶豫、成功和失敗，以及意志的行動。它帶出廣泛的覺醒。但絕不是消極的覺醒。奧比對於復仇的意識為何，是由個人奮鬥中所得到能力而確定的。奧比必須要戰勝一個可怕的公眾事件，但它是絕對私人的。這是他「溫柔的復仇」。「溫柔的復仇」是具有敏感度的，它需要團體。

但是還不止於此。奧比的寫作同時充滿銳利和感性，而且兩者平衡得很好。銳利來自奧比的知識深度；而感性則是因為他會作夢、具有浪漫色彩，而且極富感情，他的智識可以穿透、闡明、澄清和帶出寫作的可信度。奧比那富浪漫色彩的多愁善感是他沒有秩序的、有創造力的一面。他的足智多謀和創造力則屬於他的智識。他的多愁善感所具有的魅力可以不斷吸引你，直到你泫然欲泣。但是你絕對不會。他所披露的事實和洞察又讓你回來了。奧比的寫作具有兩個面向，互相融合，豐富彼此，又同時淡化了彼此。它們帶給你足具洞察力的禮物。

我以前看不到這些。那時的我只能是盲目的！

所以，奧比在楊維克劇場隔著舞台揮向他母親的手，是本書第二版的挑戰。它呼籲南非人要更努力的讓自己的意志和想像力重新連結到南非的日常生活，並且對個人日常生活的細節重新展開想像。它要將具有創造力的政治放到日常經驗的細微末節中。在這個意義之下，個人和社群生活的細節將被轉換成公共焦點。個人的、公共的會變成新能力的著力點。

公共政策、計畫和對目標的宣稱，不會保證相對應的能力。它們只會喚醒能力。或也可以是一種方法，讓權力在新社會中自己展現出來，在新社會中，繼承下來的公共能力日漸在某些人的手裡消逝，他們只是導致結果的工具，對於建立一個有能力的新秩序感到很有挑戰性。如果權力沒有這種具有能力的新秩序，它就只會專注於自己。

新的能力——奧比的能力——來自於意願，願意透過慢慢累積的、小而不起眼、但是足以影響其形成的勝利，取得成功。那些還有兩隻眼睛、兩隻手掌、兩隻手臂、十隻指頭的南非公民們，應該奮鬥、正視他們神聖的義務，想像他們的「完整」、他們的正常，可能是盲目所帶來的禮物。要再看到新的民主，意味著超越種族、血統、階級、國籍的向對方招手，而且在過程中重新與他人產生連結，最後發現他們生命的勝利。這是一趟走向公民合作的旅程。

《溫柔的復仇》也是南非給這個世界的另一份禮物。如果說第一份禮物是如何避免內戰，這第二份禮物就是有關於用我們的手臂、手掌和手指成功的建立一個新社會，將需要付出什麼。這份禮物取決於人道帶來的新覺醒，它可以翻轉世界因為墮落而失去它的眼、它的手臂、它的手掌和它的手指的過程。這個新的覺醒是全世界新能力的著眼點。

如果奧比推開他母親的手是一個進化過程中的舉動，那麼他的復原力、帶領他康復的獨立精神，就是意志和覺醒的行為。如果它們改造了他的生命，它們也可以將一個國家和一個世界改造成文化的行動。

努亞布羅．努德貝拉（Njabulo S. Ndebele）

二〇一一年一月二十九日

二〇一四年版前言

我所知道的大部分人都相信每件事都有理由。不過我不這麼認為。我的理解是：事情發生了，而你作出選擇——通常是根據深層的道德準則和存在的原則。（雖然正如同愛因斯坦所說的，機會是為那些準備好的人而存在的。）所以當艾比．金滋伯（Abby Ginzberg）——一位柏克萊（Berkeley）的律師——要轉行當導演，並且拉我一起拍一部叫作《溫柔的復仇：奧比．薩克思與新南非》（*Soft Vengeance: Albie Sachs and the New South Africa*）的紀錄片時，我心裡在想：什麼是偶然，又有什麼是必然呢？（有關這部紀錄片的詳細資訊，可以造訪www.softvengeancefilm.org）。

我很難相信在我生命中發生的這些不可思議的事。我被一顆想要取我性命的炸彈炸得飛到天上，最後帶著倖存者的喜悅，重獲意識，而幾年之後，我又變成一位法官。哇！每位自由鬥士都期待的這天——他們會再來害我嗎？——到來又過去了，而我還活得好好的！如果……如

果……如果劃破我的眉毛的砲彈碎片再飛得低一點，如果艾琳（Irene）——那位電視導演——沒有反抗警察直接把我載到醫院，如果艾佛．賈瑞多（Ivo Garrido）——我的橋牌搭子（外科醫師）——沒有一聽到爆炸聲就立刻趕到手術室。如果……如果……？

在我好點之後，我的國家也開始進行自我療癒的過程。就在我學會用左手打電腦之後，我寫下了本書的初版。把爆炸的不好的能量轉換成存活和重生的經驗，這本身就是一種療癒。我也許不再完整了，但我可以對自己說：我寫，故我在。而且身為許多土地上的活動家團體的一份子，我也可以認為：我們奮鬥，故我們在。

今天——在經過了四分之一世紀之後，人們還會在街上、在機場和在購物中心裡叫住我。他們感謝我為這個國家作出的所謂「犧牲」。就在不久之前，有一次我被陷在車陣裡，我前面的一個人還搖下車窗，告訴我：他剛才和自己的孩子解釋了我所作出的犧牲，而且讓我先過！被和好事連在一起讓人感到很愉快。但是對我溫暖的說這些話的人其實並不了解：我完全沒有作出任何犧牲，相反的，我擁有一個享盡特權的人生，這想必是任何人都夢寐以求的。

第一個特權並不是我所期望的。是我與生俱來的——我的白皮膚。自然而然的——而且根據法律——這個國家的各種機會都會開放給我。雖然我的家庭經濟狀況只是小康，我卻得以住在海邊一個美麗的地方，而且自己選擇要上的學校和大學。我也可以夢想成為任何我想成為的人——

一位科學家，發現比任何人看過的都更小的微生物；一位探險家，探索迄今無人到過的地球或太空的真相；或是一位醫生，醫治人類最難解的疾病；也可以是一位律師，為所有人的正義奮鬥。或是為了這個目標，我也可以選擇成為自由鬥士。

而在我的白皮膚所帶來的各有特權中，最後一個選項遠比其他所有選擇都更能彰顯出我的特權。這種特權讓我可以掀起一場巨大而人道的抗爭，摧　特權本身。也許只有參與自由運動的人，才會知道這種經驗是如何的特別、和令人激動。它伴隨著驚懼、壓力、背叛和失望——讓你的生命豐富，而充滿意義。你會有更多想像力，與其他人產生無限的團結度與連結性。而當歷史親自證實了這個目標，擁有一個意義非凡的人生可說是人人稱羨的。

有一代南非人，成功的用光明正大的善擊退了無所忌憚的惡。而我們繼續用正義的原則，終結衝突，並且為和解建立起基礎。也因此，我發現自己得以參與到團隊之中，為這個國家寫下第一部民主憲法。這是何等的特權！違反法律的人成為制定法律的人；從死刑或暗殺陰影下存活的人，成了生命的倡導者。部分受到審判的人成了審判者。納爾遜・曼德拉（Nelson Mandela）任命我到南非的第一個憲法法庭任職，我最後隸屬於一個專屬團隊，活躍於決定憲法中那些抽象的字彙該如何運用在我們國家有血有肉的人民身上。而且為了讓它獲得榮譽的冠冕，我們是在為人權而建立的美麗殿堂中作出判決（意見）——那棟建築物位於約翰尼斯堡一座最著名監獄（它關過甘地和曼德拉）的核心位置。

艾比的影片——它是為了紀念南非的民主二十週年而製作的——在曼德拉過世時，拍攝已接近尾聲。南非舉國為這片土地上最著名的南非之子哀悼，但卻在他的房屋外唱歌、跳舞，這讓全世界的人感到十分驚訝。南非人在讚頌他的生命——他的生命用他獨特的風格、機智的口才、慈愛和直率，代表了為轉變和希望而奮鬥的文化。

在之後的篇幅中，讀者會了解我如何受到曼德拉（和與他一起關在牢中的所有志士）一生奮鬥的價值所感染，並受到他的決心和人性所啟發，因而創造、並使用了「溫柔的復仇」這個詞。

我們的南非還存在著極大的問題——許多承襲自過去的問題，和許多由我們自己創造出來的問題。貧富之間的鴻溝也還難以跨越。一直有人繼續、或重新投入奮鬥，為所有人創造一個更美好的生活而努力。而他們的奮鬥，是在一個憲政民主原則已經深深扎根的國家進行。這是在爆炸案發生之後，我在醫院病床上所夢想的溫柔復仇。

奧比・薩克思

開普敦，二〇一四年一月

附注：這個新版本的最後也附上了新的後記，那是我在三年前寫的。其中描寫了影片拍攝中的一個場景——在發生汽車爆炸案的現場，我與小兒子奧利佛（Oliver）坐在一起。那對我們兩個來說，都是一個情感澎湃的時刻。這讓讀者也可以理解為什麼「復仇」這個字眼——就算是用了它反諷的、超然的、理想的、柔性的意思——應該要被捨棄。

前言

我想，就算是天降奇蹟讓我把手臂接回來，我也會拒絕。有時候，我看著照片裡的自己，右邊的袖口空空如也，我會感到震驚。其實，當我走在顛簸的山徑，看著自己不完整的影子，我也會感到驚嚇。我已經完全熟悉自己的新形體，而且我也知道，即使我的意志決定扭轉生命的篇章，我的軀殼卻已經緊緊繫在我的國家這股向前去的衝勁上。我對於自己以現在的模樣存於世上，已處之泰然，我甚至懷疑我能否忍受創痛，再回復成過去的自己。當我看著自己「在爆炸案之前」的照片，其實也不是沒有任何問題。我愛那個年輕小夥子的正經樣——他有著茂密的長捲髮，一副憂國憂民的樣子，充滿幹勁，對於他明顯外露的同袍情誼，也忸怩的流露出渴望，那副充滿希望的態度——有時甚至會惹惱他的同伴，因為他們相信這會招來磨難，而不是榮耀，而當他們得知這個小夥子遭到汽車炸彈攻擊時，他們覺得自己一直以來最不祥的預感成真了。這值得嗎？——對於這天，他們見如不見而問若未問——這是值得的嗎？

第一章

1

我罵了一聲髒話。突然間，所有東西變得漆黑一片，我覺得好奇怪，而且看不到任何東西。海灘，我是要去海灘的，我還帶了冰啤酒，要在跑步完以後喝呢，有哪裡不對勁吧。我又罵了一聲髒話，我好像撞到頭了，就像是我以前在開普敦（Cape Town）爬桌山（Table Mountain）時常發生的事，我一邊夢想著奮力向上，另一邊，頭卻撞上了突出的岩石。會過去的，我只要保持冷靜和等待就好了。給熱帶植物的盆栽澆澆水，盯著我美麗公寓裡的巨大非洲塑像（它有十個頭）。噢，去你的，我怎麼這麼不小心呢？黑暗還未消散，應該是出了一件嚴重的事，我發生了什麼大意外吧，我整個人在旋轉，無法保持平衡．當我在等待意識回復和重見光明時。我感到頸後受到重重的一擊，然後又是另外一擊。我感到一股威脅性，而且這感覺越來越強烈，我被什麼壓制住了，我不知所措。我必須戰鬥，我必須堅持。我覺得好像有一雙手臂從背後環抱住我。我被綁架了，他們從普里托利亞（Pretoria）[1]來，要把我拽過邊界，審問我、監禁我。這是我們——幾個還在莫三比克（Mozambique）工作的非洲國民議會成員——一直在等待的時刻，雖然害怕，但也帶著某種莫名的急切。

「放開我」，我聲嘶力竭的吼著。「放開我！」

我用盡吃奶的力氣扭動肩膀、揮舞手臂。我總是在想：在那個時刻來臨時，不知道我會怎麼反應，我會以肉身盡力抵抗、冒著殉死的危險，還是我會保持安靜，靠我的腦子、和必須堅持的道德勇氣？

「放開我！放開我！」我死命的嘶吼，又用英語，又用葡萄牙語（這個新獨立的國家、我住了十年的國家的官方語言）。在流亡二十年之後，我已經忘了南非荷蘭語，我竭盡所能的放聲大吼，不過還有一些節制，也維持禮貌，因為在名義上，我畢竟是一個中年律師。

「我寧可死在這兒，放開我！我寧可死在這兒！」

我掙扎著，同時感到突然有股亢奮的感覺和力量，讓我用盡全身的力氣幫自己掙脫。我可能是個知識分子吧，但是在這個重要的時刻——沒有時間去計畫或者思考了，我也只能勇敢的戰鬥著，拿出索維托（Soweto）[2]青年的勇氣——雖然我這一生中唯一的一次暴力經驗，似乎是在學生時代抱著橄欖球、用擒抱摔倒對方球員。我聽到我背後有聲音傳來，是很緊急、緊張的聲音，

---

[1] 譯注：南非豪登省（Gauteng）北部的城市，現為南非的行政首都、南非事實上的政治決策中心。

[2] 譯注：南非豪登省約翰尼斯堡郊區的一個衛星城。

不是在交談，而是在發布或是在接收指令，而且是關於我的事。

一片漆黑，不過我還是聽到間斷急促的對話。

「把他抬起來，放在這兒。」

我又不是什麼他，我是我，你不能把我像個箱子一樣拿來拿去。但是我沒法再掙扎了，我只能接受將要發生的事，我的意志慢慢起不了作用了。

我們移動得很快，路上坑坑窪窪的，他們也把我弄得太不舒服了吧！如果他們要綁架我，至少可以用台彈簧好一點的車。我的意志已經消失了，我不能決定任何事，甚至連自己的身體都動不了。但是我還有意識，我想，所以我還活著。我一下子意識到自己在這兒、一下子又什麼都不知道，一下子好像昏過去了、一下子又清醒過來，我就攤在那裡，腦子裡有一點正在想什麼，但是待會兒又什麼都忘了，然後又清醒過來，我沒有在想要做什麼，但是很清楚的知道：我的身體正在被移動到什麼地方，我還活著，雖然我自己什麼都決定不了。我想著是不是已經到南非邊境了，我想知道綁架我的人是誰，他們長得什麼樣子，他們有名字嗎？眼前一片漆黑，讓我什麼都不知道。

更急促的聲音傳來，他們講話時帶著快速的活力，對待我就像在對一個東西一樣，我被抬起來又被放下去，這樣移那樣挪……我可以感覺周圍的人碰到我的肌膚，以及他們在動來動去，在我的周圍、在我的上方、在我旁邊，又在我後面。好像沒有人把我當人看——看著我說話，或是和我溝通。我好像一團什麼，我有人形，但是沒有人格，我就只是別人決定的客體。他們彼此看著對方講話，但是沒有人轉過來對著我，我就在這裡，所有活躍對話的中心，但是我好像完全被排除在外，我的意志、我的存在都被侵犯了，好像就算在團體裡，我也是被排除在外的。

一切都是這麼沉寂而平靜，好像靜止不動、沒有聲音，也沒有人在活動。我被包裹在完全的黑暗和寧靜中了。如果我死了，我也不知道這件事，但如果我還活著，我也沒有感受到這件事，我什麼都不知道了，不知道我自己，不知道我周圍的事，就是什麼（人或事）都不知道了。

「奧比……」，在黑暗中，有一個聲音對著我說話（而不是和別人談論我的事），他叫著我的名字，而且不像其他聲音那樣急促到刺耳。「……奧比，我是艾佛．賈瑞多（Ivo Garrido）……」，他的聲音很輕柔，讓人感到極富同情心，我知道艾佛，他是一位年輕優秀的外科醫生，也是朋友，「……你現在在馬布多中央醫院（Maputo Central Hospital）[3]……我很遺憾你的手……」，他用了一個很委婉的葡萄牙語詞彙，來形容我的手臂，跟英國比起來，莫三比克

[3] 譯注：馬布多是莫三比克首都。

文化實在是非常的細膩啊，我待會兒一定要問他那個字是什麼，「……我們要為你動手術了，你知道事實之後，一定要堅強起來。」

我沐浴在一種完全的滿足和平靜中，我現在是在莫三比克解放陣線（Frelimo）[4]、在莫三比克政府手中，我安全了。

「發生了什麼事？」我向著黑暗提出我的疑問，聽到艾佛的聲音之後，我的意志回來了，我又重新存在了，我是一個活著的人。

有一個聲音在我耳邊回答我，我想是一位女性的聲音，「……汽車爆炸……」，然後我就睡下了，內心微笑著，進入夢鄉。

2

我好像到了另一個地方。身上蓋著一席清爽、乾淨的被單，躺在沙發上，意識到我有個軀體，可以感覺、可以思考，甚至可以對我自己笑，什麼東西看起來都好清爽、好乾淨，我充滿愉悅感和好奇心。這是一個重新探索和開發我自已的時刻。我發生了什麼事，我還剩下什麼，我又損失了什麼？我感覺一切都棒透了，我可以用語言描繪出我的想法，而不只是一個感覺而已，不過也有可能，我的內部已經有某些崩壞了……

讓我看看……我想到了一個笑話，一個猶太笑話，這是一個老笑話，以前我們猶太人在病房裡會講笑話，趕走所有沉悶和屈辱，當我還是一個年輕學生時，我的山友每週都會告訴我一個新笑話，我對著自己微笑，因為我聽了自己講的笑話——我聽了我自己講的笑話，所以覺得愉悅，而且意識到自己還活著，那個笑話是說希米．科恩（Himie Cohen）掉下巴士，當他又爬回來的時候，在自己身上劃了一個大大的十字。

一個朋友驚訝的看著他。「希米，」他說，「我不知道原來你是天主教徒。」

「你在說什麼啊，天主教徒？」希米回答道：「我在找我的眼鏡……睪丸……錢包和手錶。」

我的手臂可以動了，它又可以聽從我的意志了。我的左半邊有意識，我決定改一下順序，我想希米不會介意的。說到睪丸……我的手向下移動。我只蓋著一條被單，身上什麼都沒穿，我可以輕易感覺到自己的身體。我的那話兒還好好的，我的老雞雞（我現在是自己一個人在，所以可以這樣講吧）——它帶給我許多歡樂，還有許多絕望，而且不用說，以後也會讓我欲仙欲

4 譯注：莫三比克的一個政黨，在一九七五年開始執政。

死，還有我的蛋——一顆、兩顆——都還在它們該在的地方——這裡是醫院，或許我應該說「睪丸」。我彎了一下我的手肘，可以做這件事真是太棒了，而且能夠做到我想做的；我把手舉高到胸前，能夠決定自己的身體，這滋味真是太棒了，人類真是藝術的極致……錢包……我的心臟還在，胸腔的肋骨看起來也好好的，血液還在流，我的軀體的中心、那些你會認為是理所當然的部分都好好的，我沒事，我還活著，而且也會繼續用力的活著。接下來是眼鏡……我把手指放在前額，但是沒有摸到任何凹陷或是碎片，不過我知道自己的意識很清楚，黑暗幾乎已經退去了，我的世界澄清起來，不像之前那樣深沉、晦暗不明。再來是手錶……我的手慢慢劃過我的肩膀，划向我的上臂，然後突然發現那裡是空的……所以我有一隻手臂不見了，艾佛沒有說是哪一隻，或者也可能是他們把它截掉了，雖然我想艾佛是沒有這麼說，所以是右手了，因為有感覺的都是我的左手臂……所以我失去了一隻手臂，就這樣，我失去了一隻手臂，就這樣了。他們想殺我，想要讓我完全消失，但是我只失去了一隻手臂。眼鏡，睪丸，錢包和手錶。我說笑話，故我在。

3

所以原來是這樣的。我一腳踏進墳墓了，但是又活下來了。我住在加護病房，有一堆管子插在我身上，就像我在電影裡看到的那樣，在電影裡看到時，覺得那一定很不舒服，你怎麼可能受得了一根管子穿進你的鼻子、或者插進你的手臂？不過其實也沒有這麼糟，我的全身是覺得有點奇怪，而管子也不過是這種奇怪感覺的一部分。我知道時間一定是過去了，不過不知道經過了多久；當你睡著時，生理時鐘還是在運作，不過動手術時就不是這麼回事了。有人告訴我，手術持續了七小時，那是他們衡量手術的方式，我還記得他的聲音中帶著驕傲。他們翻遍了我的全身，找出我哪裡受傷，從我身體的各個部位、從我的頭中取出一堆碎的彈片，而我很榮幸自己參與在這麼重大的手術中。

現在到底是我出事的那一天、後一天，還是隔兩天了呢？我看到的還是一片漆黑，我想我應該被用很重的劑量麻醉了吧，我想不起來到底來這兒多久了。我記得艾佛跟我講過一次話，像朋友般親切的和我聊天，在我的身體上切完幾刀之後，又重新和我建立私人的關係，他還告訴我他個人所知的這次爆炸事件——這件事很明顯已經在整個馬布多造成轟動了。他說：就在他起床之後不久，聽到一聲很大的爆炸聲，他趕快套上衣服，在醫院呼叫前就趕到醫院，因為他從爆炸的規模判斷，一定有受害者，他到了醫院，看到已經有人被送來了，他走近一看，很驚訝的發現竟然是我，穿著泳褲躺在那兒。接著是阿納托利（Anatoli）——他有著我認識的男人中最溫柔的一雙手。我一直在想像他長得什麼樣子——從他的名字和他講葡萄牙語的腔調，我猜他是醫院裡的一位蘇聯醫生——我知道他很小心、很仔細的拆下繃帶，講話很輕柔，就好像是他害我的右手臂受傷一樣，然後又同樣小心、仔細的幫我裹上繃帶。

有個人跟我說明我的傷勢：內臟和腦部應該都沒有受損（我可以念這個給他們聽：眼鏡……睪丸……），除了失去一隻手之外，我有四根肋骨斷了，右腳後跟骨折，左腳的神經受損，有許多彈片造成的外傷，耳膜破裂，而眼睛的狀況，在紗布拿開之後馬上就會知道了。總之這真是一個奇蹟，如果你看到我的車就會知道，它還在那兒，每個人開車或走路經過它時，都不會相信我還活著，它已經是一堆破銅爛鐵了，還有兩張海灘椅掛在後面。

我常用左手手指沿著我的右肩，一路從上往下按壓。我的右半邊都纏著繃帶，所以我不想按得太大力，但我還是可以感覺到我手臂上半部的形狀，然後，在到達手肘之前，繃帶轉往內纏，再往下就什麼也摸不到了。如果不是我用左手去摸，我根本不會知道我的右手臂已經不見了，它好像還在那兒，它存在於我的感覺中，雖然不存在於現實中。不過讓我覺得疑惑的是另外一件事，而醫生似乎也無法解釋，那就是——為什麼，在經歷了這麼可怕的事情之後，而且我全身骨折、滿身是傷的躺在一片黑暗中，但是我還覺得這麼美好？

4

每個人都非常親切、溫柔，又很溫暖。他們的聲音都很友善而且體貼，告訴我說要拆掉眼睛的繃帶了，我是不是可以躺好不要動？到目前為止，我很習慣手指熟練的裹上或是拆掉繃帶。我只要躺好就好了，我也真的是用盡我全部的身心靈，讓自己躺好……我聽到一個聲音——一個我不熟悉的聲音——在我上方小聲說話（這是一個女性的聲音），她說：首先從右邊開始……我感覺到紗布被輕輕掀開，而在我的右上方，所有我看得到的畫面——我看得到了，我看得到了，就像我以前知道，我當然可以做到的一樣——被一張嚴肅的大圓臉填滿了，那是奧爾加（Olga）醫生。

看到她站在那兒低頭看著我，我有一點點驚訝，因為大概在十天前，我們才發生了一點小爭吵，當我去醫院的眼科檢查視力，要配老花眼鏡時。那天有很多人，我沒有地方可坐，所以我一直試著讓自己往前一點，但是她一直要我後退，我們大概都工作得太累了，現在我想向她道歉，但是從她對我極度溫柔和關懷的臉看來，我想這已經不需要了。

現在換左眼，我聽到她說，接著她掀起我左半邊臉的紗布。她蓋住我的左眼，我還是看得十分清楚。但是她蓋住我的右眼，我就什麼都看不見了。這表示我的左眼失明了，但這似乎不重要，因為我用另一隻眼還是看得很清楚。奧爾加醫師向我開口，這次她看起來不像上次那樣怒氣衝天了：我們會幫你的左眼滴藥水，希望它自己好起來，現在看起來不像是適合打岔的時機。我微笑，舉起我的左手，握住她的手。

我必須要轉一下手腕，才能夠碰到她的右手掌，我想，從現在開始，我跟人握手時大概都會有點不順暢吧，但是沒有關係，我很高興能夠控制自己的動作，而且能夠把自己的感情傳達給另一個人，這就夠了。

我周圍的每個人都在微笑，我感到我也咧開了嘴笑，我想這應該是很滑稽的，在我滿臉繃帶的時候。有一些人我應該沒看過，也有一些是我認識的。阿納托利有著深色的頭髮，臉部的線條柔和，手也很溫柔。比起我的想像，他看起來更像一般人，而不是專業人員，他告訴我：他很快就會幫我換紗布了。有一個男人自我介紹他是這兒的警衛總負責人，他向我保證他自己或別人會日夜守在這兒，我有任何要求都可以提出來，有很多人想見我，我們應該逐一確認……他臉上帶著笑，溫柔的說著，以免讓我覺得緊張。警衛其實根本不擔心我，雖然他們應該要的，因為就在附近的賴索托（Lesotho）醫院，我們有一個同志在病床上被暗殺了，還有一個，就在這間醫院裡差點被毒死了。我感覺到自己好像免疫了，我從爆炸中逃過一劫，他們現在害不到我了，否則就太明目張膽、令人髮指了。我也一樣溫柔的回應，一邊想著不知道是誰想要見我，露西亞（Lucia）是否也在其中？如果我真的見到她，會是什麼感覺呢？

5

我都已經一隻腳踏進墳墓了，我差一點就死了，但還是死裡逃生了。電影都演錯了，它們總是以視覺意象來表達死亡的歷程，視覺的世界都是第一個遠離，而又是最後一個回來的，但我所經歷的，卻是進入之後又離開了一個聽覺和情緒的時空，我的腦海中有一個微小、不穩定的感知點，有著忽隱忽現又殘破的自我，也部分意識到我有大片的無感。我面對著幽微的黑暗，也面對著深沉的黑暗，還完全失去感覺——這沒有什麼架構，就是這樣了。我在大部分的時間都聽得到，即使不再了解字中的意思，我還是可以一直理解話中的情緒；也許最深層的意思存在於情緒的層次，而不是意義的層次。

我痛恨自己像袋馬鈴薯一樣被移來移去（在莫三比克，馬鈴薯也算是很有價值的，都會好好處理），這讓我想起以前在學校，孩子們總是開玩笑的衝著我喊：薩克思、背包、瓶子，我們是開玩笑的啦。[5]如果醫生們肯聽我說話，我想告訴醫生：和腦震盪患者講話時要溫柔、平靜，這是十分重要的，就算他們已經失去意識了，醫生也應該向他們說明情況，例如這是哪裡、發生了什麼事，並且讓他感到支持與被愛——如果醫生可以付出愛的話。我很好奇當我在講話時，我的眼睛是不是睜開的？以後我一定要找人問這件事。

當我們還是小孩子的時候，都會有一些真誠而深層的論點，似乎世界上的一切都取決於它們的結果，有沒有上帝？當你快死的時候，你會不會看到上帝、天堂或者地獄？在將死的時候，你會不會開始禱告，就像大家覺得不可知論者（agnostics）或是沒有信仰的人會做的事？現在我安穩的躺在床上，終於有機會可以回答這些年來、塵封在我的半意識（semi-consciousness）裡的問題，並且為我的經驗過於平凡無奇而感到些許失望。也許人正是會結束在自己開始的地方；如果你相信，便會感到有一種引領的力量，一直在你身邊，而如果你沒有信仰，就只會記得死後什麼都沒有，沒有靈魂離開軀體，也沒有宗教的意象或是感知。好像以哲學方式對一個人的定義，現在已經不是那麼重要了，有的信仰者只是表面虔誠，但其實沒有任何篤信宗教者所散發出的溫暖，也有沒有信仰的人，卻有很深沉的心靈內在……

當你快死的時候，一生會像投影片一樣飛快的閃過眼前，我在想這個說法是從哪兒來的？

我沒有——絕對一點都沒有——馬上想起以前的什麼事，我沒有想起我生長在一個高度參與政治、強烈反對種族主義的家庭，我沒有想起我那一九五〇年代中期在開普敦大學（University of Cape Town）的歲月——我在那裡與洛爾卡（Lorca）、聶魯達（Neruda），接著是非洲國民議會[6]初次相遇，我沒有想起我執業當律師的日子——甚至沒有想起翻飛的律師袍或是咆哮的法官，我沒有想起我在英格蘭的日子，以及我和史蒂芬妮的婚姻——那些快樂以及悲傷到無以復加的日子。我沒有得到回憶，相反的，反而還喪失了一些回憶，至少是在爆炸之前的時刻；如果人們說這是一次汽車爆炸案，我當然會相信他們，不過，其實我甚至不記得我從公寓走下樓、到街上這件事，我只記得——這也是我唯一記得的事——我在裝一個野餐包，一邊還覺得很遺憾只有一人份，那天是一個宜人的夏末的日子，我想著要在沙灘上慢跑一段很長的距離，然後來上一瓶啤酒。

有一天我會想起露思——露思．法斯特（Ruth First），我們親愛的朋友和夥伴，她是非洲國

---

5 譯注：原文為Sachs, bags, bottles and rags. 孩子們是以諧音為同學取綽號。

6 譯注：於一九一二年成立的南非政黨，政黨目標是為南非黑人爭取政治、經濟權利，於南非實行種族隔離制度期間，經歷過一段非法的時期，一九九四年五月開始執政，如今是南非最大的政黨及執政黨。

民議會的成員，也在這兒念大學，我也會想起那件事的重要性——雖然要暗殺我的炸彈失敗了，但是暗殺她的炸彈卻成功了——如果她還活著，她一定是第一個鼓勵我活下去的人，不要老想著她的死——現在我正在擁抱我的生命、以及它所有的光輝。但是好奇心也是人性，從六年前那個刻骨銘心的時刻——她在離這兒不遠的研究桌上被炸死的那一刻——開始，我幾乎每天都在想同一件事：在爆炸的那一瞬間，她是否明白發生了什麼事。我想我現在知道答案了，天可憐見，還好那個答案是：不知道。

6

她蜷曲在我的臂彎中，我的手好好的那一邊——也就是左邊，她靠我靠得這麼近，以至於我根本看不到她，只能感覺到她，她有可能是任何人，不，不是任何人，一定是位女性，這種肉體的柔軟和親密，我不太可能從一個男人身上感受得到，或是——我想——碰觸到。是露西亞。當她進來時，臉上顯著疲累和緊張——我注意到她戴著一雙可愛的耳環，那是她用我送給她的石頭做的——似乎沒怎麼睡，我也看到她的長黑髮上出現了灰髮。她把一個手提包放在我的床附近，我微笑了，極高興能與一個醫院外的人分享我生存的喜悅，她來自我所熟悉的世界，那個世界很大，容納了許多人和許多心情，而且還有其他活動——除了躺在這兒之外，我也很高興能夠轉換進那個世界，和張開口。她帶來了那個世界的感覺，也即將帶走我的感覺。看到我溫暖的微笑，她也快速的報以一個熱烈的微笑——在她開心時，總是閃過她的臉龐的微笑。接著，她走向我，主動而勇敢的抱住我，當我們在一起時，這種主動和勇氣總是使我非常的著迷啊。

我想要說點什麼，我想要告訴她什麼，但是在那之前，我想要用全心去感受。說到感受，女性優於男性太多了。男人會微笑著和你說話，用一些類似勇敢、堅強和奮鬥之類的字眼，但是跟我那隻搖晃的手臂握完手、用些簡單的開場白安慰我之後，他們會坐回椅子中，繼續用話語跟我交談。女人們則會走向前來，握住你的手、摩挲你的臉頰，將你的手繞過她們的頭、撫摸她們的頭髮，讓你感受到她們用全身給你的愛和安慰，同時你也會感到自己的溫柔散發出來。醫生的部分已經結束了，現在我需要的是盡可能的撫摸和溫暖。這很奇怪，我知道那些對我做的事並不是針對我，做這件事的人很可能從來沒有見過我，對我也沒有特別的感覺或恨意，但我還是覺得在這個世界的某處，存在著對我的強大惡意，而且，雖然我認為自己的存活是一種勝利，但我還是屈服於自己的原始需求——希望誰來肯定我有作為人的價值。我想要有人來摸摸我，我想要被慰撫、被愛，而不是聽別人說我有多勇敢，或是聽演講（雖然那些話真的很溫暖而且有同理心）……

露西亞，露西亞，妳來到我的身邊，幫助我，用妳的肩膀、手臂和面孔安慰我，愛我這個人，雖然妳的心裡有著別人。我想要擁有妳能夠給我的所有感染力和愛，幫助我，讓我不會覺得自己毫無價值、是應該從這個地球表面消失的一片垃圾、是註定要被消滅的。不管我的理智怎麼說，不管我有多高興自己還活著，我的內心深處還是感受到那個炸彈的侵犯性、我的存在帶來的衝擊，以及某種敵意正在策畫我的毀滅。救救我，救救我──雖然我什麼都沒說，但我的身體已經準備好要接受妳的溫暖──幫幫我，幫幫我，我們已經不再相愛，但是現在請陪在我身邊。沒有人會相信，如果我說論及單純的受苦、或是在情感上的苦痛，失去妳的愛，遠比失去我的手臂更讓我感到痛不欲生；托爾斯泰（Tolstoy）筆下的一位角色曾經說過──而且可能就是因為我在托爾斯泰的書中讀到，這句話才顯得如此深刻：誰能懂人的心呢？所以，拜託了，我的愛，我曾經愛過的人，就讓我繼續輕撫妳的頭、妳的髮、妳的臉頰、妳的頸子，而且如果妳找到我身上的什麼部位並沒有掩蓋在紗布之下，請妳也能永遠摩挲、撫摸這些地方。

她起身時，手輕輕滑過、並且撫摸我的手臂，她拿起放在我床邊的手提包，從裡面拿出一個小塑膠盒，我認得這個盒子，以前我們一起去海邊時，都是用這種盒子，裝沙拉帶去海邊的。露西亞喜歡實際的東西，她越感性，就越喜歡一些具體的安排。我剛好相反，我在某個時刻的感覺越強烈，就越不切實際。她打開蓋子，給我看裡面多汁的滷牛里肌肉，滷得棒透了，這是毋庸置疑的。她做菜的功夫是一流的，這也激勵我學好做菜，並且享受美食──其實我覺得這透露出我們的關係，我們會在生活中發現樂趣，享受美好的事物（為了美麗而美麗，沒有其他目的），買一些絲綢、耳環和黃金（噢，我就停在黃金了；就算是對不符清規的樂趣有極大的興趣，也還是有外在的限制）；我們花了半生試圖建立戒律、和對自我否定，讓所有的小行動都受到教化，然後又竭力讓另外半個自我去除道德的束縛。全力奮鬥並且願意付出生命，並不代表我們一定要沒有自我風格、不帶感情，或是對任何樂趣都沒有熱情。

在政治上，她常常比我更嚴格，並且不願原諒，但是以社會性來說，在我們同居的這幾年，她顯然比我更寬厚、更帶有朝氣。現在，當我用左手拉她靠近我纏著繃帶的肩膀時，我感到心靈不再迷惑，我直覺的認為所有惡都屬於想要殺我的一方，而所有的善都歸屬於我的醫生、我的護士、警衛組、我的同志、我的朋友、我的家人、露西亞，當然還有——我自己。也許就是因為這樣，所以我一直覺得很快樂；我終其一生都在奮鬥，我的內心一直覺得每件事、工作、愛情、掙扎、家庭關係，甚至於我的樂趣，都脫離不了矛盾，而突然間，我的世界不再有矛盾和兩難，我的個人路線變得很清楚而開放，而且沒有情感的壓力；他們想殺我，但是失敗了，就是這樣，我只需要變得更好，這就是我個人的、美好的、純潔的、政治的、公眾的，而與我最緊密的目標。

「我不吃，」我說，一邊看著那小塊肉，但是沒有胃口。

她看起來很驚訝。

「對我來說太多了。」

她其實是特別為我做的，以為我一定會喜歡她的體貼。我們有點像是在互吼，我的聽力有點受損，雖然我只是想柔聲說話，但我感到自己的聲音有點像在命令。

「一個半熟的蛋，煮三分半鐘，再加上一點香茅茶，我就只想要這些。」

她笑了，就在我的後面跪下，我知道她是要親我。不能親我的嘴唇啊，那太性感了，不能親我的鼻子啊，那太可笑了，但是我其他地方都纏滿了繃帶。她的嘴一邊往前，最後剛好落在我的脖子上，一小塊裸露的皮膚。經過這種種之後，我感受到她的嘴唇那柔軟而令人感到十分舒服的重量。

「我們還以為你已經死了。」她喃喃的說。

7

大家好像都不知道該做什麼。那些媒體記者——通常問題是最多的，也都很安靜；我的出現似乎讓他們感到很驚訝，不確定是不是因為我那短短一截、又緊緊纏著繃帶的手臂，還是因為我剃了光頭，或是因為我穿著睡衣——莫三比克人是非常講究穿著的，奧比教授至少應該穿著運動服吧。

病房裡擠滿了攝影機和新聞記者，我往後躺，整身、滿臉都纏著乾淨的白色繃帶。記者們等我開始說話，而我則希望由他們先開口。我的兩個孩子——亞蘭（Alan）和麥克（Michael）站在我旁邊，他們都是十幾歲後半的年紀，看起來很高，讓我必須抬頭看他們。我不知道他們在倫敦聽到這個消息時，是什麼感覺——聽到自己的爸爸被炸彈炸得開花了。他們怎麼告訴自己的朋友，這件事有上新聞嗎？非洲國民議會把他們送來我身邊，當他們安靜的走進病房，擁抱我並且問我：「嗨，老爸，你覺得怎麼樣？」那一刻真是溫馨。一方面，我覺得要他們保護我和安慰我還太早了，我還不到那個年齡，不過他們自然流露出的愛是如此美好。「媽媽也說她愛你。」

我出現時，其他人要不是報以微笑（以回應我的微笑），要不就是一張嚴肅且凝重的臉，尤其是那些認識我的人。我受不了那些悲傷的臉，他們讓我也變得沮喪，我希望訪客跟我一樣充滿愉悅，於是我被迫每次都要帶動情緒，阻止他們繼續悲傷。現在有二十個記者圍在一起，這不容易建立起我想要的溫暖而樂觀的氣氛。必須有誰創造一個環境，讓這個房間裡緊繃的情緒轉換成對話，進而變成好的電視訪談。

「我今天傍晚就要離開這裡去倫敦了，在那裡繼續我的治療。」

我開始講話，當我知道談話會錄音時，總是會刻意放入一些加強的語氣。打光的地方不太對，所以我建議移開它們，相機也被放到靠邊一點的地方。

與記者會面是我的主意；我住在莫三比克十年了，經歷過民眾奮起的黃金年代，以及獨立後歡騰的頭幾年，也經歷過倒退和挫敗的這幾年，我不希望就默默的、被用擔架抬離這個國家。

「整個馬布多都聽到當時的爆炸了，只有一個人例外。你們知道是誰嗎？」我問大家，我知道我有一點用吼的、帶著誇張的南非腔調，並且有一點難以控制的高高在上的語調。

記者們看起來很疑惑。

「就是我。」我自問自答。

我接著解釋我在爆炸當時什麼都看不到，還以為自己被綁架了，那時我一再掙扎，接著就聽到了艾佛的聲音告訴我，我在醫院了……「當我聽到這句話時，心中的喜悅真是無以復加，因為我知道我是在莫三比克解放陣線的手中了。」

新聞記者們都在錄影，並且一邊振筆疾書，我知道他們被最後的一段話感動了，我也是，因為這真實的傳達出我過去十天來在醫院裡的情感——當我感受到整個城市都在為我加油的時候。這就像是一齣熱情激昂的清唱劇，這次炸彈事件和我的存活，重現了早年革命期間的單純憤怒和熱誠。不只是有多少人想突破警戒來看我的問題，而是他們的感情到底可以有多濃密、他們有多想表達自己的情緒。

我特別希望有兩個人可以看到這段電視訪問，兩個很特別的訪客。第一位是我曾經——在我剛到莫三比克時，以及在我與史蒂芬妮的婚姻終於走向盡頭時——熱烈的、像著魔般的（但並不總是愉快的）愛著的人，我在到莫三比克不久之後，就遇到了露西亞。現在能有她在我身邊，我夫復何求——即使只有一段短暫的時間，這又重新喚起我對我們早年肌膚之親的回憶，我所有的壓力都不見了，只剩下半意識中對於我們的交歡和親吻的鮮明記憶——我希望我人生中擁抱過的女性，都能夠用她們與生俱來的身體接觸來拯救我，救贖式的提醒我，我的身體和我這個人，也曾經值得愛、曾經被愛過，我希望用肉身的魔法，來解除我的敵人加諸在我身上的魔咒，它帶給我極大的創傷。另外一位——她的拜訪對我有很大的影響，也讓我十分驚訝——是我的樓上鄰居；這幾年來，我一直想知道我的鄰居對於有一個非洲國民議會成員棲身於他們之中，有什麼感覺，因為這也可能使他們遭受波及，雖然我一直認為我不可能成為攻擊目標，因為眾所周知，我沒有參與軍事行動或者地下活動——我的鄰居，這位總是很端莊而且有點距離的鄰居，現在握住我的手、按在她的胸前，說她是代表整棟大樓來的，大家希望她來看看我，代表他們表達所有人的憤怒和團結，同時希望我可以盡可能的早日康復。

我也和記者們講了希米．科恩掉下巴士的笑話，但這真是一個錯誤，笑話不太容易翻譯。他們看著我，似乎覺得我被炸彈傷到了腦子，所以我只好開始聊這些年在莫三比克對我有什麼意義，以試著挽回一點。

我很興奮，比有點興奮再興奮一點。我發現還有一些電影元素和人情味的部分沒有用到，所以建議他們問問我弟弟，對於我所接受的治療是怎麼想的——我弟弟是一位醫生，現在在倫敦一家知名的醫院工作。約翰（Johnny）也是非洲國民議會送出去的，比我小一點點，我們非常非常親近，總是彼此扶持，雖然我們之間的連結很少。我招招手叫他過來……對於現在這個時刻，他是最適合在我身邊的人，他可以幫我決定近期的、將來的事，然後陪著我、護著我實現這些事。二十五年前，當他接受開心手術時，我人在牢裡，那時候，我們悲傷的對我們可憐的母親開玩笑：她有兩個兒子，醫生兒子在住院，而律師兒子在坐牢。現在則是律師兒子在住院，而醫生兒子陪在他旁邊，稱讚莫三比克的醫生處置得宜。

接下來，我建議記者們問我的兒子們幾個問題，我想不通為什麼記者自己沒有想到這件事，這不是我的本意，但是越來越像是我在主持訪問，從我的病床上主導影片拍攝。首先是亞蘭講話了，他的倫敦腔和風格，和我的南非口音形成強烈的對比，接著是麥克。其實不只是口音的問題，還有講話的風格和音調，甚至是肢體語言。對我來說，他們從來沒有到過南非，看看這個我和史蒂芬妮出生的國家、非洲國民議會誕生的國家、我們的熱情和命運緊緊繫著的國家，我感到十分悲傷，但我尊重他們有身為、和感覺自己是英國人的權利，他們面對鏡頭能夠表現得這麼好，我也感到很驕傲。

「儀太（Gita）」，我說，「來坐在我旁邊，說幾句話吧！」

儀太是我的朋友、同事、著作的共同發表人，也是我的老闆。當我第一次到馬布多，要在大學裡新成立的法律學院發表演說時，她的先生是我的葡萄牙語翻譯，從此之後，我們三個人就一直維持著良好的友誼。之後我成為法務部（Ministry of Justice）的研究主任，她就是我的直屬上司，而且我們一起完成了許多事——舉辦海洋法、著作權、科技轉換、婦女權利、社區法庭（community courts）的研討會，研究親屬法，建立一個現代的法律圖書館，編輯期刊，發表書籍和規章。她滿腹才氣，既健談，口才又好，對這個城市瞭若指掌，熟知做事的方式、文化和風格的細微差異。她沒有在鏡頭前擁抱我、撫摸我的手臂，或是露出任何親密的情感。她開始講話時，我把她的手握在我的手中，十指交扣，我感覺到雖然我想對她表示親密，但是有一點文化衝突。這幾年間，莫三比克發生了一件我認為很奇怪的事——人們的情緒越強烈，公開的限制卻越多；就算在噩耗——新聞報導薩莫拉（Samora）總統發生悲劇，可能在一場空難中喪生——傳來的時候，人們也只有在私下流淚，表達痛苦。

這是我在馬布多的最後一天，我希望是特別而且值得紀念的，我希望房間裡的每個人都跟我一樣，盡情讓感情沸騰，但是我的放任感情似乎是一種錯誤的方式，記者們都被我的外觀嚇到，他們好像才是受傷者，只有我因為自己的存活而興奮莫名，所以我反而是完整的。到了機場應該就會好些了，我最親近的同事們會來，我們可以打從心底快樂的辦一場送別會。

「我會再回來的，」我在訪問結束前這樣宣布。是的，我也和自己這樣說，我會再回來的，我要完成本來要在沙灘上進行的慢跑，我感覺到這個想法存在於我的內心，我會再回來的，這次沒有什麼可以再阻止我了。

8

救護車很老舊了，彈簧也不太好，當它加速駛往機場時，我感到十分顛簸，這讓我想起十天前，那場糟透了的奇怪旅程。不過這一次我是清醒的，所以也感覺到疼痛，不，其實不是疼痛，而是身體裡一種很不舒服和緊繃的感覺，因為這種賽車式的顛簸而顯得更加明顯。我希望看看救護車窗外的景色，我知道在我們經過的這條路上，樹上的花正盛開，我希望用這些優美的景色恢復我的視覺記憶；我也知道有些閃著白光、充滿夏季風情的高層建築物就在那兒，它們的背後是以大海當作背景，我們大概正在經過波拉娜酒店（Polana Hotel）的優美前庭，正加速通過大學旁邊（露思就是在這兒被暗殺的），也快速通過波拉娜附近的那些用蘆葦和鋅板搭建的小房子，還有一棟樓房，我們在那兒為BBC拍了一部影片，接著向左轉會穿過一個工業區，然後是經過英雄廣場（Heroes Square）上那堵巨大的斜牆，我們曾在那兒為我最愛的一本著作——《革命的想像》（*Image of a Revolution*）——拍攝照片，接著我們便直接駛往機場——如果他們能在救護車上安裝那種單面的玻璃，我們就可以看到外面，而不會被外面的人看到了。救護車走走停停的。我們應該很靠近機場了，但是我們也可能在任何地方；我還是只能看到我周圍的小小一圈。

我聽到外面有聲音。我們停下來，接著後門便被打開了。我坐起身來，和要進來的人（不管是誰）打招呼，並且準備被推出去。進來的是儀太，她看起來很煩惱，彎腰進到救護車裡面。

「到這兒來，」她跟自己後面的人說話。

我注意到外面是暗的，有許多人正等著要進來救護車裡。她轉身面對我，為這混亂的場面向我道歉，但她解釋是因為我們實在太晚了，沒有足夠的時間讓我進到貴賓室，所以我的同事都要在救護車裡見我。法官、檢察官、法律學者，一個接著一個進到救護車裡，很不舒服的彎腰走向我，跟我握手，然後再一個接一個走出去。大家都很匆促，沒有人笑得出來。

「阿曼西奧（Amancio）！」我叫住一個和我很親近的同事。我拉住他的手，希望他留在我身邊久一點，好讓我們擁抱告別，但是隊伍不斷的把他往前推，他也只能驚訝的看著我。我在心裡一直默念，希望與我在工作上最親近的同事們——我們曾經一起分享每天的痛苦和興奮——簡單的說上幾個字，帶著微笑、快樂的擁抱他們每一個人。但現在大家只是魚貫的走過我，就像我們以前在無數次葬禮中走過死者的靈柩一樣；我的功能只是躺在那兒，像個屍體。並沒有任何愉快的情緒，只有可怕的肅穆，壓得我喘不過氣來。而且來的人並不是我在工作上共事的人——打字員、操作機器的人、送信的人、職員——這些我多年來和他們在工作上緊密合作的人，我時不時會對他們發脾氣的人，而且他們對我也是如此——而這個國家的觀念是如此解放，不管是對人吼、或是被人吼，都不會有人覺得這是種族歧視。來的人是一些法界中比較資深、比較遠的朋友，他們穿著正式的服裝前來。我甚至懷疑他們是不是收到了正式燙金字的卡片：「……我們很榮幸邀請閣下（賢伉儷）前來馬布多國際機場（Mavalane Airport），參加奧比．薩克思的餞別會……」

救護車的後門打開，我被推出來，推到機場的柏油碎石的飛機跑道。我被暴露在夜晚的空氣中，這感覺很奇怪，但也很舒服。天空很暗，但是機場的建築物被周圍很暗的燈照得很清楚，我可以看到莫三比克航空（LAM Mozambique Airlines）的飛機就停在幾碼外。兩位護理人員抬起我躺著的擔架，沿著階梯抬上飛機。

我看向機場的建築物，在強光中，隱約可以看到送行的人們所在的平台。我們已經走完階梯的一半，所以我接觸到新鮮空氣的小小旅程很快就要結束了，我只好再進入飛機的密閉空間中。

一個士兵拿著AK步槍站在旁邊，這也是我十年前剛到馬布多時，第一眼看到的景象；站著的是一個真人，而不是一張海報——我雀躍得泫然欲泣，而第一個到我嘴邊的詞（當然其實我什麼都沒說，只是專心的檢查行李）是：勝利。我們很少能夠說這個詞，非洲人民常因武力落後，而被人踩在腳下。現在我看過這麼多槍，戰爭已經拖延了這麼久，軍隊也面臨了許多問題，制服或是武力已經不再令我熱血沸騰，但是最初的敬意還是不會消散的。再見了，莫三比克，我要被帶離開你了，天知道我什麼時候才會再回來。不管是你的國家還是我自己，這幾年來都發生了太多事，我要進飛機了，讓我們說再見吧。

我把頭稍微抬起來，舉起左手臂，向送行的人們所在的平台揮了揮手，做最後的道別。空氣很溫暖，而燈光讓我混淆。突然間，好像有數以百計的手也向我揮來，這幅畫面很令人驚訝，但也很美麗，我感覺到滿滿的愛和感染力，再次向我席捲而來。這個城市的人們和我進行了一個快樂、自發的溝通，我的朋友、我的同事都在這兒，但是同時也有數以百計的陌生人，這真是一個美麗的幻覺——當我木乃伊般的身體舉起手臂，進行最後的道別時，那些在燈光下、向我揮動和搖擺的手臂。

護理人員在階梯的頂端稍微停了一下……*khanimambo*，馬布多，謝謝你，直到再相逢之日……然後我就被推進了機艙。

第二章

9

我不知道為什麼這可以叫作簡便盥洗用具，我不知道它便利在哪裡，我只不過是坐在一個帶著輪子的小馬桶上。但我還是儘量調適自己，讓我像是坐在什麼寶座上一樣。我已經可以離開床了，自從我來到這家倫敦著名的醫院（我想還是不要透露醫院的名稱比較好）之後，除了還是有種落入凡塵的感覺之外，其實我還為了某些突破性的進展感到很興奮。

這不是我第一次坐在這個馬桶上了。它的過程其實滿費工的——我的床邊有個小桌子，小桌子上堆滿了花和水果，這些花和水果的旁邊有一個黃銅色的小鈴，我必須先按這個鈴，詢問護理師是否可以幫我把便器拿過來，當她把便器推進來之後，我要一邊從背後用力、一邊用左手撐住身體，蠕動著從床上爬起來，讓我自己坐在馬桶的椅子上。這只是一個小動作，但我是靠自己完成的，其實是我拒絕幫助——雖然可能會有風險，就連護理師也曾語義不明的「誇獎」我真是太獨立了。出於某種原因，每當我掙扎著移動身體、坐上便器時，我就會想起薩莫拉的一句話：革命的成功，在於我們每個人每天所做的每件小事。

這就是革命對我所代表的意義嗎，這幾年來，是不是都是那段光榮過後留下的東西在鼓勵我？不過——對我自己而言、對那些愛我的人、對於我所有的同志來說——我的責任就是變得更好，這不僅是在身體上要盡可能恢復，也是指當我在這次爆炸後再度出現時，必須是堅強、快樂，而且容光煥發的。這就表示在一切讓生活回復常軌的小事上（例如坐上便器），我付出最大的熱情。從我接到的信、和我的訪客的言談中，我猜測有些人認為我是英雄，因為我從這次爆炸中存活了，這變成我的功課，而且這並不容易，不過我想告訴他們：從爆炸中存活並不是什麼英雄主義，我活下來了，這是一個事實，其實我沒得選擇，這也不是我的意志。比較像英雄的部分，其實是這個完全不英雄的舉動——我掙扎著讓自己爬過整張床、坐上便器，冒著掉進馬桶的危險。

不過，我也必須說這滿好玩的。每天都有新發現、新的成就。我現在可以坐在便器上，鼻梁上架著眼鏡，手上拿著一本偵探小說，附近就有一捲衛生紙，呼叫鈴也在我很容易按到的地方。還有那根管子。那根管子真是太討人厭了，這真是煉獄，我不論白天、晚上，在床上或者出去，都擺脫不了它。因為一位物理治療師——而不是醫生——發現了我的不對勁。我告訴她我總是很累，稍微動一下就感覺呼吸困難，所以她建議我去照X光，於是發現我的右肺已經完全萎縮了。所以我從肺裡接了一條管子出來，繞過背後的胸腔——當他們小心翼翼的把一條細塑膠管插進我的身體時，真是如鯁在喉——一直連接到地上的一個瓶子中。很明顯的，肺周圍的液囊應該是被刺破了，所以現在充滿了血性液體，必須要慢慢的讓它排出來。這些管子，在我晚上睡覺時也跟著我，白天醒著時也跟著我，還要跟著我去廁所。

這是我的第二次嘗試了。第一次時，我焦慮的坐了半個小時，希望有結果。有時候我會試著勉勵我的腸道、對它說教、說一些小故事給我的括約肌聽、好好求它、講笑話、生氣然後用力一推，但是都沒有用。好吧，我跟自己說，那我們慎重一點吧，急是沒有什麼好處的。所以我把注意力集中在書上，儘量沉浸在阿奇・古德溫（Archie Goodwin）和他愛種蘭花的胖偵探老闆尼洛・伍爾夫（Nero Wolfe）之間，關注他們發生的笑話。《書本謀殺案》（*Murder by the Book*）是雷克斯・司陶特（Rex Stout）的最佳著作之一；不知道是不是一直可以當我的瀉藥。我讀完三個故事了，腸子還是沒有什麼動靜，雖然重新有書本在手、享受閱讀的感覺其實還滿好的。

這個有關英雄主義的問題其實很讓我感到困擾。我的身體日漸康復，但是有兩件事，我必須找到方法與它們共存——第一件事是我確定永遠失去一條手臂了，第二件事是，人們認為我有哪裡不一樣，有時候甚至覺得我是英雄。手臂的部分我可以慢慢習慣，先裝義肢，並且盡可能、儘快的自己做每件事。但是被視為很不一樣，這點就比較難了。我很享受被稱讚，其實我也很以自己為傲，至少我在重要時刻做出了最大的奮鬥，但是其餘的事，其實就不是我做的了，我只是因為沒死而開心微笑，這應該算不上什麼勇敢的表現。我也希望能夠維持這種高昂的情緒，但我還是希望有一天能夠回歸正常的生活——不管在哪一方面，不必讓我的每個舉動和言語被放在爆炸案的脈絡之下檢視。我知道這其實可以由我的舉動而決定，所以問題就是：我應該怎麼做？

這些冥想好像至少對我的腸道有好處。肚子裡出現了一些騷動的跡象，我可以感覺肌肉自己要開始動了，而且有一點什麼東西正在通過通道。蠕動還在繼續，要來了，要來了。那點東西自己往外擠，有個小東西撲通一聲掉進馬桶了，成了。我鬆了一大口氣，感受到無比的興奮與成就。我拉屎，故我在。拉屎大概是日常活動中最沒有人關注的一項了，直到你發現自己沒法做這件事。我其實對自己的身體引以為傲，它總是靜靜的工作著，發揮自己的功能，雖然不曾受到稱讚、或甚至被意識到，只有在出問題時，人們才會注意到它的存在，然後便後悔莫及了——誰會為自己的消化系統感到高興，甚至炫耀或稱讚它的勇敢呢？現在它代表我反擊了，讓我回復到健康和正常的狀態。我向前傾，拿起一捲衛生紙，作為我和真實世界之間，另一個小小相遇的序曲。在真的發生了這件事之後，在所有的手術和護理之後，在所有的報紙和電視報導之後，我能夠擦擦屁股了事嗎？這不只是一個廁所笑話的問題，我在這個時刻和自己開的一個小笑話，這真的是我要奮鬥的邊界。我把衛生紙捲放在兩膝之間，拉出一小段想要撕下來。衛生紙沒有被鬆開，我開始感到不自在，幾乎是焦慮了。我連衛生紙都撕不開的話，這有多糟糕啊。我必須鎮定，小心的把衛生紙捲拿到正確的角度，然後再拉一次。一、二、三……有用了。我拉下了一張衛生紙，然後是第二張、第三張。現在是比較難的部分了，我要用左手把衛生紙拿到背後，我不習慣這件事，有些人說在某些文化中，一定要用左手擦屁股，因為右手是拿來握手的，但是我的文化中沒有這種要求。我稍微向前傾，把背部抬高一點，再把手滑過去，然後開始擦。勝利。

我摸到了那個小小的呼叫鈴，按了好幾下以示勝利。

10

這是最難熬的時刻，我在清晨一大早醒來，聽到一些重複的歌詞，一直鑽進我的腦海裡，不請自來也不受歡迎：是我，是我，噢，我的主……我沒辦法停下一直重複的副歌……是我，是我，噢，我的主……這些句子一直在我的腦海中重複……是我，是我，噢，我的主。在半睡半醒之間，我沒有任何防備，我的個性在這個時候還沒有醒過來。外面還沒有天亮，但也不是全黑，我把毯子掖緊，想再多睡一個小時。在這個時刻，我最容易感到孤單，而且最清楚我的狀況。如果我躺著不動，我的身體會覺得僵硬。如果我試著翻身，因為這需要許多拉的動作，我的骨頭會感到各種疼痛，我感到自己很笨拙，我的全身關節好像都散了，我的身體好像扭曲變形了。

在白天，我不太會感到疼痛。我的整個身體都很痠，我身體的各處都不舒服，有一種說不出來的全身性的痛。但這不像是內耳痛或是根管治療那種尖銳、刺骨、難以忍受的痛。我身體的某些部分的傷勢還很嚴重，而且十分敏感，有兩次我真的覺得很痠痛，一次是在馬布多時，耳科的專門醫生用注射器清洗我震破的耳膜——我哭出來，而且幾乎弄傷他了——第二次是管子要穿過我的胸腔時，雖然後者其實是因為我感受到肉身被刺穿的痛苦，這大過於實際的痛的感覺。不過整體來說，在白天，當我可以活動而且活躍著的時候，我的肉體疼痛反而出乎意料的少。傍晚也不會太難熬。最難過的就是這個小時，當我覺得自己毫無掩護、完全暴露在爆炸帶來的影響中時。

我的頭皮好像緊緊的從我頭上拉過去、然後又再往下按，就像一個鐵箍鉗在我的頭蓋骨上。有一隻眼睛看不到，更加深了這種奇怪的感覺。其實我並沒有注意到自己有一眼瞎了，而是那半邊有一種沉重的感覺，好像我的頭歪了一邊。我的右半邊好像整個被炸爛了，滿是瘡痍，一直到我碎裂的腳後跟。他們說我的肋骨接合得很好，洞和傷口都很乾淨，而且正在復原。但我始終覺得右手上部的部分不屬於我，比較像是我抓在手邊想要保護的東西……

是我，是我，噢，我的主……每件事都會好轉，但是我的手臂永遠不會回來了，它不會再長出來、不會再出現在那裡了，我的手臂應該在的地方，永遠會有一個空位。奧比的餘生都不再會有右手了。這沒有發生在其他人身上，這不是我從別人那裡體會到的事，不是我聽到的、不是我在一本書或是影片裡看到的事。不是我的弟弟或是妹妹的事，而是我啊，噢，我的主……心靈是十分個人、私密的，充滿了傷心和無可逃避的命運。在一整天——當我被護理師照顧、或者有訪客來時，我會感到興奮。而現在我是孤獨一人，面對我的身體，沒有安慰、焦躁或是幻想，我深深了解我的肉體是殘缺的，永遠的。從我的肩膀延伸出去、纏在繃帶裡的一小段身體，是我曾經視為理所當然的手臂，現在只剩下這一小段還留下來。當它還在的時候，我從來沒有想過它，反正它就是在那兒。現在它不見了，我才注意到它所留下來的那個空間。

我失去了我的手臂、我的手錶、我的簽名、我的握手、我中指的老繭——我引以為傲的老繭，我總是用那裡拿筆，那是我唯一和藍領階級一樣的地方——手上有著老繭。我的這半邊覺得很錯亂。我覺得手指好像還在，我可以明顯感覺到它們還在那兒，甚至常常感到刺痛和好像握緊的感覺，雖然我知道這都只是幻覺，他們說這叫作「幻肢（phantom limb）」。

有時候我會突然閃過一個念頭，覺得在治好我的斷臂之後，醫生（還是誰）一定又對它做了什麼，也許他們燒了它，我無法想像你還能對一隻鋸掉的手做什麼，不過其實這也不重要，現在它已經不是我的手了，這隻斷手保護了我、拯救了我，它犧牲了自己，所以其餘的我得保平安；現在我這麼愛的這段手臂、經歷大難之後被遺留下來的這段手臂，是被那些殺人未遂的人所毀的，絕不是醫生。

我躺在漸露曙光的黑暗中，自己對自己講話，我知道有一些很私人的東西存在身體中，你無法逃避它們，它們就在你的身體中、它們是你的一部分，你的身體、心靈和個性在你個人的最深處，以最真實無華的面貌交會，這個交會就展現成這些私人的東西。每當夜晚來臨，這些與自我對質的陰暗時刻會一再重複著，我不會說這些陰暗的時刻——比起白天那些充滿生氣的活動時間——更接近真實，不過我也不能確認它們更不真實。我是一個人，不是兩個人，我只希望白天那個精力充沛的奧比，能夠幫助那個受到創傷的、寂寞的清晨奧比，治癒並重拾他的信心。

我的脖子很痠，我的頭後面一碰就痛。我用盡全力把枕頭拍得鬆軟一點，讓自己慢慢入睡。不是我的兄弟或是姐妹，而是我啊，噢我的主，我需要禱告……不是我的叔伯，也不是我的表親，而是我啊，噢我的主，我需要禱告……

11

逐漸靠近的車子駛在潮濕的路面，輪胎發出嘶嘶的響聲，聽起來格外刺耳或是令人感到不舒服。艾迪（Eddie）——醫院裡負責搬運病患的人——正專注、謹慎的推著我的輪椅，帶我到主棟大樓照X光。我的頭腦好像不能過濾，我接收了所有聲音，而且不感覺到任何意義，可能我的鼓膜還是破裂的吧，這讓我覺得有點愚蠢。當我們離開人行道要過馬路時，我感覺完全沒有受到任何保護，如果這時候有一台車撞上來，我自己是沒有辦法的，我很痛恨這個瞬間，也為自己的無能為力感到很生氣，我的肉身和生存都只能交付在別人手上。我的意志不值一文；當發生過我所經歷的一切之後，我覺得如果只是平平凡凡的被一輛車撞死，將是無法忍受的。

還好艾迪對推輪椅很有一套，讓我和輪椅都平穩的前進著，他可以熟練的讓輪椅向後轉，俐落的讓輪椅上到人行道，甚至還可以——這應該是最難的——順利的推著輪椅走過一扇厚重的旋轉門。但是，但是為什麼艾迪讓我們過馬路過得這麼慢呢？

我們終於到另一邊的人行道了。現在我可以抬眼看看那些路過的人。這是這段旅程的樂趣，它讓我的思緒奔馳。你——閣下——就這樣走過去，注意到我，但是不想盯著我看，是的，你——我在跟我自己說話——看到的就是一個被包在毯子裡的人，坐在輪椅裡被推過街，一雙無言的眼睛茫然的看向你的方向，腳就踏在輪椅底部的小踏板上。你對於剛才經過的仁兄感到有點抱歉、有點尷尬，但是也有點慶幸，那不是你。別煩惱，閣下，我完全知道你的感覺（或沒有的感覺），因為直到最近為止，我就和你一樣，在我的人生中，一定也經過了數百個坐輪椅的人，而且也想著和你一樣的事（或什麼都沒想）。事實是我還活著，活得好好的，而且還能想、還能感覺，而我現在所想的事，就是真高興能夠看到你輕易的邁開大步走在這條街上，你的膝蓋彎曲又伸直，人類的下肢發展了上千年，才能夠有這麼神奇的方式，你的身體奇蹟似的挺直，你的手臂只有擺動一點點。走路是一首詩篇，享受它吧，閣下，它不只是一種從A點移動到B點的方法。

還有妳，女士，妳這麼有活力的大步走過去，鞋跟敲得人行道踏踏作響，妳可以看看我，我不會介意，既然妳經過了，並且對我、和我為什麼坐在輪椅上感到好奇，這不會對我的隱私權構成侵害，其實，我很不希望被人們忽略，我最希望的就是妳注意到我、想想我，就像世界上的其他人關注他／她們自己的事一樣，像我現在想著自己要早日康復。這件事就這樣發生了，女士，妳現在急著經過的這個裹在毯子裡的人，其實是個有故事的人，而且根本不是一個悲劇，這個故事充滿歡笑，或至少有明顯的個性。我不知道妳會怎麼叫我——暫時或永久性的殘廢或肢障者，或是現在有什麼其他的專門用語，不過我無所謂，另外還有一個完整無缺的我，他充滿好奇心、十分風趣，我在說那個看起來死氣沉沉、像是有眼睛的人體模型的東西，雖然他很快就從妳的視線裡消失了。有時候專家們也是一直盯著我，但我同樣也在仔細端詳他們，看看他們怎麼組織一個醫院、他們的技法和工作風格，因為——女士——就算我完全動不了、或只能居於順從的位置，我依然是那個場景中一個有意義的部分——就像妳一樣。

冷空氣颳著我的臉，我微微的發抖，我的身體因為寒冷而不太舒服，但是又很高興能夠感覺到風吹拂在臉上。我對於移動的感覺還不太正確，人們好像都是突然出現、又突然消失，汽車也是突然不知道從哪兒出現，又突然消失。角度全都是錯的，移動和空間之間的連結很不協調，每個東西看起來都大得離譜，而且從上方逼近我。雖然我很享受外面的空氣，但是面對車輛和人群時，我也感到十分侷促不安和恐慌，因此我感到鬆了一口氣，因為至少艾迪是推我走開著的自動門，然後到達主棟大廳。

12

她的手指是如此輕柔而溫暖，我無法告訴她，我的身體對這手指的觸感是多麼有感覺。她小心的拆下裹在我的胸膛和肩膀上、一圈又一圈的繃帶，接著準備要拿掉傷口上的紗布。消毒過的設備已經從無菌包裡拿出來，整齊的排在桌上——這一點和馬布多不一樣，在馬布多，他們每天都要把儀器和紗布煮過，再消毒。手套、鑷子和剪刀、繃帶和紗布，什麼都是一次性的，用過之後還留下來的，就只有護理師本身了。護理師用鑷子夾住紗布，輕輕的掀了起來，我的胸膛於是完全暴露出來了。這時候我總是會很快的看一眼紗布下面的東西，看看血和膿怎麼樣了，也看看從哪裡流出來最多。現在如果顏色或其他特徵有一點點變化，我已經可以看得出來了，但是還不知道怎麼解釋它們。這是我第一次住院，真不是普通的第一次。

「噢，太棒了，」她說，「傷口變得很漂亮了。」

我不知道怎麼判斷這種事，我只知道我的身體滿是疤痕和縫合的痕跡、裂開的傷口，還有腋下發出令我痛恨的些微異味。護理師把一塊無菌紗布浸到一個裝著無菌生理食鹽水的無菌塑膠小碗中，開始清洗我的傷口。馬布多似乎連細菌都沒有發展起來，如果你被細菌感染了，用抗生素就可以清除，而在已開發的世界，連細菌都如此先進，它們對所有的藥物都有抗藥性。

她從背部開始，現在清洗到我腋窩附近的傷口。她清潔傷口的方式非常體貼、溫柔而優雅，極度為我的身體著想。我不太習慣這樣的撫摸。這些日子以來我所經歷到的、她的舉動，勾起我潛意識中的記憶——那是在我的嬰兒時期，對於抱我的手僅存的、但是很深刻的記憶，那是對於溫柔的手、和善的手指、充滿愛的撫摸的記憶。我們總是希望趕快脫離童年，當我們習慣了生活中不再有友好的肌膚接觸，而且連想都不再想起時，我們甚至不知道自己失去了什麼。成人間的愛撫和擁抱好像都是偶一為之，而且只限於做愛和性。除了偶爾的擁抱和禮貌性的親吻之外，在我們彼此之間，其實根本沒有溫柔的身體接觸。如果一位女性的手指順著我的身體撫摸，這一定有關於性，而如果是我觸摸她，也一樣是帶著暗示，而且不外乎性。像這些每天藉由一點身體動作表達感情和慰藉，我們很習慣對嬰兒做，但如果對方是成年人，就變得要顧慮很多、複雜得多；瞧瞧我們對自己剝奪了什麼，除了名正言順的做愛或是治療行為之外，我們根本沒有機會重溫這種觸覺帶來的溫柔。我在想，不知道這位護理師知不知道我的身體正愛慕著她？與性無關，而是無條件的、全心全意的。也許她還是不要知道比較好。

我從護理師的手指尖看到了英國，我的朋友期待我會說：在我不在的這十年間，這個國家變得更無情、缺乏關懷，而且完全跟著錢走了。但是我不會這麼說，雖然從我所聽到的內容，我相信這是真的。但是我到目前為止的經驗都是無止盡的被關心、被支持，為了那些每天幫我上藥、清洗和包紮傷口的手指頭，我對英國人充滿愛，這才是我所接觸到的真實。

電視上有一段影片引起了正反兩方很大的爭論：是在與阿根廷進行的福克蘭戰爭（Falklands/Malvinas War）中，一位英國士兵嚴重受傷的影片。我不忍看到、或甚至只是聽到爆炸的場面，或看到故事中的英雄躺在醫院中。雖然除了自己之外，我好像也顧不了別人了。雙方的爭論總是圍繞在戰爭結束了、英雄主義也被遺忘之後，他是否還會受到足夠的醫療照顧和支持，而我覺得這充滿了矛盾，為什麼他的經驗如此苦澀，而我的經驗卻讓我如此喜悅呢？

我經常覺得，我寧可在英國生病，好過其他任何地方（但要死的話，就要在其他國家，英式葬禮太過——如果容許我這麼說的話——死氣沉沉）。但這是因為我喜歡「國民保健服務（National Health Service）」的運作方式，以及現代治療所採取的非介入式（non-interventionist）方式。我沒有預期護理師這麼的溫柔和溫暖。她們沒有用抗生素、藥膏、藥丸或注射處理我的傷口，而是由護理師用充滿愛的方式，鼓勵我的身體自我療癒。

好像只有兩件事她們不太喜歡。第一件是幫我刮鬍子。在處理我的身體時，她們是這麼的勇敢和熟練，所以我很驚訝當她們要用剃刀刮過我的臉頰和下巴時，竟是這麼羞怯。可能是因為刮臉看起來是非常男性的舉動，是護理師訓練學校絕對不會教的事。其實我通常自己刮，當我把剃刀拿開時，我也注意到她們鬆了一口氣。另一件讓她們不耐煩的事——但是我實在愛莫能助——是從地上撿起報紙。如果我不能讀報，那跟死了沒有兩樣。我每天拿三份報紙——或者，照她們的說法，是我每天「吸進」《泰晤士報》（*The Times*）、《衛報》（*The Guardian*）和《獨立報》（*The Independent*）。我的很多朋友對這三份報紙難以取捨，但我很清楚自己偏愛其中一份——《獨立報》（*The Independent*），因為它是這三份報紙中，最容易用一隻手摺起來的報紙。整理好報紙對我來說是件不太容易的事，所以每當我讀完之後，都會把它們一落一落的丟在地上。護理師們都是真心的樂意幫我做每件事——除了撿報紙之外。她們會清理我的便器、當我在大半夜呼叫她們時，拿走我的瓶子、幫我量體溫、量脈搏、量血壓、幫我拿食物和報紙、清理我的傷口、給我止痛藥和安眠藥，並且照顧我、真心希望我康復。住院像坐牢一樣，都是個歷程完整的經歷，只有一件事完全相反，住院這段經歷完全有助於我的復原，而坐牢則是完全讓我陷於毀滅。

塗鹽的紗布現在正輕輕的敷在我胸部的傷口上。可能是因為護理師有四分之三的時間，都在為病患做些其實只比家事專業一點的事，所以當真的出現醫護方面的工作時，她們便投入了全部的技術和感情。噢！她正清理的那個傷口有個地方很敏感。「那裡很疼，」我告訴她，很遺憾我正在作的幻想也被打斷了。

她小心的往下看，沿著傷口的長邊移動棉花。

「有個什麼在那兒，我可以感覺到，」她回答。

她的那塊紗布前後左右的移動。「噢，噢，噢，」我哼哼唧唧著，她的每一次移動都讓我感到如針刺般的疼痛。我發現在感到疼痛時，發出一些聲音要比一味的強忍，來得好得多。

「等我拿一下鑷子。」護理師撕開了一個無菌的紙袋，拿出一支無菌的塑膠鑷子，小心的插進我的傷口中。

「找到了，」她高興的說著，熟練的轉了一下，把她的手舉起來，把鑷子放在我的臉前面。她拉出來的時候我覺得滿痛，不過這次我沒有呻吟，我興味盎然的想知道那是什麼。

「又清掉了一片垃圾，」她語帶勝利的宣布。

「那不是垃圾，」我回答，「那是我的車。」

鑷子夾住的是一片鋸齒狀的深色金屬碎片，這大概是我的本田（Honda）愛車唯一留下來的遺骸。就在我到倫敦之後不久，醫院的護理人員從我的頭皮、背部、側邊和胃部拆下了一排又一排的縫線——達到第五十時我就不再數了，對於能有這麼多，我還感到滿驕傲。現在又有一個碎片不情願的被拉出來。我一定是正在癒合中。

繃帶又被一圈一圈的纏回我的身體，早晨的主要工作結束了。沒有兩個護理師纏繃帶的的方式是一模一樣的，但她們好像都能從這個工作中得到特別的樂趣，而且同樣的溫柔體貼。繃帶不只是覆蓋在傷口上的東西，它們是我的衣裝，我表現出來的性格中一個內在的部分。它們不只把細菌阻隔在外，它們還把我包在裡面；它們不斷提醒我從護理師那裡獲得的關懷和感情。當阿納托利在馬布多幫我換上這件衣服時，我也有同樣無盡的滿足和感激；這個世界上有許多經過組織的恨，但也有許多經過組織的愛。

我很享受一個成人被當成嬰兒般照顧的感覺，而且我希望，當我有一天離開醫院之後，這種親密的身體情感也永遠不會結束。

13

「告訴我，瑪格麗特（Margit），到底是發生了什麼事？」

她看起來有點驚訝，好像覺得我一個在現場的人，怎麼會問她（這個當時在維也納的人）發生了什麼事。這是第一次，我這麼想知道關於爆炸的事。到目前為止，我都不願意看報紙的報導，我的訪客也都心照不宣的不提起這個話題。我甚至也不感到好奇。什麼是，它就是了；什麼不是，它就不是。最重要的是我活下來了，而我現在的任務就是要儘量復原。

這是情緒化的一天。瑪格麗特從機場過來，她顫抖得很厲害，所以我得讓她坐在我床邊的椅子上，拉她靠近我的身邊，我把她的頭捧在手上，一直撫摸著她的頭髮，邊說：沒事了，沒事了，都沒事了。我花了一些時間安慰她，才讓她不再顫抖得那麼厲害，我的手因為出力而有點疼痛，而她也還是微微顫抖著。

「瑪格麗特，我不知道那天發生了什麼事，告訴我。」

我知道我可以完全相信她，她會儘量忠實的陳述，不會加油添醋或是橫生枝節。我們是老朋友了。我們會爭論鬥爭的政治關係，也會爭論有關女權、文化、電影、音樂的議題，左派究竟是處於存亡關頭、或是正走在復興之路，我們甚至會討論時尚。我們幾乎了解對方生活中的一切，還常常睡在對方的床上──雖然都不是在同一個時間。也許這就是我們友情的基礎──我們以很清楚的男人和女人的身分，擁有很親密和個人的關係，但是不涉及性。我們依據各自的情感生活，為對方提供建議和忠告，但不允許對方介入其中，這不是因為我們其中一個人非自由之身，而是因為事情自然而然的就是如此。有時候我覺得愛情並不是命中註定的，而是靠時機（「每次當我遇上一個真正迷人的女性，要不是她已經結婚，就是我已經結婚了」）。

「我告訴你的都是根據新聞報導、信件和電話。」她的聲音很輕柔但是堅定，我知道我將可以得到精簡過後的事實報導，這正是我所需要的。我的訪客幾乎都是一開口就告訴我他們如何聽到這件事，而發生這件事時，他們人又在哪裡（有一個人說，「這就像甘迺迪的新聞」）。而這是我第一次問清楚，他們聽到的新聞到底是什麼。

「大概是早上九點的時候……」，這個我知道，「你正計畫要去海邊。」這個我也知道——而且我還知道日期是一九八八年四月七日。

「你的車就停在大樓前面，你走向車，先在後車廂放了什麼，然後又走向前座，放了一個小包包……」，應該是我的冰啤酒吧，我要在跑步完以後喝的，「……然後你打開了駕駛座旁邊的車門。」

「我不記得這些了，」我告訴她，帶著好奇、困惑、興奮，同時也感到興趣。「然後呢？」

「然後……」，她繼續認真的講，「然後……你的美國朋友——珊蔓莎．巴恩斯（SamBarnes）——剛好開車經過對街，她的小嬰兒就在車後座，所以你抬起頭來向她揮手……」，這我有一點印象，但記憶完全是模糊的，這是那天的事嗎，還是另一天發生的事？

「……有一種說法是，大概是因為這樣，所以救了你的命；不過這種說法有爭議。」

「然後呢……？」我有點沒耐心了。

「然後……」，她停頓了一下，這時候，我們之間好像被拉得很近。「然後，爆炸就發生了，你的車被炸飛，而你自己也飛到另一邊。我不知道你有沒有看過自己車子的照片。」我搖搖頭，我一直抗拒看報紙。「它扭曲成一顆球，你就躺在有一段距離的地方。」

「所以爆炸是遙控的嗎，還是當我把鑰匙插進車門時啟動的？」

「這個我們就不知道了。有些人過來把你拉走，免得還有另一波爆炸。你和他們講話，告訴他們怎麼移動你……」

我微笑著打斷她：「妳知道我怎麼想嗎？我以為他們是普里托利亞派來的……」

「嗯，你是用英語和葡萄牙語說的，這被認為是一個好現象，因為如果你的撞擊太嚴重的話，大概只能用自己的母語說話。」

「說話？我想我應該是用吼的吧，我當時是在為自己的生命搏鬥。」她看起來依然顯得非常安靜，我意識到我應該是大大的咧開嘴笑了。這是我聽過最好笑的故事之一：你經歷了人生中最重要的時刻之一，你身體裡的勇氣面臨試煉，你拚死搏鬥，像英雄般的抵抗，你的全身心靈都投入這場大規模、孤注一擲的決鬥中，而你實際上所做的，其實只有虛弱的聳聳肩膀，而且還試圖甩掉那些其實是要幫你的人。

「很奇怪的是我的身體還好好的，」我繼續說。「我是為了自己的生命而戰，全力分泌腎上腺素讓我準備好戰鬥或移動，可能是這樣讓我活了下來。」在這個反科學的年代，我總是很高興能夠發現某些我在那個科學至上的年代所學到的東西。

瑪格麗特繼續她的描述。「那時候，剛好有一個電視台的錄影小組，正在附近準備要拍一部婦女節的影片，於是他們趕快用自己的小貨車載你去醫院……」。這就是我以為自己被拽過南非邊界的時候。有趣的部分還沒結束，所以生命真的是既瘋狂又滑稽——醫院就在幾百碼之外而已。

現在我應該加入這個故事裡了。我告訴瑪格麗特我聽到醫生的聲音，以及希米．科恩的事……眼鏡……睪丸……瑪格麗特和我並不是情人，但是交換一些相關情報應該無傷大雅。

大概是被我的蓬勃生氣所感染，她也變得比較有信心了，比較像是我所認識的、那個維也納爵士音樂會和搖滾團體的組織者。我很高興聽到真正發生了什麼事，所以多給了她幾次擁抱和親吻。她也拍拍我的手臂，把我的手放在她的脖子上，把她的胸口壓在我的肩膀上，一直保持著身體的活動和友誼的接觸。感情對我來說永遠不會太多，我的身體渴望更多撫摸，和更多愛。醫生盡全力把我救回來了，不過我能夠日漸康復，則是因為護理師的溫柔和朋友的愛，這點我很確定——依科學或非科學的。有一件很具體的事，我想她可以幫我。

「瑪格麗特，我有一件事想拜託妳。」

她看起來很期待。

「妳看到這些短睡衣了吧，」我繼續說，「它們是我在這個世界上僅有的東西。」

她看起來很困惑。

「我的行李一直沒有從馬布多寄來，所以我不只失去了我的手臂、車、工作、我的家和我的國家，我還失去了衣服。我像個剛出生的嬰兒一樣，從零開始。」

她看著我，眼裡帶著悲傷和焦慮。

「這太棒了，」我掩藏不住滿腔熱情，「我可以重新創造一個我，我的生活可以全部重來一遍，而我需要一個好的製作人來幫我……瑪格麗特，妳覺得怎樣？」

這是第一次，她真的笑了，她已經開始要進入我興奮的情緒中了。這才是朋友，不是幫你做一些瑣事，而是鼓勵你做一些荒唐事──因為那是你會做的事。我告訴她我在倫敦買了一套亮色系而且很好笑的短褲，一件的上面有熱帶水果的圖案，而另兩件的上面則全部是卓別林（Charlie Chaplin），我自己的頭上則纏滿了繃帶，所以醫院時尚應該是色彩鮮豔的短袖，再加上一圈又一圈纏得很時髦的繃帶。

「我需要一些好看的衣服，當我復原到第二階段、走出醫院時，就可以穿了。我想要那種鮮豔的、好看又寬鬆的運動服，穿起來比較舒服。我會先留著我其他的衣服。」

瑪格麗特也很愛這個重新打造我的點子，接著她說，她剛好知道一家店，東西很貴……她抬頭看我……但是東西都很漂亮……我告訴她我沒有很多錢，但是我希望把錢花在美麗的事物上。我發現我的女性朋友分成兩派，一派很反對注重外表，另一派則喜歡把自己打扮得很有魅力，而她們也確實有這方面的敏銳度，而且兩派都沒得妥協。（我的義大利朋友這樣問我：奧比，我不了解為什麼英國和美國的女性都認為穿得差是好的，而穿得好很糟糕？她為了這事唯一一次打壞了姐妹情誼。）我相信瑪格麗特會幫我選到合適又正式的服裝；我當初並不希望悄無聲息的從馬布多離開，所以也不希望回去時是偷偷摸摸的。

她現在笑了，在我的脖子上印上了誠心的一吻。

「我承認這是個好主意，我也接受製作人一職。」

這是我們之間的小玩笑，因為就在爆炸案的幾週之前，她才和我、以及一位莫三比克的朋友一起製作了一個影片，主題是關於莫三比克的戰爭如何反映在藝術作品中。

她堅持我應該儘快前往維也納，她們那兒有很好的裝義肢的設備。至少她沒有告訴我哪個她認識的肢障人士其實非常傑出——我一直聽到這類故事，來探病的人會告訴我某個沒有腳的人可以跳舞，另一個只有一隻腳的人可以去滑雪，我聽過各種不同身體缺陷的人，可以做各種很棒的活動。我不喜歡聽這類故事，一部分是因為這會讓我聯想到：當人們這麼說的時候，他們眼裡的我就是斷了一隻手臂的人，而另一部分則是因為我會變得有壓力，好像非得成為像他們嘴裡那麼棒的人。我很確定所有殘疾的人都有同樣的感覺；至少有六位訪客告訴我某個他們根本不認識（而只是在書上讀到）的人的故事——一位幾乎完全癱瘓的愛爾蘭作家用頭一個字一個字敲出他的新作。

時間過得很快，而瑪格麗特則變得越來越有精神，我們互相開玩笑、一起大笑，並且計畫要完成那支影片，以及討論我有一天要去拜訪奧地利。當她要離開時，我們都沉浸在光輝中，以至於我們完全忘了她這次來看我，其實是因為發生了爆炸事件。我們緊靠、親吻、輕撫以及擁抱對方，最後才終於在充滿笑聲和玩笑的背景下，互相道別。

幾個小時過去了，我覺得十分焦慮，所以我按了呼叫鈴請護理師過來，問她——應該說是請求她——在今晚或是明天，或是儘快的，安排我看心理醫師。

14

叩，叩的敲門聲。每次都是這樣，然後我就會猜是誰，就像我在牢裡那樣，雖然在牢裡，他們是不會敲門的。有時候我會從門上的小窗格中看到來者的臉，但今天它是關著的。

是那位友善的警察嗎？

一位身形高挺、體格健美、態度有禮，來自倫敦警察廳總部（Scotland Yard）反恐小組（Anti-Terrorist Squad）的中士總是會不時突然來造訪，來——照他說的——跟我取得聯繫。我很喜歡他來，雖然我很驚訝他竟然是坐地鐵來——而不是開警車，而且我有時候會混淆誰是恐怖分子、誰是反恐怖分子，而誰又是反反恐怖分子。我有時會想：這位中士到底會怎麼想我；他確實非常的彬彬有禮、儀表端正，也從來不會讓我覺得我是他的負擔，或是讓我對他有反感。他是怎麼看非洲國民議會的呢？他認為我們是一幫恐怖分子嗎——其中還有幾個像我一樣「交了壞朋友」的人？（我無法想像他其實認為我是壞分子——雖然確實發生了這件爆炸案，但我很難想像有人會認為我是邪惡的一方。）而我又是怎麼看他的呢？

說老實話，其實我很高興他來，這讓我確認了英國政府並沒有打算置身事外，坐視我被暗殺，他們承擔了一些責任。馬布多的大使曾經來醫院探望我，堅持他身為「奧比的大使和朋友」，有權來探望我。這是我個人的改變嗎——我開始關注服裝和大使，並且喜歡和來自倫敦警察廳總部的紳士有所聯繫？還是我們非洲國民議會從獨善其身，轉而願意參與世界了呢？又或者是更深層的改變呢——世界正在改變，界線變得更為流動，抗爭變得更為錯綜難懂，結盟也變得更為複雜？現在覺得抗爭變得更複雜、更不直接，好像是一個很奇怪的時間點，因為我才剛成為一次老式暗殺的受害者。其實我知道在這個時刻，面對我們的運動有一個最大的任務，就是要克服處於戰鬥的心理，要開始以國家領導者的視野思考。但是其實，即使我們有新的想法，我們打破了陳規，這個世界的警察勢力仍然會繼續他們沿襲已久的監督和控制，或許我只是太天真了。

或許我在這個病房裡，有部分的樂趣是來自於我確定這裡沒有被竊聽。過去我時常想像我在馬布多的電話，至少被三個不同的情治機關竊聽，所以我會鼓勵匈牙利的朋友或是那些來自東北印度的朋友（他們講的方言沒有幾個人聽得懂）打電話給我，然後感到一絲滿足。我有個想法：或許我在爆炸案之後持續的幸福感，是因為這是三十年來，我首次得以擺脫隱藏的情報網，我的心靈從窺視中被解放出來了。那些秘密警察是否真的對我婚姻中的大小事瞭若指掌，知道我離婚的日期，自動記下我們的孩子的名字——甚至在他們做出生登記之前？

我也有個夢想，希望有一天世界上不再有警察的檔案、裝了竊聽器的房間、被竊聽的電話，和被截取的電子郵件，而我是真的住在裡面。從我十七歲開始熱心政治之後，我一直都知道，總是有人在觀察我的每一個舉動、聽我說的每一個字。如果你知道正有別人在聽著或看著你，你怎麼可能會發表意見、表達肉體的情慾，或是寫一封親密的信？那根本就是我的傳記，記錄了我早就忘記的所有小細節和大事件，並且至少存在五個國家的檔案中——很可能接近二十個。我希望有一天自己能夠看看最大的那一個——在普里托利亞的維安總部（Security Headquarters）的

SACHS, ALBERT LOUIS（亦稱ALBIE）檔案。這本「書」鉅細靡遺的記錄了我生命中所有的事件，所有將決定我要上天堂還是下地獄的事件。如果法務部長（Minister of Justice）要附理由對我下一條禁令，他很可能會引用我在數年前所做的一次演講，而我自己可能早就忘得一乾二淨了，我倒是很高興他們重新喚醒了我早年的道德熱情，和當時優雅的措詞。我相信現在一定又有新內容了——加入了這次炸彈攻擊，大概還有幕後主使者的名字、我搬到倫敦這件事，甚至還有我為了不要被認出、而在這間倫敦醫院所使用的假名吧。

不知道為什麼，我其實不太在意我那點小小的意志讓歷史過程產生了不同（這其實也是過度想像的代價之一），我被完全的政治化、只取部分後，再重新建構進多個國家、多種語言的多重檔案中。這讓比較哲學的那個我發噱，誰想得到我今天甚至不會佔到報紙上的一個版面，但是卻成為電腦記憶體中的一個點，這個受了傷的、愛幻想的、寂寞而蒼白的等著誰來探望的人，其實只不過是微型積體電路片上的一絲電流。

如果他是位友善的反恐主義者，我想他也已經讀過了我的檔案，可能還有我父親的檔案，雖然索里（Solly）已經去世好幾年了。不知道他們有沒有記錄下他對我大吼的時間？他說我是該死的非現實主義者、浪漫的傻瓜，因為我不聽他的意見，反而當了律師，在英國我應該可以很快出名的，然後加入勞工黨（Labour Party），成為國會議員，而我的答案是——我感到很受傷，因為父親這樣對著我大吼——我的價值觀是他給我的，他不該抱怨，而且我想告訴他（雖然我沒說），我依然很珍惜我離開南非時找到的明信片，那張明信片上寫著他祝我六歲生日快樂，而且希望我長大之後，能夠成為一個為自由而戰的戰士。住在莫三比克的樂趣之一是我可以保有信仰，這一點都不顯得突兀，因為這個國家充滿了為自由而戰的鬥士，任何你在街上遇到的人、坐在櫃台後面的人，都可能是自由鬥士。當我住在英國的那幾年，我總是在隱瞞我認為什麼比較好、以及我天性中利他主義的那一面，這讓我覺得十分疲倦，可能我現在又回到那個狀態了，看看這位中士多麼彬彬有禮，但他所代表的懷疑論在這個社會中是如此根深柢固，我也必須學著去適應，畢竟，雖然我對這個國家有諸多抱怨，但我在出事之後是跑來英國了，而且在我人生中兩次最大的危機之後，都是英國接受了我；而更重要的是，我們在南非以滿腔熱情所追求的，也許正是這個以自我為中心、激情不再的世界（除去通姦之外，這裡毫無激情）。

是我的心理醫師嗎？

他第一次來的時候，正是瑪格麗特告訴我爆炸真相的隔天，而我對他的幫忙真是感激莫名。其實，我並不確定我指望他什麼，我只知道，我需要一個專業人士的支持，幫助我處理精神和情緒方面的問題。他是一個開朗的人，善於傾聽，也善於表達，他和我有一些相同的文化背景——他是目前為止唯一一個聽過希米·科恩笑話的人——不過最重要的是，他一點都不認為我是瘋了，才會留在莫三比克。我一直不能面對這件事，我加入非洲國民議會並且繼續留在馬布多，大家都會假定我當然有某種求死之心。加入非洲國民議會，嗯……，這只是我現在生活的一部分，我無法想像我不是過這種生活，這不只是信念的問題，它就是我的文化的一部分，它影響了我人生中每一個重大的舉動——我住在哪裡、我愛上了誰、我做什麼工作、我對於自己的核心概念。至於留在馬布多，是因為這裡帶給我活力；留在英國，我可以收集很多資訊，獲得文化和智識上的難得經驗，但是不會學到新的事物，莫三比克就不同了，它好幾次讓我有醍醐灌頂的感覺，也常常讓我的想像力和情感不得清閒。

我不期望精神科醫師會同意——甚至是理解——我的觀點，但我確實需要他至少尊重我的想法。如果要我放棄自尊，對我而言會是最大的災難，而且也會讓我失去的手臂變得毫無意義。也許在我的晚年，我會回顧這幾十年來的抗爭和夢想，並且能夠客觀的分析我的對錯。然而現在，我毫不懷疑我的奮鬥將會持續——我一路走來所堅持的奮鬥，只不過這次是用不同的形式，要讓我的奮鬥變得全面而且重新啟動，以戰勝這次炸彈的攻擊。什麼樣的心理醫師會打著幫我重建人格的名義，但卻剝奪了我的活力和自尊？其實我並沒有碰上這樣的問題。我想他很好奇我這個人，但他認為自己的角色應該視我為創傷之下的受害者，別無他想。我想就算我是放炸彈的人，而不是受害者，他還是會問我同樣的問題，並且用同樣的標準來評估我。他和我一樣，很想找出讓我開朗的源頭，但是和我不同的是，他其實對這有點懷疑。我問他，我應該讓自己準備什麼，他告訴我，其實身體復原之後才是最煎熬的部分，有許多病患覺得他們的意志瞬間崩潰了。為什麼？我問。因為他們變得意志消沉、極端易怒，而且無法與他人相處。所以他是在警惕我。

他應該是災難症候的專家，專精於處理車禍、工廠事故的受害者，以及比較最近發生的沉船（船名：*Spirit of Free Enterprise*）事故的倖存者。有一部分的我很高興接受這種災難的民主性——也就是說，我在本質上與他所處理的機械工人、家庭主婦和商人並沒有什麼不同，但是有另一部分的我，又希望我很特別、很難忘，跟他以往的病患都不一樣。我是他的第一個爆炸案受害者，我擴展了他的專業領域。不過話說回來，他也是我的第一個心理醫師，他也擴展了我的人生經歷。

是我的外科醫生嗎？

他是我的治療歷程中的關鍵人物，不過比起其他護理師，他是實際上為我做最少事的人。我很幸運是由他擔任我的主治醫師，我喜歡他看著你、對你說話的方式；跟其他醫生不一樣的是，他知道你在說話時，喜歡對方看著你的眼睛。他跟你說話時，也不會把你當成白癡，或是以為你完全沒有興趣知道自己發生了什麼事，而且有其他同僚在場時，他也是同樣的態度，這點和絕大多數英國醫生都不同。我不能忍受醫生在討論我時，好像我不在那裡；或許我太自以為是了，但是我想大吼出來：我也是專業人士，我的弟弟是醫生，我不喜歡你們假設我根本不懂、而且無法參與討論。我喜歡他的另一個原因是：他很讚許我在馬布多所受的治療，並且不帶任何驚訝，指出所有能做的處置都已經做了。

他的工作是指揮我的治療，以及向我解釋之後的作法。我的內科醫師也是透過他會診的，內科醫師為我的肝做了一次徹底的掃描，他在我的胃的上方塗了冷冰冰的膠狀物，然後讓機器在我的肚子上上上下下的移動，確認我的肝因為爆炸而破裂、又在馬布多被縫合之後，現在是不是完好如初。（我總是會聽到新的資訊；有時候我想自己應該很像一場意外中的汽車，就算你修復了每個零件，也不可能再像以前一樣了，永遠有東西已經脫序了。）他也替我安排了X光師，並且與眼科醫師、耳科專家、整形外科醫師會診，而現在，為了積水的問題，他還會診了兩位胸腔外科醫師，第二位非常成功的將我的肺部積水清除乾淨。現在唯一的問題是：我被發現有抗藥性金黃色葡萄球菌（MRSA），那是一種有多重抗藥性的細菌感染，這表示我的訪客都必須穿上手術衣，這是所謂的隔離治療的一部分。

是我的職能治療師嗎？

她是一個很安靜的人，也教了我許多技巧。她保證會教我怎麼用單手綁鞋帶，這是我目前唯一無法擺平的穿著。人們問我是不是右撇子，唔，我是說，以前是不是右撇子，我回答說，我是左右開弓……就是左右手一樣不好使。事實上我正在訓練左手一些以前不會的技巧。D-O-G；《紐約時報》（*The New York Times*）的記者在採訪我時，對我寫了一頁又一頁的D-O-G感到印象很深刻。我現在才知道，在寫字時，D、O和G是屬於同一個字群，所以在練習時，這幾個字應該一起練習。曾經，在很多年之前，是一隻貓坐在墊子上（the cat sat on the mat）。現在則換成了狗[1]，不過有趣的是，不管是以前的貓或是現在的狗，我都一樣感興趣。

大部分醫療行為都強調絕對的服從。總不能說今天想要清傷口，明天就不必了。但是職能治療就不同了，它非常民主，而且以病人為中心。全部由你決定，你想要做什麼。有時候我其實希望她至少給幾個建議，讓我知道他們能提供什麼好東西，我就不必絞盡腦汁，在她問我：「好吧，你希望職能治療是怎麼樣的呢？」的時候，給個好答案。我告訴她，我希望能夠自己穿衣服、寫字、自己洗澡、自己下廚，以及玩橋牌。她跳到橋牌那件事，在幾天後帶了一個小橋牌架給我，她說是在一個討論會中做的。我的橋牌搭子都希望我早日康復，趕快湊足四個人，他們告訴我：他們為一個中風的牌搭子想到了一個超好的點子，就是拿一本夠厚的書，在書背上綁橡皮筋，我也樂於把這個點子貢獻給職能治療科學。她也帶了一個在討論會上做的木製擦背刷子給我——我一定是一個好患者，都對她提出有趣的要求——我是很感謝她，但是我沒有告訴她，我寧可不要刷背，讓背繼續髒下去，因為那個刷子很醜，而我認為美麗遠比乾淨來得重要。其實這真的是個問題，我沒有好的美學顧問，這好像會和療程相抵觸。我能向誰訴說我這近乎極端的渴望呢——我希望被美麗的事物圍繞，如果我說藍橘亮色系的馬蒂斯（Matisse）複製畫，對我而言和繃帶或腿部訓練一樣重要，別人會怎麼想呢？有一個朋友問我需要什麼，我脫口而出下面這些字，雖然我對於要求什麼感到很不好意思。我想要一支手錶，我說，一支漂亮的手錶，好讓我留著美好的時光，我從來沒有過手錶，不過一定要漂亮的才行。

是我的物理治療師嗎？

這兒發生了一件有趣的事，我的身體愛上她了，就像對那些護理師一樣，但是她甚至沒有碰過我，她都只是用講的。她讓我對著一根管子呼氣、吸氣，管子的底部有一些球會跳來跳去，她讓我練習伸展我那短短的右手臂（這是我最不喜歡的練習，很痛，而且我痛恨它需要我全神貫注；除了這些練習之外，其他事都很有趣），上下抬動我的腳，向左擺動，再向右擺動，一天做好幾次。她第一天就告訴我，在看過我的病歷之後，她本來很擔心要如何幫我治療，我受了這麼多傷，看起來復健是完全無望了，我還半瞎、半聾了，她不知道要怎麼跟我溝通。但是原來一切

1 譯注：「一隻貓坐在墊子上」（the cat sat on the mat）這句話有許多同音節的字，是初級英文中讓英文學習者練習發音的教材。

其實都很容易。我很期待她的到來，她帶給我的，或許在其他場合之下只能說是男子氣概，但是現在卻是我整個身體的自尊，並且讓我的肌肉可以照我的意志運動。我用兩個清楚的標準來評斷每一天是否有進步：可以在沙灘上跑步——最好是在馬布多，以及可以跳舞。我必須要現在就開始準備，每天無止盡的無聊的把腳抬上抬下，讓我的肌肉儘早回復正常（我可憐的腳，它是這麼的細、瘦骨嶙峋、虛弱無力又滿是傷痕）。就像薩莫拉所說的，勝利不會直接降臨，它需要經過組織。由上到左，由上到右，由上到左，由上到右。

是要幫我裝義肢的人嗎？

他是我的人生中，少數幾個真正摸過我的男人，他像個裁縫一樣仔細的測量我，還做了我肩膀的模型，他用布浸了泡過水的熟石膏。他幫我做這些時，帶著終生都與截肢者為伍的從容，他的手不斷的碰觸到我，我也覺得很舒服，不過不帶任何肉體上的傾慕。他檢查了我的殘肢（他是這麼叫它的，不過發音像「蟬肢」），告訴我：如果要裝上肘關節，留下的殘肢還是太長了，不過在適當的時候，我可以動手術把它縮短，那麼我的手臂和手肘就可以彼此契合了。看到我好像不太喜歡這個主意，而且這並不屬於強制治療的一部分，他補充說，最後還是要看我的決定，那端視於我想要這隻手臂做什麼。為什麼人會想要一隻手臂呢？你想要一隻手臂所以你就會有一隻，這還用說嗎？每個人都想要一隻手臂——其實是兩隻——你到底想問什麼啊？但是當他問我時，我不能說我想要一隻手臂，是因為我想要我的手回來，這聽起來太幼稚了，他會怎麼想我和非洲國民議會呢？所以我說，我想要一隻手臂，是為了功能上的理由，要保持美觀，並且為了平衡，第一點、第二點、第三點，就像回答考試問題一樣。其實我想說的是，我想要回我的手臂是為了虛榮心，這樣的話，在我和那些放炸彈的人之間，我就是最後笑的人了，但是我沒有這樣說，可能也是因為我什麼都不想說，甚至不會私下在這間病房裡說，因為這可能鼓勵那些炸彈客再來一次。

有人轉開了門的把手，門打開了，我很高興我終於能看到，敲門走進來的人是我的……

15

……物理治療師。

「現在，請你站起來。」

「什麼？」

「請站起來。」

「妳瘋了嗎？我的腳跟整個都碎了，粉碎粉碎的。」

「那有什麼關係？你可以站起來。」

「我想要看到書面證明，整形外科醫師有說我可以站嗎？」

和物理治療師爭論這些讓我感到侷促不安，但她看起來很享受我情緒性的字眼。當她要我自己移動到床邊，並且抬起腳來，直到它們碰到地板的時候，我心想：這是更多訓練的前奏，無聊，但卻是贏得勝利不可或缺的部分。但現在她要我做的事是站起來。我的腳還太虛弱，她又不是不知道；肌肉幾乎都不在了，我的腳上幾乎沒有肉，當然也沒有力氣。一定會很痛的，是我在痛，又不是她。而且最重要的是我的腳跟可能造成永久性傷害，骨頭可能又碎開，所有東西可能會移位，我的後腳跟可能會終生畸形了。

「好吧，我會拿你要的證明來。」

問題是整形外科醫師人在紐西蘭，不可能會問到他的意見。當她走出房間時，我發現自己開始掙扎。我希望讓物理治療師留下好印象，我希望她覺得我是她碰過最好的病人，我希望她對我充滿尊敬之意（對非洲國民議會也是，雖然我想她沒有聽過非洲國民議會），但是用這麼碎的後腳跟來站立，還是太瘋狂了。說真的，聽我說，我的感覺是完全客觀的，這是無法改變的，妳是一位年輕的女性物理治療師，而我就是一個老頭子病患……

「就是這個了，看看。」

她回來了，帶著我檔案中的一張紙，上面潦草的寫著些什麼。我想她應該是違反了什麼規則，才能讓我看到這個檔案，不過我現在對自己的懷疑產生了懷疑，因為她太自信了。我看到檔案上對我傷勢的描述：「……六週內不應承受壓力。」以一個律師的角度來看，這不必然是許可我現在站起來的意思，雖然六週早已經過了。

「好吧，成交。」我說。

她坐在我前面，有一張桌子在她後面，牆上有一面鏡子。我慢慢的放下我的腳，直到我的光腳碰到地毯，感到一切都是這麼不熟悉。

「現在儘量往前坐，屁股用力，然後慢慢站起來。」

我把身體往前傾，但是幾乎要翻過去了，所以我必須用手撐在旁邊，支撐自己。連這件事都不是很容易，我的身體重量讓我感覺很奇怪，所以我本能的想要同時用兩隻手，把自己撐起來，我輕輕的讓腳趾往下碰到地毯，一點一點的挪動屁股，朝著床沿靠過去。我看著她，確認我有沒有做對。我以前從來沒有想過站起來這回事，我甚至不記得要做什麼，總之我就是會站起來。她點點頭。我正在想辦法把感受到壓力的時刻往後延。我算什麼，竟然告訴我的身體它必須站起來，告訴我的腳，它必須承受疼痛？我的頭頂似乎有一個塔台——我也不確定那個塔台是否真在那裡，或只是我想當然耳的認為它在我頭上，因為我知道那裡是我的腦的位置——這個塔台傳送迅息給我的其餘部位，叫它們準備要站起來了。

「我可以用手平衡自己嗎？」

「可以啊，如果你覺得這樣比較好的話。慢慢的起來。」

我低頭看看自己虛弱的腳，穿著卓別林短褲。我不希望翻倒，這樣會讓我受更多傷，而且也很丟臉。我不記得以前是怎麼站立的，哪一塊肌肉必須用力，關節要做什麼事，身體又是怎麼移動的。我做不到，這是不可能的，應該有其他更好的方法，她應該扶著我的手、幫我站起來，第一次這是基本的。

「再往前倒一點，背部用力。」

我又再往前一點、倒向她的方向，讓我的腳壓到地毯上，讓肩膀抬一點。剛開始沒有什麼事發生，接著我感到背部有點懸空，沒有安全感。慢一點，慢一點，我告訴自己，不必急，不要摔下來了，她知道自己在做什麼，如果她說我可以站起來，就表示我一定可以站起來。地板感覺起來好遙遠，我要看看如果我跌倒的話，會不會撞到什麼東西，慢一點，慢一點。我有點發抖，而且很不安全，但是我感到自己在慢慢的站起來。我的背現在暴露在空氣中，我的膝蓋還是彎得很厲害，我的身體往前移動，手重重的壓在床墊上；我從來不曾對自己的感覺這麼有感覺過。到目前為止，我都做得很好，我起來了，這就夠了，我可以躺回去了，然後明天再試著站起來。

「讓你的屁股保持那樣。」

嗯，這就是個冒險了，如果我讓自己的腳趾、膝蓋、屁股、腰、肩膀和頭，往上伸展到我上面的那個空間，我的肌肉群會不會保持這個姿勢不垮下來呢。我感到一瞬間的恐慌，因為我身體的所有部位都開始動了；就像是擺盪在高空鞦韆之間的表演藝人一樣，我也感到我所做的運動是我不能控制的，而且最後的結果也不是我能決定的。我的頭、背、腳、肩膀和手臂，它們是我接收訊號時不可少的身體零件，現在則以極不協調的方式在運作著，我的肌肉和關節的動作也不一致，我身體的不同部位似乎都接不上。只有我的意願和理智叫我不要回頭，才讓我身體的各個部分不至於分崩離析，或是在地心引力的力量之下，直接跌落到地上。

事情發生了，但是似乎不是在我的命令之下，只是因為慣性如此。我的膝蓋伸直了，我的背可以往前，而且我感到腳掌和手掌上承受了越來越多的壓力。我直直的往前看，開始出現一絲勝利的感覺。物理治療師就在我前面，她一直看著我，但是沒有提供任何幫助。為了讓身體保持平穩，我的眼睛是看向她後面的桌子和牆壁。

牆上是那面鏡子，慢慢的，我的眼中出現一個奇怪的景象。我先看到鏡子中出現一顆平頭，然後是前額，接著是盯著看的一雙眼睛，嚴肅、沒有表情，可能只帶著一點點喜悅。我繼續移動，接著看到一張完整的瘦長臉，右半邊有傷口和疤。接著，肩膀也看得到了，瘦骨嶙峋而且纏著繃帶，再接著也看出了身體的線條。這個乾乾癟癟、滿身瘡痍、纏滿繃帶、歪歪倒倒的人，眼睛瞪著鏡子看，還理著平頭，就是我。

「太好了。現在慢慢坐下來，慢慢移動你的背，膝蓋彎曲……」

「我可以試點別的嗎？我想要試著不用手扶，站看看。」

「當然好。」

我把手從床上移開，接著就感到我腳的重量壓在地板上。

「我可以用大腿靠在床上嗎？」

「可以，如果對你有幫助的話。但試試看不要靠著。」

我用力將身體往前傾，接著感到我的大腿和床之間出現一個空隙。有幾個瞬間我完全沒有靠在床上，我是站著的，靠我自己，沒有任何支撐，我站起來了，我自由了，我勝利了。

現在，我要坐下來了。當我們爬山時，下山總是比爬上去更難。我得慢慢彎曲我的膝蓋，身體往前彎，背要往後伸出去。慢慢的，慢慢的，我的手指壓在床墊上，不過沒有壓得很用力，只是為了以防萬一。我往下坐，我的身體從鏡子中消失了，接著是我的肩膀，然後是下巴、鼻子和眼睛，最後我的頭整個不見了，我又只能看到桌子、一面鏡子在桌子上，和我的物理治療師。她顯得神采煥發。

「太棒了，了不起。」

我想即使是在我的博士論文通過時，我都沒有這麼得意。我現在很確定一件事，當耶穌使跛腳和癱腿的人站起來走路時，一定有物理治療師在他身邊。而且我還有一個驚人的發現：我的頭髮之前其實已經灰白了，但是它現在卻因為驚嚇而完全變黑了。

16

「羅伯特．馬克斯韋爾（Robert Maxwell）很少見的放棄計畫，於昨天宣布放棄他的夢想——建立一個與他的出版王國一樣世界性的建築事業，並打算出售他的佩加蒙（Pergamon）集團旗下的建築和服務公司——霍利斯（Hollis）——的工廠用地。」

六分十四秒。我數了一下總字數：四十五個字。也就是一分鐘大約八個字，不算很快，……職能治療師說我應該更快一點。我把頭往前傾，儘量讓左手拿著筆變得順一點，把紙拉正，看好時間，告訴我的手：開始寫。我的手很聽話，我的整個身體都在使勁，而且很投入，因為我強迫自己能寫多快就寫多快。我其實知道那些字的形狀，但是我聽見自己對我的手指說……往上，現在彎到下面，繼續，不要停，有一點往上繞，停，再開始下一個字。有時候我會想像筆是自己遊走於整張紙上，恣意的破壞了我的意義；這些字好像是自己形成的，並沒有意識到我的存在，我在寫每一筆每一劃時都要想一下，一個字一個字的對自己下指令。我的左手以前只需要在那裡就好了，除非有狀況，才需要替補右手，但是因為沒有義肢，現在每件事都需要靠它來做了。

我念的這段來自《泰晤士報》的財經版，這通常是我最早抖落在地上的幾張報紙之一。我想，馬克斯韋爾先生如果知道他放棄的夢想剛好幫助我重新練習寫字，不知道會不會感到高興。我很高興不必在寫字和走路之間做選擇，我不確定哪一個對我比較重要。他們是因為我寫作，才想要殺我的，而很不幸的，炸彈還是比筆有威力，雖然沒有筆也造不出炸彈，但是沒有炸彈卻造得出筆。不過現在我又重新拿起筆了。這次不是知識上的行動，而是肉體的運動，純身體的動作，我的整個身體都要動起來了，我的心靈也是。我只是用某個東西當作運動——我對於馬克斯韋爾有什麼意義，而馬克斯韋爾對於我又有什麼意義呢？——要訓練我的頭、手臂和手指，讓我的想法能夠控制那枝筆。

我同意有人說，閱讀不只是在精神上吸收文字，同時也是一個身體的行為，書本的顏色、重量和結構，還有閱讀時的物質背景（海灘、床、舒服的椅子、火車），都會一起構成這整個經驗。閱讀的時機、閱讀的背景，不論是豐富或減損了書中的文字，對於讀者而言，每一本書都有一個主觀的意義，就像它曾經對作者而言的意義。我幾乎不記得我讀過最「大部頭」的一本書中的任何內容——那是普魯斯特（Proust）的大部頭書，我讀得又急又快，每晚都讀，就在我要回非洲之前，但我記得，我讀它並不是為了那本書的內容本身，而是為了了解朋友的論文（他的論文是關於婦女和創造力的想像）中如何提到這本書，我記得那本書很難放好在毛毯上——當我每晚要讀完今天的進度時，也是在史蒂芬妮——那是我們婚姻中的最後一段時日——每天午夜過後還要跟睡魔奮戰、在我隔壁房間進行她的政治工作的時候，我也記得我會用一張銀色的紙在我看完的地方做記號——我看得很慢，但是每日不輟，這是我最辛苦看完的一本書。寫作對我而言也一樣，都屬於某個時機或背景，所以我會記得那個我寫作的時刻，甚至記得我用的紙，但我會忘記那之後的字母、文章，或甚至那本書。

我很快就會寫信給我的朋友；這次是真的書寫，由我的意志形成字母和想法本身。最大的樂趣不在於組合文字、寫成一封信，而是想像收到信的人在那個特別的時刻——他們打開信封、發現誰寫信給他們——的心情。如果我可以寫幾個笑話，或是描寫得生動有趣，應該會好得多，但是真正重要的，還是我所表達出的東西——我克服了失去手臂之痛，並且選擇與他們分享這個好消息。在這個意義上，我不會退讓；我的手寫字越是顫抖無力，代表我越是堅定的在表達這個意義。

我有好幾塑膠袋的信和卡片，都是這幾個禮拜收到的，太多了，我無法一一回覆。我會寫信給住在開普敦的母親，她今年會來看我，我也要寫信給馬布多、哈拉雷（Harare）[2]和紐約的朋友。我也要接受我那位獨立、有朝氣、不受拘束而且才華揚溢的朋友的提議，在她那溫暖的國家與她共度假期；當我讀到她用一句話捎來的邀請，我就知道這是對的。我的內心開始出現一絲小小的期待，當我終於開始寫信、並且想像當收到信的人知道這封信是誰寫來的，他們會有多驚訝時，我第一次開始有了更大的期待。他們的大部分反應一定都很有趣，而且這對我的手也是一個很好的運動，應該比寫「dog」一百次、或是照抄《時代》雜誌（*Times*）上優美的散文要好得多。只有一封信會是完全不同的；它的主題對我而言太沉痛了，讓我甚至不願意想起它。

有人在敲門，我很高興看到那是沃爾菲（Wolfie）——他是我的同事、我的信差、幫我規劃每次訪客的人、我與外界的聯繫，以及我的朋友。昨天他帶了一封很不同的信給我。沃爾菲的支持對我而言意義非凡，超越我曾經用言語表達的程度，因為我一向認為同志的情誼不須用言語宣稱，它就在那裡。別人如果遞了糖罐過來，或是幫我們開門，我們會說謝謝，但是如果擔下一個危險的任務，或是履行了一個繁重的責任，是不需要說謝謝的。畢竟我們是一起奮鬥，要讓自己的國家變得自由，個人的感激之情在這裡是不存在的。我們都要根據自己的能力獻身於彼此，這才是重要的——然而，有時我會接到奧利佛．坦波（Oliver Tambo）主席[3]一番特別隆重的禮貌示意，或是回想起前主席盧圖利（Luthuli）的殷殷好意（盧圖利主席總是讓每一位黨員都感受到感激與尊重），但在這時，我會覺得即使是對這些最無私奉獻的自由鬥士，也不應該有這麼多「請」和「謝謝」。我和沃爾菲的同志情誼可以回溯到當他是一個退伍軍人、而我還是一個孩子的時候，有一天我把一個橄欖球放在門上面，意圖使它掉到我弟弟頭上（我很認真而且可靠，所以球賽之後都會讓我把球拿回家），但是它最後卻掉到沃爾菲頭上。他大笑出聲，而他現在還是繼續與我們一起奮鬥。有一次，相同的事也發生在另一個同志身上，他非常生氣，就在我認為這是一個好測試之後沒幾年，他也退出了我們的行列。

「噢，該死，」沃爾菲坐在我的床邊時，我對他說。

「怎麼了？」

「你知道其他人怎麼了嗎？」

「什麼其他人？」

「當我的汽車爆炸時，還有其他被炸到的人吧？」

2 譯注：辛巴威首都。

3 譯注：非洲國民議會主席。

「唔，……是的。」沃爾菲不太喜歡說一些他知道或是不知道的事，他花了許多年做地下工作，甚至在經過二十五年之後，他才暗示（但是從來不曾明說）他暗中在照看曼德拉（Nelson Mandela）。

有封信給了我出其不意的一擊，我感到被一種沮喪的感覺襲擊了。那些令我煩惱的字眼，我讀了好幾次，其實都是些優雅又得體的字眼：「……希望您對這筆募款的安排感到滿意，它們將捐給穆薩吉（Mussagy）先生的家人，穆薩吉先生現在仍在中央醫院中，昏迷未醒…」

所以我並不是唯一的受害者，我的復原也不是我自己感到高興就好的獨立事件。從信中可以看出來，穆薩吉先生和他的兒子當時正好走過，而被我的車子飛出來的碎片擊中。他的兒子現在已經出院了，但是爸爸先是送到南非觀察，現在則安置在馬布多的中央醫院。我知道這其實與我無關，完全應該該怪那些放炸彈的人，但我還是甩不掉任何一絲一毫的罪惡感——他們是衝著我來的，但是卻傷到了最無辜的路人。

到目前為止，我沒有太去想有人在我的車上放了炸彈，誰要為這件事負責，我寧可讓自己只處於當下，而不要讓自己立於對抗和暴力的處境中；讓情治人員去擔心抓兇手的事吧，那不是我的問題，我的問題是要讓自己變得更好。

其中一封強有力且熱情洋溢的信，是來自我一位非常親密的戰友，他有十二年時間是在羅本島（Robben Island）度過的，他要我不必擔心，所有攻擊都將得到報應。那封信的真誠讓我深受感動，但不包括復仇的念頭。也許我是有點毛病，但是「以牙還牙，以眼還眼」的想法，卻讓我感到極度痛苦。難道那就是我們奮鬥的目標嗎——一個充滿獨臂俠和獨眼龍的南非？這是自由的意義嗎？只有一種復仇能夠讓我的手臂不會白白犧牲——一種基於歷史的復仇：爭取到我們奮鬥的目標，讓我們的理想取得勝利。

如果受害的只有我一個人，這些想法都很容易，因為這將是個人的問題，只要我自己一個人理出頭緒就可以了。但是現在這場爆炸有一個比較不同、而且更悲劇性的面向了：我的車的一片碎片射進了一位莫三比克居民的腦袋中，而他只是剛好帶著兒子在散步而已，這是有意圖的謀殺。（我對於以前在法律課堂上出的考題有一點印象，還有我們時常拿刑法老師出的那些不合實際的實例題開玩笑：什麼A要殺C卻殺了B……）我第一次感到愈發的生氣，不是為了自己，而是因為其他被流彈波及的人。我無法不去想，我部分的憤怒是否因為我正興高采烈的情緒被打斷了，所以感到失望，我不再是唯一的受害者了，我無權自己決定要有多生氣，因此我感到憤怒。我希望能和沃爾菲談這些事，但是這些好像都太過主觀了，非常私人，而且應該是我要內省的，所以我還是把話收回來了。我要沃爾菲轉告我的訪客們不要談論炸彈的事。因為我其實不知道真正的問題是什麼，要如何整理我這些奇怪而且不舒服的感覺，而且我受不了別人只是告訴我，如果我要把穆薩吉先生受傷的責任攬在身上，這是沒有意義的，我必須要以政治和非個人的角度去看待這個問題，叭啦叭啦，雖然如果是別人與我立於相同的處境，我也會和他說相同的話。

沃爾菲的人生中有一次（可能是兩次）從軍的經歷，第一次是我們所稱的「北上」與希特勒的戰鬥，接著他可能也與非洲國民議會在一九六一年的早期武裝戰鬥組織有關。也許軍人看這些事情的角度是不同的，也許這對他們而言比較容易，也比較不主觀。道德的問題被轉換成勇氣和紀律的問題——參加或不參加武裝的戰鬥、在命令結構中與上級或下屬的關係、會用到或不會用到的戰鬥方式。他們不會考慮到與受害者的關係。也或許根本沒有受害者，只有敵人，所以唯一的問題是「誰是敵人」。但我不是軍人，我沒有辦法讓這些問題脫離它們與我個人的關係。

當我年輕的時候，我曾經夢想成為游擊隊員，並且想像我是否有勇氣在山區裡過著自由鬥士的生活。我後來為了一個完全非關政治的理由放棄了這個夢想。當我不顧一切跑下桌山時，我總是感到膝蓋骨有一種撕裂的痛，週復一週，越跑越快，而且若是走了一整天，我的膝蓋也會感到無法忍受。不過總之，當非洲國民議會在一九六〇年被迫轉為地下組織時，我被指派要繼續進行我的合法和公開的活動，直到我遭到禁止或被逮捕為止。

我決定不要詢問沃爾菲對這些問題的意見。我還沒有準備好，要做一次平衡兩邊意見的討論，我能想到的只有炸彈，他們的炸彈、我們的炸彈、許許多多的炸彈，我們這邊最好的和他們那邊最壞的，組裝炸彈、偵察、把炸彈放在他們要爆破的地方，然後人消失。或許種族隔離政策最大的罪惡，是它逼使我們這一代最優秀的人——最勇敢和無私、有著崇高理想和浪漫情懷、最聰明和最有能力的人——只能把他們的精力和才能投注在戰爭的藝術中。他們所討論的和建立的理論，都圍繞著武裝運動和人民戰爭、還有讓大眾武裝之間有什麼不同，以及我們現在究竟是叛亂、或是先於叛亂的階段。我對於自己的關注，和我躺在病床上時半意識到的罪惡感，似乎連不在一起。我面臨了一個奇怪的處境，我們有數以千計的人民正處於水深火熱之中——生活在集中營的惡劣環境中、在地下活動中奮力一搏、在拘禁和牢獄中苟延殘喘，他們都做了我從來沒做過的選擇，他們都承受了比我高得多的風險，他們都比我更不懈而且頑強的戰鬥，而且都比我勇敢得多，但是我——選擇了一條比較簡單的道路、有機會擁抱家庭、並且得到了一個職業、可以寫作可以旅行的我——卻被稱為英雄，因為我恰巧從一次爆炸案中劫後餘生，而他們個人的事蹟卻無人聞問。最奇怪的部分，不是對我的過度評價和對他們的過度忽視所造成的不公平，而是同志們對於我的倖存所灌注的自尊和喜悅。對他們而言，我變成勇氣和不滅的象徵，雖然我其實並不特別勇敢，我只是對於處理運動中的一些私人問題稍有概念，懂得自我反省，有點幽默感，並且對他們真正的勇氣充滿敬意。

沃爾菲看得出來我在想些什麼，但是他夠老練，不會逼我講出來。他咕噥著說有事要忙——

非洲國民議會的人總是很忙，這變成我們的生活方式，我們的生活中充滿會議、約定和各種活動——於是把我留下來繼續省思。

我拿起筆，把墊子和板子放在膝蓋上，開始振筆疾書。

「羅伯特．馬克斯韋爾很少見的放棄計畫，並於昨天宣布放棄他的夢想——建立一個與他的出版〔帝國〕一樣世界性的建築〔工程〕事業，並打算出售他的佩加蒙集團旗下的建築和服務公司——霍利斯——的工廠用地。」

我看了一下時間，六分三十秒，比上次慢了十六秒，有兩個錯誤。

17

我必須拖著腳走路，所以走廊看起來永無止境，我的拐杖先往前一步，然後右腳跟上，接著是左腳。我必須記得物理治療師告訴我的，要保持三角形，絕對不可以讓拐杖和兩腳在同一直線上，但腳總是會靠過去，不然就是拐杖會靠過去。誰會想到只是走這麼幾碼路，卻需要想這麼多，而且需要絕對的專心呢？除了腳很痛之外，最糟的就是我一直擔心誰會從後面走上來，碰到我、或是把我撞倒。我必須試著達到一個自然的節奏，必須想想別的事，讓我的腳自己去思考。

我剛接到通知，紐約的哥倫比亞大學（Columbia University）邀請我在明年初去那兒待幾個月，這讓我十分高興。物理治療師說我還需要九個月才能夠跑，如果要回復到和以前一樣的正常，並且可以自然而然、本能的走動，則需要兩年。但是我確定我可以更快達成這些目標。我沒有問她我什麼時候才能夠旅行、什麼時候才能夠做研究，以及我什麼時候可以教書。我喜歡美國，一直都喜歡，自從我在一九七四年第一次造訪美國之後，就一直很喜歡這個國家，那次我苦惱了好幾個禮拜，不知道是否該接受福特基金會（Ford Foundation）的資金，去參加一個學術會議。不會有人像當時的我那樣苦惱。我記得有一次在馬布多大學的自助式餐廳裡排隊取菜，那次整個隊伍都被我堵住了，因為我要從對面的餐盤中拿一顆橘子，但是最靠近我的那顆卻有點乾乾皺皺的，但是我不確定好的革命家究竟是要拿最靠近自己的橘子，還是選擇最好的橘子。

只要再走幾步，我就可以靠在樓梯附近的椅子上休息了。物理治療師非常的實際；她知道只要我的感染受到控制，我就會搬到我弟弟的樓層，而那是在二樓。所以我走向走廊盡頭的樓梯，開始練習爬樓梯。

我最後選了最靠近我、有點乾乾皺皺的橘子。幾年之後，我又在美國碰到了令我苦惱的事。我巡迴各地演講，而我的朋友們全都幫我準備了菸葉。就連在愛德華．勞倫斯．洛根將軍國際機場（Logan Airport），當我從認領行李的地方走出來時，碰到的人都給了我一些，更不用說我在全美各地的朋友，甚至當我在麥迪遜（Madison）時，市長夫人為我準備的布朗尼中也包了許多大麻。我從來沒有吸過大麻，在南非，警察常常會用大麻來設計陷害我們，所以我對這類東西敬謝不敏。我總是用一種正經八百的聲音說：不必了，謝謝你，直到我最後到了西海岸的洛杉磯和聖塔莫尼卡（Santa Monica），那是復活節的週末，我沒有安排任何演講，剛好碰到珍．芳達（Jane Fonda）穿著兔子裝在分蛋給孩子們，我看到人們在沙灘上倒退跑，而給我大麻的是一位偉大的女權主義基進（而不是激進的女權主義）律師，我對他非常傾慕與信任，所以我說了好。

最後，我終於走到椅子邊，可以讓我累壞的身體休息一下，放鬆我那疼痛的腳。每次當我穿上弟弟給我的走路鞋，都不知道這次是否又得忍受那種不時出現的劇烈疼痛，它會穿透我的右腳底，讓走路變成一種酷刑。繫鞋帶還容易一些；如果我可以用我那笨拙的手指做這件事的話，我想應該是這樣的。訣竅是要抓住鞋帶的一邊，打結的部分要在鞋底，然後只打一個結，那麼鞋帶就會只有一邊（而不是兩邊都）在上端——這樣用單手在上面打一個蝴蝶結就不會太難，只要繞一個環，再穿過去就好了。

我也在聖塔莫尼卡的沙灘跑步，雖然只有往前跑，不論何時我到紐約，一定都會繞著中央公園（Central Park）的水池跑兩圈。只有一次我造訪紐約，卻沒有做這件事，因為那時我因傳染性的單核細胞增多症而病得很嚴重，那是很糟的一年，露思也是在那年被暗殺的。不過我走了一段很長的路去找五十七區還是七十八區，我現在不記得正確的數字了，我是去探尋免於炸彈攻擊的方法。是那裡的人權警察局長（Police Commissioner for Human Rights）指點我去的，這是我的民權律師朋友能夠介紹我最近的地方了，那裡有一個人很了解暗殺手法，也知道如何避開它們。我很驚訝那一區幾乎就像是《警網鐵金剛》（*Kojak*）影集的片場，隨時有人在衝來撞去、對著彼此吼叫，沒有任何秩序可言，這讓我幾乎忘記我有病在身。不過話說回來了，反恐小組的中士和我認識的倫敦警察廳總部的友善警察也不同，就像是紐約和倫敦的不同一樣——或許警察在任何國家都是文化表現的極致，或至少是一種典型吧。我在開口和他講話之前就覺得緊張，之後大概也是一直很害怕。他告訴我許多被暗殺的方法，完全超乎我的想像，包括在屋頂上鑿一個洞，讓刺客進去，他還建議我要穿防彈背心去上班。我最後決定為我的車買一個警示器，我想這是比較實際的建議，最後我因這件事的反諷意味，而不禁要對自己微笑，因為他——一位在美國紐約的非洲人警察——大概從來不曾想過，眼前這位值得尊敬的南非白人律師——他是由警察局長介紹來的，所以一定是個好人——其實屬於一個（他心目中的）破壞組織，而這位白人律師一直擔心被南非政府派來的恐怖分子暗殺，南非政府才是他認定的合法權威。

我應該要起來了，要開始爬樓梯了。我應該一天至少爬一次樓梯，但我似乎在找各種藉口，讓自己不必承受這種痛苦——於是我拖著步伐走過這條走廊。記住那個起身的步驟——往前坐，屁股用力，然後慢慢起來。很好。離樓梯只剩下幾碼了。

我是為了自己，所以才寧可去美國，而不要去英國。我想英國的上層階級永遠吸引不了我，但是如果有美國的建築，加上音樂和現代藝術，還有《紐約時報》和《紐約客》（*The New Yorker*）以及冰淇淋，就吸引得了我了。我在哥倫比亞或哈佛都可以感到完全的放鬆，但是每次去牛津或劍橋，都感到頭很痛，雖然我在那裡有很好的朋友。我為在美國所享受的一切找到了好理由，都是施行種族主義的南非、和它在美國的支持者不想讓我們接觸到美國人，想要讓我們被意識型態孤立起來，而我們只是竭盡全力的抵抗這種種加諸於我們的抵制行動。我們又不是恐怖分子，我們只是一般、正派的老百姓，只是為了自己國家的簡單正義而戰，我們應該有一切權利，自由的和美國社會的各個社會階層互相連結，而不只是和我們這些受壓迫群體中自然形成的盟友在一起。我不能說我去紐約的大都會歌劇院（Metropolitan Opera）或是都會歌劇院（New York City Opera）其實是我的革命任務之一，但是我去那兒、或是對喜歡去那兒的人露出友善的態度，也確實不違反我們的奮鬥宗旨。我也在懷疑為什麼我總是要說服自己：這在政治上是無礙的。許多事情就是同時發生的：衣服、美的事物、倫敦的警察廳總部、哥倫比亞大學，以及——當然還有——福特基金會。福特基金會的東非代表是第一個捎來好消息的人之一，這讓我感到十分高興。他問我是否還需要任何協助，以完成他們贊助我在莫三比克進行的計畫，我用口述的方式叫我弟弟完成一個提案，要完成一本關於莫三比克法體系改革的書（是由我和儀太一起準備的）。（如果我連計畫的提案都無法完成，就表示我一定死了。）

好腳帶你上天堂，不好的腳則帶你下地獄。你一定會覺得記住如何上下樓梯，應該是世界上最簡單的事了，但是每次我都還是要用想的：相對來說，我的左腳是好腳，所以在爬樓梯時，我應該用左腳開始。然後我要舉起拐杖，當拐杖停在空中時，用左手抓住扶手。然後我該做什麼呢？噢，對了，我要踩下左腳，用手拉，讓我的右腳也踏上左腳所在的那一階。

每一步都需要這麼努力、這麼專心，而且總是得擔心後面會有人跑過我的身邊、撞到我。慢慢的、穩一點，我爬上樓梯，腳、拐杖和手，然後是另一隻腳。我想要休息、喝點東西，應該有不那麼累的方法，可以讓我好過點吧。在所有的練習中，我最喜歡的是爬樓梯，因為這讓我想起多年前在爬桌山時所付出的努力——大腿很累，肺也感到壓力。但至少我在山頂了……

然後，還有另一種美國——這是我造訪田納西州（Tennessee）的菲斯克學院（Fiske College）的感覺——就這樣靜靜的攫獲了我，讓我感到驚訝不已，它讓我感受不到正在流亡，我似乎回到了開普敦，而且它提醒了我，美國的保羅．羅伯遜（Paul Robeson）是如何讓我們在非洲的人，對自己身為非洲人感到驕傲……現在則要下樓梯了。拐杖還滿礙事的，但是我還不能沒有它。不好的腳帶你下地獄，我的右腳現在正試著要走下樓梯。最重要的是要集中精神，每一步都要考慮好，慢慢走。我的左腳已經開始恢復了一些，我將它歸類為我的「好腳」，而我的右腳依然瘦得剩皮包骨。一步，兩步，三步……物理治療師非常高興我有這些進展，她說我真的做得很好……我想我會去美國的，會的，會的，會的……十一步，十二步，我下來了。現在我只剩下沿著走廊走、打開房門，讓我自己回到房間、和舒適的床上。我必須說，那些散落一地的報紙看起來真的十分礙眼。

18

我滿懷雀躍，興奮不已，興高采烈；因為想到等下就可以洗我的第一個澡了，可以把我那滿是瘡痍的身體泡在水裡，讓我被完全、單純的喜悅所覆蓋。我一直很喜歡泡澡，當你滑進水中的那一剎那，初嚐的甜美滋味，以及感受到皮膚上那撫慰人心的熱度，接著便完全浸入水中，讓水淹過、輕撫你的身體，最後，你可以一直、如作夢般的泡在水裡，將一切交給你的幻想，讓所有的問題自己解決。對於我們這些成長過程中有浴室的幸運兒來說，世界上有兩種人——淋浴人和盆浴人；淋浴是為了讓你洗乾淨、提振精神，而盆浴則可以讓你覺得舒服，而我無疑的是一個盆浴人。

我把浴巾放下來，一邊環視浴室四周，一邊準備展開一個複雜的脫衣過程。這裡感覺起來有哪裡不對勁，但是我不太確定是什麼——這裡有浴缸、有水龍頭和踏墊，現在又有了浴巾，但就是感覺少了什麼。應該是因為沒有熟悉感吧，沒有人居住的氣息，沒有濕濕的洗臉毛巾，也沒有用到一半的牙膏，沒有看起來很神秘的什麼粉末和藥丸，這些我們每個人的浴室裡都會有的東西；這裡只是一個空間，放了衛浴設備。但是也沒關係啦，陪我來的護理師已經打開了水龍頭，我很快就能夠泡進我最愛的熱水裡了，到時候再想像那些我熟悉的環境吧。

我用左手，從頭上拉掉我穿著的寬鬆運動衣，直到衣服全部脫離身體，只剩下左手袖子，接著我再用牙齒咬住袖子的邊緣，一樣把袖子脫掉。我不記得有人教我可以用牙齒代替手，看起來我是自然就會了；我有時也對自己解決日常生活問題的能力感到驚訝。

熟悉的嘩嘩水流聲讓我感到更加興奮，更加期待和水接觸的觸感。護理師要我脫光衣服後，小心的坐到她橫放在浴缸上的一塊平板上。我沒有想到，要進浴缸和出浴缸都有一定的困難度，我以為只要進去就好了。我背後的板子很冰涼，而且我本來一直試圖保持期待的心情，現在卻因為這塊板子而有點降溫了。我坐在上面，慢慢的把我已經夠瘦的腳抬起來、跨向另一邊，再放進浴缸裡，這讓我覺得危險，而有點害怕。我的腳最後放進了水裡，驚喜的感受到水的流動和熱度，但是我不太穩，所以請護理師扶著我。她抓住我的手臂，建議我慢慢坐到她放在浴缸裡的一個塑膠小椅子上，這樣我就可以平穩的進到浴缸裡了。這件事越來越複雜了，現在我像是在做一個我所痛恨的訓練，而不是在快樂的洗澡。

我用一個很難看的姿勢從平板移動到椅子上，當我離開平板時，有一瞬間，因為我感覺到自己是懸空的、有點失控，所以感到很恐慌。平常，當你想要做什麼的時候，只要自己決定就好——好，我現在要起床或者下去、或打開窗戶，或其他不管什麼事，只要你決定了，你的身體自然就會開始做這些事。但現在不是這麼回事了：我很清楚的知道我想要做什麼，但是我不再知道要怎麼樣才能做到了。我必須要有意識的告訴我的不同肌肉群要怎麼做，要指揮我身體的各個部分。最大的問題是要同時對不同部位下達不同的訊息——告訴我的手臂要做什麼，我的右腳要做另一件事，而我的左半邊肌肉得做第三件事，而且所有動作都要整合在一起。

我應該算是跌跌撞撞的倒在那個塑膠小椅子上的——而不是小心的把自己移過去，但我還是靠著很快就能洗澡的想法鼓舞自己——再過幾分鐘，至少我就能夠重溫水緩緩流過皮膚的感覺了。這幾個禮拜以來，我一直在想像我的第一次入浴，它一定是充滿喜悅的，從那之後一切都會好轉的，我的身體不會再受傷，我會重新再充滿愉悅。我處於那個驚險一瞬間，但是卻差了一點點，所以我可以用完整的身體獲得那種享受。那就是現在了。

我把左手放在浴缸的邊緣，深吸了一口氣，然後滑進水裡。腎上腺素注入我的體內，好像哪裡不對勁，我向右邊翻倒了，我要掉進水裡了，這樣我會喝到水的，護理師，護理師，救我。我的左手本能的伸出來要取得平衡，但是我現在沒有右手可以幫我保持穩定了，所以我甚至翻轉得更厲害。我有一半的身體已經浸入水中了，我的整個身體好像歪向一邊，沒有辦法平衡，我身邊的水飛濺起來，讓我覺得很危險。這真是一場災難，我想要從浴缸裡出來，但是也沒有辦法。我用意志力讓自己放鬆，最後我終於成功抓住了浴缸的邊緣，慢慢的把自己的身體往上挪，因為用力和恐懼而全身顫抖。

護理師，護理師啊，我想要說，請妳抓住我的手，安慰我，告訴我一切都會沒事的，我是個這麼好的人，幫幫我，請妳幫幫我。我想要哭一場，流下長條的淚水，但是我需要誰來抓住我的手。水出賣了我，我的身體感受到背叛，我真是個傻瓜，才會期待有什麼快樂的事，護理師，請妳幫幫我，護理師，請妳救救我。

如果我說出這個要求的話，我很確定她會回應我，但我感到十分羞於啟齒。她很可能會誤解，這裡只有我們兩個人，我沒穿衣服，而她有，而且她的工作只是幫我進去、再出來這個浴缸，以及幫我洗背，而不包括分擔我自然產生的感情。如果我身上穿著衣服，我想我可以在她面前哭，甚至要她給我一些身體上的安慰，但是現在我一絲不掛。我什麼都沒說，只是暗自渴望。

我沮喪的坐了一會兒，然後伸手拿肥皂。至少我可以把自己洗乾淨。讓我自己保持端正需要極大的專注力；大概一般來說，都是一手保持身體的平衡，而另一手抹肥皂吧。如果我是坐在水盆旁邊的椅子上，清洗自己就會變得容易許多，不會有在水裡時，那種身體左右不平衡的挫敗感。我恨浴缸，我恨待在這裡，我恨水，我恨我的樂觀、恨我的想像。事實是我現在重度傷殘了，而且我的身體很難保持平衡。我在練習走路時恢復的自信，在我進到水裡時又消失殆盡了。

護理師好像完全沒有察覺到我極度的不安。我決定請她幫我抹背上的肥皂，這樣我至少可以有些身體的接觸，但我其實希望可以痛哭一場，躺下來，好好的哀悼一番。我被困在浴缸裡了，一直到我可以一個人待在房間的那一天，還需要許多努力。每一個動作都讓我更加感到沮喪，護理師的開朗，在這時候看起來非常不恰當，我也只是把她專業的手又放回我的背上。我請她把肥皂洗掉，並且用一個很低的聲音告訴她，我想我的第一次洗澡到這裡就好了。

從浴缸裡出來甚至比進去更難。我的肌肉似乎做不到我要它們做的事，我的身體好像完全沒有力氣。我總是很擔心跌倒，或是無法保持平衡。最糟的是要從一個姿勢轉換成另一個姿勢的時候，我的背已經從浴缸的底部起來，但是還沒有碰到那個小椅子。我因為失控的感覺、因為身體的自覺和笨拙，而覺得十分恐慌。在我不幸的深淵中，現在我需要無比的決心和勇氣。這不是什麼坐上馬桶的有趣冒險，在馬桶上，我只需要克服身體的僵硬和不靈活，還可以開開玩笑，說我可以靠著拉屎的動作確認自己的存在，而現在這是一場戰爭，我要讓自己在重重情緒低落的迷霧中，仍保持主導權，這是一場困難重重的保衛戰，我要爭取時間，以回復自己的愉悅和樂觀。

在護理師的幫助之下，我掙扎著爬上橫在浴缸後半部的板子，然後抬起腳來跨過板子，最後踩在地上。地上沒有鋪軟墊可以讓我的腳踩，當我費力的轉身準備起身時，也沒有東西可以抓。我的呼吸很急促，而且對於地板的冰冷感到很不舒服。為了擦乾身體，我必須坐在小椅子上，而小椅子很快就被我身上的水弄濕了。我沒有辦法用毛巾擦到身體的每個部位，但這時候我又不希望護理師碰我的身體。我最後終於穿上了水果沙拉的短褲——雖然大腿還沒全乾，而且努力把寬鬆運動衣的領口拉上來，套進我的頭和肩膀。我安安靜靜的做，並且感到挫折，我最後穿上鞋子，繫好鞋帶，慢慢的走回我的房間。

我僅有的一些不起眼的物品被裝在幾個塑膠袋裡，排成一排，等著我帶它們離開。我寫了一些告別的短箋——每一張都不一樣，而且是我用左手仔細寫下來的，還附了一朵花和鋼珠筆，也並排在一個托盤裡，要等我離開後，再轉交給護理師們和艾迪。爆炸過後已經過了幾乎三個月了，我的第一個復健階段也接近尾聲了。我那位友善的警察朋友給了我一本小冊子，上面寫著有關安全的事項；我的心理醫生與我討論變遷過渡階段的問題，並且偶然聊到她對愛的觀察（這個很讓我感興趣），其中之一是我和露西亞的關係已經結束了，雖然她說下一次放假會到倫敦來看我，同情不是一個發展愛情的好基礎，而且病人常和幫助他們的人墜入愛河；我的外科醫師說我其他的傷口都癒合得很好，他恭喜我能夠復原得這麼快，而且寫了一封信，讓我到一般的開業醫那兒回診；我的職能治療師教我怎麼打領帶（秘訣是要用衣夾把一端固定在衣服上），他也給了我一封信，讓我可以去最近的醫院做復健，接著把我用來練習寫字的書寫板收回去；我的物理治療師——四位幫助過我的人之一，我曾經對她有愛慕的感覺——告訴我現在基本上我已經會走路、爬樓梯和懂得如何維持平衡了，我的進步將會非常神速。她問我還有沒有其他問題，我回答有，我還要多久才能夠做愛呢？而她回答：兩性交歡是非常耗體力的，所以可能還需要很長的一段時間。她也給了我一封信，讓我去附近醫院的體育室做復健，並且收回了用塑膠球做的呼氣器材。

叩，叩。這次我知道是誰來了，是我那位和善的同志。他正在英國，要準備參加一個從格拉斯哥（Glasgow）走到倫敦的健行，以紀念曼德拉的七十歲壽誕。他曾經待過羅本島，我們曾經在馬布多合寫過一本書，書的內容是關於他的牢獄經驗，這本書在英國和美國都有出版，而且曾被翻譯成多國文字。我們有許多年都在馬布多參加同一個社團，我們是橋牌伴，而且每當我離開馬布多去度假時，都會把車子借給他。我們就像兄弟一樣，也像親密的兄弟一樣會大吵。讓人哭笑不得的是，其實我們都一直認為他是炸彈或突擊攻擊的對象之一，而不是我。發生爆炸案的那週他剛好在馬布多，我也答應要載他去機場。爆炸案之後，他是第一批來看我的訪客之一，他來時哭喪著一張臉，所以我要他微笑一下，我沒事；我也為了沒法載他去機場而抱歉。

門打開了，他走進來。臉上掛著大大的微笑，當他走向我時，還是繼續露出牙齒微笑著，並且從齒縫中擠出一些字。

「我親愛的朋友，」這些字從他笑著的牙齒之間鑽出來，「你今天覺得怎麼樣？」

「你問我覺得怎樣？」我用問句代替回答，同時知道自己的話中帶著很強的敵意。

「你問我覺得怎樣？」我又再說了一次。

我的朋友（兼同志）曾經面對過慘無人道的審問、以及冷血的監獄勞改營指揮官，不管是對朋友或是對敵人，他都可以堅定的抵抗，而且不會因為我聲音中的挑釁意味而感到動搖。

「是啊，」他說，依然帶著笑意，「這不就是我為什麼來看你的原因嗎？」

「你想我會覺得怎樣？」這些字從我的嘴巴中吼出來，我失去控制了。「我覺得糟透了，你以為會怎樣？如果是你呢，如果你被炸彈炸飛了好幾碼遠，摔在地上，而且搞得粉身碎骨，手也斷了，眼睛也瞎了，你會覺得怎樣？你說你會覺得怎樣？你期待我要覺得怎樣？我就是覺得很糟，狗屎，那就是我的感覺。我覺得就像一團狗屎。」

他的臉上還是掛著微笑，但應該是硬擠出來的。我對於自己講的每個字都感到後悔，但是停不下來。有一天我一定要為這件事補償他，我不會跟他提洗澡的事，他不會了解這中間有什麼關聯，我也不會告訴他我很害怕離開醫院，因為可能還會再發生什麼事，因為他經歷過這麼多酷刑拷問，從來沒有意識過什麼叫作恐懼，我們只要再回復到以前的熱情以及和善，在我們歷久彌新的友情中，這件事遲早會變得無足輕重。現在我只希望他能夠對我吼回來，越大聲越好，這樣我就能夠再吼他幾句。

第三章

19

球往上射入空中，手臂和球拍垂了下來，大腿的肌肉緊繃著，他的整個身體擺向前方，冠軍的臉上帶著拚命一搏的表情，就像他正在經歷一個「關鍵的時刻」。十年來，這是我第一次看電視上的溫布頓網球賽，好像完全沒有我所預期的純粹樂趣，我被那些肌肉特寫吸引住了，但是卻有些反感。不是選手們在場中的跑動——甚至也不是凌空的殺球或擊球——讓我受到牽動，而是選手們臉上、身上所顯現的壓力、他們的緊繃感，讓人感覺這一切都只是為了錢。我已經遠離競爭的世界很久了，所以我對於這種意志與意志之間的殘酷衝突感到很驚訝。這不是說我們在莫三比克沒有挑戰；相反的，這個國家的情勢危如累卵，我們必須對抗一切——強大的鄰國、幾世紀以來的盲目迷信、各種形式的種族和文化的複雜局面、熱帶氣旋、雹暴，但是我們從來不必面對這種兇猛的個人侵略和好戰性。就算在醫院裡，我也一直覺得我碰到了英國有愛心的那一部分，我為一些東西付錢——但不是全部，我從來不覺得我必須用錢、經過競爭，才能獲得受到照顧的權利。

我在那個環境待太久了——在那裡，人的意願被導向要拯救與幫助他人，所以當我再一次發現：除了那裡之外，廣大的世界其實認為人的意志只應該用來摧毀其他人的意志，我不禁感到十分挫敗。雖然播報員談著擊球的藝術與美感，但這不是我們真正在看的；技巧和翩翩的風度都不敵互鬥的這一面向，這個場面的本質在於衝突，一方的成功就是另一方的落敗。而我變成怎麼樣了呢？我變得看網球和看拳擊沒什麼兩樣了。

鈴……鈴……鈴……電話響了，或說它只是發出比較高的嗚嗚聲，我這幾天聽到這裡的電話鈴聲都是這樣，它們其實沒有在響。我彎身向前，拿到我的拐杖，把自己撐起來。噗……噗……我自動開始數起來，預設對方會在響十聲之後掛掉。以前都是用「電話」的，它一直在同一個地方，看起來就像個電話，而且很容易找到。現在每個房間有個裝置，它們看起來一點都不像電話，有些可以帶著走，或甚至是無線的，而且我弟弟和他同居人的這層樓就有好幾個。但是我從來就找不到任何一個。噗……噗……七聲了。我的右腳腳底感到一陣劇烈的疼痛，但是我不能停下來，不然電話就會掛了。最後我終於找到了那個電話，那是一支白色的無線電話，掛在白色的牆上。我用一個很難看的姿勢跌坐進附近的椅子裡，然後才拿起話筒。我永遠不記得要拿哪一邊，而且到底是要在用之前、還是用完之後才打開電池。噗……噗……八聲、九聲。

「喂，」我不顧一切的對著手裡的塑膠橢圓形大吼。我聽到一個聲音從另一端傳出來，但是電視播報員的聲音太大了，而且還爆出掌聲。「請等一下，」我拜託他。我移到椅子的邊緣，讓自己站起來，抓住拐杖，一拐一拐的走到電視旁邊，把聲音關小一點——遙控器在臥室裡。每次當我把壓力放在右腳時，我就會感到一陣劇痛，如果有別人在這兒，我應該會爆發出來，但是現在只有我自己一個人，和電話那頭的另一個人。

「喂，」我又再說了一次，「抱歉讓你久等了。」

「是約翰．薩克思（John Sachs）醫生嗎？」

「不是，我是他的哥哥，約翰去工作了，你要留話給他嗎？」當我說話時，我聽到我的拐杖掉到地毯上。該死！

「請他今天傍晚回來的時候，打電話給我，我的電話是……」

「請等一下，我去拿筆。」我把背沿著椅子往下滑，好靠拐杖近一點，但我還是搆不到。我儘量往前靠，但是如果我的左手伸得太出去，我就沒有辦法支撐自己了。該死！我只能不要拐杖了。我讓自己站起來，然後開始找紙。廢紙簍裡有一些不要的信封；如果我扶著椅背、慢慢的繞著椅子走，然後小心彎下身，應該可以拿到一張。我右腳的劇痛簡直無法忍受，但我還是只好忍耐。那現在，我要去哪裡找筆呢？這個房間裡本來有一枝筆，但是我昨晚寫信時，應該把它放在另一個房間了。我再次一拐一拐的回到電話旁邊。

「抱歉要讓你久等了，但是我必須到另一個房間去。」

這次，我非得要想個辦法把拐杖撿起來了。讓我看看，如果我坐在另一張椅子上，也許可以用左腳把拐杖滾過來。我小心翼翼的把腳跟放在拐杖的一端，然後讓它慢慢的朝著我過來。接著，我小心的讓身體往前傾，在這番努力之後，我覺得腋下已經被汗水濕透了，我抓住了拐杖的其中一端，終於把它拿起來。

我的腳感到刺痛難忍。我試著把重力壓在腳的其中一邊、壓在腳跟、壓在另一邊，但好像都沒什麼用。走到另一個房間只不過幾碼遠，但這段路程好像沒有盡頭，而且必須和一大堆傢俱和門奮戰。房間很暗，我舉起拿著拐杖的手開燈，所以得小心不要讓自己跌倒。我四處尋找那枝筆，到處都有紙，也有書，我也看到我弟弟的電腦和各種文件，但是就是沒有筆。我推開所有紙張，把文件都放到一旁，看看電腦後面，但還是找不到筆。我環視四周，想要找到這個房間的電話，覺得很慶幸的是，發現我就站在電話的旁邊。

我還是不知道要對著聽筒的哪一端講話。我兩邊都試了，終於找到如何講話。

「很抱歉讓你等了這麼久，」我的道歉因為這些耽擱又更慎重了，「但是我找不到筆。可以麻煩你記下我弟弟辦公室的電話嗎？」

對方同意了，於是我請他再等一下，讓我去找電話簿。再走回起居室又是一趟漫長而痛苦的旅程，但至少這一次，我一下就找到電話簿了。該死！該死！該死！我不知道約翰的電話寫在哪一個分類，是在約翰的J、薩克思的S，還是醫院的H（Hospital），或是免疫科的I（Immunology），還是因為不想指明，所以用倫敦醫院的名稱？噢，我找到了……但是我看不清楚，因為我的眼鏡在另一個房間。如果我帶著拐杖——我也必須帶著它——我就沒辦法帶著電話簿一起過去了，做什麼都要用單手（如字面所示，就是一隻手）就是有這個問題，所以我必須再一拐一拐的去隔壁拿我的眼鏡，再一拐一拐的回來。

電視螢幕上一閃一閃的畫面讓我在經過的的時候分心了，拐杖先往前，腳再跟上，腳過去，拐杖再往前……腳上的劇痛還在，而且我也筋疲力盡了，我好想把自己丟到沙發上，忘記有人打電話來、忘記網球、忘記所有事，我只想要記得生命的不可能，還有：我因爆炸所受的苦，其實沒有文化衝擊來得多；但我還是要自己繼續前進，而且找了一會兒之後，終於找到了我的眼鏡，我咬著眼鏡盒，再一拐一拐的回到起居室。

「我真的非常抱歉讓你一直等，我弟弟的電話是……」

電話掛斷了。很多年以前，我們的青年組織在開普敦舉辦過文化祭，從鎮上來的非洲團體演了一些喜劇小短劇，有一齣短劇總是可以讓我們的非洲同志捧腹大笑，那齣戲是說：有一個白人僱用了一個剛進城的鄉巴佬，白人家庭外出時，叫這個鄉下人替他們看房子，並且接電話……而電話響了，但是他不知道怎麼辦。我不想再看電視上那些該死的運動員了，我再也受不了播報員那興奮過頭的喃喃自語、群眾的歡呼聲。我只想要縮起來大哭一場，但我甚至沒有辦法好好的縮起來，因為我的右半邊還是有許多傷口。今天，我就像那個鄉巴佬。

我又一拐一拐的走到電視旁邊，再把音量開大聲一點。換了一個節目，還是運動節目，但這次是田徑比賽了，是首爾奧運的前驅賽。電視正在轉播最近的一場女子標槍競賽，「英國最有希望的金牌得主」。其實我好像不太在乎這類比賽，每次都該要嘗試做得比別人好，但不是要摧毀別人。那些身體所盡的最大努力、衝刺的時刻，確實深深吸引了我，我聽到我很難過的對著自己說：現在我永遠不可能再擲標槍了——雖然我從來也沒有擲過。當我看著網球比賽的發球、或是在高爾夫球賽中，球被打得遠遠的時候，我也和自己說了同樣的話，雖然我有二十五年沒有打網球了，而且也有二十年沒打高爾夫球了。就像那個笑話——一個母親抱怨她受傷的兒子再也沒法像雅沙．海飛茲（Jascha Heifetz）[1]一樣拉小提琴了，只是我老是忘記那個笑話。

嘟……嘟……嘟……嘟……，我真不敢相信。有一個很刺耳的聲音從隔壁房間傳來，這只表示一件事——我忘了把電話掛回去！所以我要再從頭來一次——我的拐杖、我跛著腳走的

---

[1] 譯注：俄裔美籍小提琴家，作風霸氣而恢宏，技巧驚人而精確。

路、我的劇痛、我所感到的慌亂，和被擊倒的感覺。我知道事情會好起來的，我的身體會變壯，也可以走得比較好，我會克服在醫院後期那段日子的無助感，也可以開始安排我的人生，讓我有紙和筆在電話旁邊，也會隨時記得帶著眼鏡，但是現在我感覺糟透了，我只希望那些覺得我是英雄的人，看看我現在到底是什麼樣子。這真是一場艱鉅的奮戰；薩莫拉說的話依然敲進我的心坎裡——成功來自於無數每天所做的小事——但是它們現在安慰不了我。

砰……砰……砰……這次是前門的對講機，我真的受不了了，我又要再忍受疼痛走過去一次。

「哪一位？」我沒好氣的問。

「是我，梅爾巴（Melba）。」是一位女性的聲音，急促，而且帶著很濃的西班牙腔。

「噢，梅爾巴，太好了……進來……進來……快進來。」

20

剛開始，我的褲子滑到地毯上。她想要幫忙，但是被我拒絕了。接著，我試著把衣領拉過頭上，這對我來說十分困難，這次她不再問我，就直接抓住我的衣服，幫我脫了下來。現在我一絲不掛了，有一點發抖，而且清楚的看到我的腳瘦得像根竹竿一樣。現在，終於，我一絲不掛的、滿身是傷的，像是聖母懷中的受難耶穌一樣，靠在穿著優雅的她旁邊……這是我等待已久的、極其幸福的時刻。

梅爾巴。她有著長長的捲髮和波浪狀的黑髮，很黑、很黑的睫毛，帶著笑意的白牙齒，她跳著進了房間，大衣下面是她樸素、但總是很時髦的衣服，她會和我聊天、尋找吸塵器、拿走要洗的衣服、在廚房裡放下一些東西、花一些時間對我微笑，她有一個大大的、善於表達的嘴巴，臉的邊緣有些淡淡的雀斑，衣服上有深紫色、咖啡色和黑色，我馬上就覺得好多了，雖然我不打算馬上就放棄悲傷。

「你今天有好嗎？」她問我。

「『你今天覺得怎樣？』」我糾正她。她是來倫敦學英語的。

「你今天怎樣覺得？」她又再試了一次。

「『你今天覺得怎樣？』」

「你今天怎樣了？」

「糟透了，謝謝妳。」

「不，你不要……呃……不能這樣想。」

「但我就是。我只想躺下來哭一場。」

「不，」她嚇到了，覺得很喪氣。「男人不哭。」她把衣服塞進洗衣機裡，再把洗衣粉放進去，然後開始找吸塵器，她真有活力。

「也許他們在哥倫比亞不會哭，但是我在這裡想哭；我們應該要更常哭出來。」

「什麼是問題？」洗衣機開始轉了，隆隆作響，所以我聽不太清楚她的聲音。

「每件事。我就是覺得這樣。我的義肢，它出了問題。好像有什麼東西在我的腳踝，一碰到就會痛，而且有時候我覺得很難過，我們有權利覺得難過，為什麼每個人都告訴我要一直開開心心的？」

「不，你不行哭，男人不哭。」她一直不停的在動，現在她又開始吸地板了，吸塵器的聲音又加上洗衣機嘈雜的轟轟聲。「我幫你做 *comida*，食物，你會覺得好一點。我帶了特別的食物。」

「妳會做甜玉米煎蛋捲嗎？」

「你喜歡？」她的臉亮了起來。與梅爾巴交談不只是字句的交換而已，在兩人的交會中，她會投射自己的感情，當她在屋子裡滿場飛時，不時會帶著微笑、皺眉或輕笑，她顯示在臉上的感情，隨時都會被逗樂或者被傷害，不像我們的英語對話，字面就是一切，感情總是被掩飾或隱藏在背後，留給特殊的場合。

「我愛，我很愛。妳去做煎蛋捲吧，讓我躺著哭一小會兒。」

我又一拐一拐的走向我的床，小心的躺下，讓我的前額枕在左手的手肘上，開始輕聲的啜泣。我不喜歡在一個空房間裡哭泣，但也不希望有人在我旁邊；當我嚶嚶啜泣的時候，就好像這是唯一的一個時刻，我不想要接受慰撫和安慰，這是我、和我自身之間最私密的一件事，但我仍然希望有個人——知道我正在傷心的人——就在附近。我希望哭得更有力一點，讓真正深層的情緒能夠釋放出來，但這次還是像平常一樣，我只是無力的哭著，有一點抽搐，掉了幾滴眼淚。我慢慢的擺動我的頭，感覺到臉上有枕頭的觸感，也讓這安靜的顫動傳遍我的全身。

梅爾巴站在門邊，極度煩惱的看著我如此沮喪，自己也幾乎要流下真情的眼淚了。「過來 *la cosina*，餐廳這兒，」她邊鼓勵著我，又突然開朗起來。「有一個大驚喜。」

我坐起來，拿到我的拐杖，一拐一拐的走向廚房。我其實沒有那麼難過了，我只是有時候需要哭一下，才能讓我自己不要陷在惡劣的情緒中。快樂和不快樂有不同的程度，兩者涇渭分明——我常常覺得我在莫三比克是快樂的，就算在我不快樂的時候，而我擔心在英國我會不快樂，就算在我快樂的時候。

在廚房的桌上，桌子中央擺著一大盒土耳其糕；梅爾巴滿臉帶笑的看著我，期待我的反應，而我也回她一個微笑。

「我的男朋友穆罕默德（Mehmed）給的，」她快樂的告訴我。

「噢，真漂亮，太棒了。」我其實沒有說實話：它的分量太多了，而且也太甜了，我的牙醫師朋友早就叫我不要碰糖了，而且我最近其實完全沒有胃口。我常收到我不太喜歡的禮物，不知道要拿它們怎麼辦。

「你一定要吃，讓自己強壯起來，吃多一點對你才好。」剛開始梅爾巴——其實她比我年輕很多——稱呼我為教授或是博士，但是她現在對我，就像對她在哥倫比亞的小女兒一樣。我希望讓她了解多吃不會讓我變得強壯，是好起來之後，我才會吃得多一點。她總是充滿活力，而且自立自強，在各方面都是個時髦的人，但老是說一些老一輩人才會說的話，例如男兒有淚不輕彈、多吃點就會變強壯，或是頭髮不吹乾的話，就會得感冒之類的。

梅爾巴。我曾經對三位護理師和一位物理治療師有陷入愛河的感覺，而現在，我對梅爾巴也有了感情，她就站在我旁邊，全身穿戴整齊，我剛從脫光衣服的喘息中回復過來，而她幾乎碰到我全裸的身軀。梅爾巴。我甚至愛上了她的名字。

「水很好嗎？」她問。

我靠向浴缸，把指頭伸進去探了探。

「很好。」

梅爾巴，極具魅力，朝氣十足，富有經驗，而且現在從星期一到星期五，在固定的時間裡，她是我的，我也是她的。我們有一段完美的關係，那是我從來沒有預期過的關係，它基本上是根據錢來的。我用現金買到了快樂。她餵我吃東西、幫我清潔身體、鼓勵我、幫我洗衣服、幫我鋪床，而我付錢給她。這是一個契約關係，她要照顧我、讓我舒適；一個小時五鎊，我是買家，而她把一天中的幾小時時間賣給了我（還要加上車資），沒有性，沒有私人關係，一切都運作得很完美，似乎這種完全合法、無關私人的緣分，讓我們可以立即得到破例的親密感。在一開始，我以為是文化的因素讓我被她吸引，她的拉丁美洲特質，讓我想起了露西亞，我確定這是一個原因，但是最主要的因素，還是這種油然而生的、極佳的親近感。

有時候，穆罕默德也會來幫忙打掃，我其實有點驚訝——這些人在他們自己的國家可能都有傭人，但是他們來倫敦念書時，都願意做這些為別人清掃、洗衣及煮飯的工作。也許他是來探探我，那些糕餅其實是一個訊號，但是我忽略了。我對自己微笑——因為我的不誠實（撒謊說我喜歡那些土耳其糕），超級真誠的奧比（「他對於誠實是絕對的崇拜」）對於像這類小事，也是會說謊的。

進浴缸這件事依然是一大挑戰，但是我有比較熟練了，而且當熱水慢慢流過全身的那一剎那，我真的感到暢快無比。當梅爾巴把衣服從洗衣機裡拿出來的時候，她總是讓我自己先抹一下肥皂。然後她就會回來了，而我對那個時刻真是感到雀躍不已。

「你好了嗎？」

梅爾巴會試試從蓮蓬頭裡流出的水，然後開始幫我抹肥皂，從我的肩膀開始，用她的方式，仔細的從我背上一路抹下來，接著塗滿我的胸膛。她越抹越下面，越過肚臍，到達胃下面，塗抹著我的胯下上方的皮膚。接著她停了下來。

「現在是你的腳……左腳先。」

我抬起我的左腳，她繞著腳踝擦出肥皂泡，接著往上塗抹小腿，越過我的膝蓋，沿著大腿一路摩挲著我的皮膚，又越來越高，胯下……睪丸……然後她又停下來了。

有一天，我對自己說，有一天我可能會有反應。我不確定如果我集中精力不讓自己有任何生理反應、或是想想其他事，是不是會比較好。

現在換到我的右腳了，她很小心的繞過我腳踝上的傷口，把肥皂塗滿我整個小腿、膝蓋，有力的塗滿我大腿的長條肌肉，越來越往上。然後停下來了。

如果我有反應的話，場面會變得很難堪吧，因為這侵犯了我們之間那無關個人的關係，但這不是光靠意志力就可以控制的事。小心，小心……我想我就快要有反應了。如果她知道了——常言說得好——我不是沒有意識到她是女人，雖然對她來說，我大概只是一堆有意見的骨頭吧，還帶著手術的傷疤。

我低下頭。就是現在，要發生了……

「啊……啊……」我沒有忍住。「唔……唔……」我喃喃的發出聲音。「再來……再來……」這是我這一天、這一週、這一年中最好的一剎那，我生命中所經歷過最純粹的狂喜，一個極端喜悅的時刻，讓我的身體忘了它滿目瘡痍，而且重新接納——而不是給出——一切喜悅。

細細的熱水柱淋在我的背上，讓我的皮膚發癢，肌肉則有點針扎的感覺，這些液體帶來的美好刺激也讓我的肩膀感到刺痛，喚醒了過去的愉快感覺，並預示了未來的喜悅，請妳繼續帶給我這種愉悅。

梅爾巴。她知道我有多愛熱水淋在背上的感覺，所以她移動著蓮蓬頭，從我的一邊肩膀到另一邊肩膀，先是畫圈圈，再交叉，再畫圈圈，我則一邊扭動著我的肩胛骨和脖子，一邊低吟著「啊……啊……啊……」

最後她終於把蓮蓬頭從我的背上移開，沖掉我脖子和肩膀上的肥皂，然後往下沖洗我的胸膛，很舒服，不過還是比不上沖背，水沖洗了我的手下方，沖過我的胃，又往下移了一點，再往下、往下，越來越靠近。然後停下來了。

我抬起左腳，讓水柱沖我的腳趾，往上沖腳，前面、後面，沖得清潔溜溜，有一種刺痛的快感，再往上一點，再往上、再往上。然後又停了下來。

我往下瞟了一眼……沒有問題。

接著是右腳，水也很舒服的沖著我的各個部位，我又再次感到了一小時五英鎊帶給我的原始喜悅，往上、往上，有一部分的我希望她不要停下來。不過她停下來了。

「謝謝，」我說，就算在洗澡時都還保持著禮貌。

「沒什麼，」她回我，「*nada*」，然後放下蓮蓬頭。水管打直時，蓮蓬頭掉進肥皂水中，沿著我的腳滑下來，打到了我的腳踝。

「哇，哇，哇，」我尖叫出來。

梅爾巴跳起來，臉上閃過一絲恐懼。

「蓮蓬頭，」我用吼的，「它撞到我的傷口了。」

她很快的把蓮蓬頭拿走，我看到她的眼中已經充滿了淚水，我馬上就不覺得痛了，但是她好像陷於極大的痛苦中。

「你在生我的氣，」她用西班牙語說。

我猛搖我的頭，這只是意外。

「你在生氣，」她還是很堅持。

我對她微笑，告訴她：她是我的朋友，我不可能對她生氣。

「我傷害到你了。你一定很生我的氣。」

我看到她深黑的睫毛盈滿了淚水。

「你打我吧，」她懇求，「打我吧。」

噢，親愛的，我想說的是，我想要用手環住妳，擁抱妳，親吻妳的脖子，告訴妳：妳是最棒的，我很高興有妳在我身邊，用妳的愛和感情幫助我——甚至超過那些洗滌和食物，因為有這些磨難，我才能夠碰到這件好事，如果不是因為那場爆炸，我永遠不會認識妳……

「把毛巾給我，」但是我只說了這句話，並且開始吃力的爬出浴缸，首先是我的背碰到塑膠座位，接著我使勁往上，坐到台子上，最後，我終於把腳抬過來，放到地毯上。

梅爾巴。她會幫我穿衣服，還會堅持幫我穿上襪子，把我的腳放在她的大腿上，讓我的腳幾乎碰到她蓋在胸部上的深色衣服，我會告訴她不必那麼做，我會因為她的卑躬屈膝，而感到道德上的罪惡感，但她一定會問我是否她做了什麼錯事，接著她會幫我穿上內褲和家居的褲子，而且總是在完全拉上之前停下來。當她離開的時候，我會請她轉告穆罕默德，他的禮物讓我很感動——這是事實，而且糕餅都很可口——這就不是事實了。同時她會用毛巾幫我擦背，給我一些輕柔的愛撫，希望彌補她對我腳踝造成的疼痛，而我則在想著用什麼方法，可以表達我的感情。

21

玫瑰，數也數不清的粉紅色、紅色、緋紅色和鮮紅色的玫瑰，一大叢一大叢的，又有橘色、黃色和白色，無盡的延伸到眼睛可見的遠處，多到不像真實的真實景象，就在我的眼前延伸出去，我坐的長椅爬滿了高高低低的爬藤，周圍點綴著美麗的小花，我的肩膀上是一大堆小小的玫瑰，帶著非常……玫瑰的顏色。

我得趕快做出決定，而且這是一個重要的決定，將會大大影響我的未來，但是讓我先往後在長椅上躺一會兒，好好享受我的第一次日光浴。當約翰的同居人建議我們一起來這攝政公園（Regent's Park）的玫瑰花園時，其實我很不情願離開屋子，但是我找不到任何好理由拒絕她的提議。我穿上了瑪格麗特買給我的淺綠色運動服，這是一種鮮明的、適合春天的顏色，一瘸一瘸的，穿過擠在公園入口旁邊的人群。約翰和露西亞（是的，她也叫露西亞）手挽著手走進了公園裡，留我在後面，因為我要求這樣——這是我第一次自己一個人，坐在大眾公園的長椅上。

我其實還不太習慣坐進車裡，然後去一個景點。在開普敦，至少在我有幸得以居住的地方，到處都有美景，你只需要選擇今天想去海灘、山上，還是兩個都想去。如果你想要帶著烤餅和奶油去的話，車子是很重要，但車子不是為了把你帶到一個漂亮的景點。總之，這就是倫敦，美是被營造出來的，就像其他東西一樣，而且我在這裡享受世界上的奇景之一——一大堆早夏的英國玫瑰，開在倫敦中心一個美麗的英式公園中。太陽不算很大，但是讓我感覺身體暖和了起來，而且給花瓣上了一抹明亮的顏色，照亮了一堆顏色擠在一起的陰影，變成了粉色上的白色線條、鮮紅色上的一絲淡紅色、橘色上的黃褐色斑點。孩子們在玫瑰花圃之間的草地上奔跑，藏在灌木叢之間，他們的父母在後面追著他們。有許多照相機——美不能只被感受，還必須要被捕捉（我們從來不帶相機到山上），而且有許多遊客應該是日本人，用一種安靜而低調的方式觀賞著。每個人都很放鬆，從容而緩慢的走著，完全在享受這個花園的美景，大家共通的有著一己的樂趣，所以似乎沒有人看我。

只是坐著，很有趣但是也很無聊。我對於身處室外感到很陌生，還不太習慣這些聲音、動作和顏色。我沒辦法休息，這次與外界的相遇非常艱難，我並沒有做任何事，只是在經歷。問題在於……

問題在於我究竟要不要脫掉我的運動服。我真的很熱，幾乎有點不舒服了，而且我想要讓陽光直接曬在我滿是瘡痍的皮膚上。但是我的手沒了，而且很醜陋。我想，以我自己來說，我並不在意；讓人們看吧，我可以承受。我的身體就是這樣，我也沒有打算隱藏什麼。人們確實注意到有什麼不太對，有什麼東西不見了——嗯對，有一隻袖子裡沒有手了。他們沒有停下來看，或者是說什麼，但是他們注意到了，我知道。（我想起我的非洲國民議會同志曼格茲〔Manghezi〕說他第一天在哥本哈根搭公車時，有一個孩子指著他，他的母親叫他閉嘴，而我也想起一位黑人南非護理師，說她在一間法蘭克福診所做血液檢查時——整個房間裡的人都盯著試管，似乎覺得氣泡應該向下，而不是往上。）只有孩子們會直接盯著我的手看，這讓他們的父母覺得很尷尬，而我則覺得很有趣；我想要和他們說話，告訴他們發生了什麼事，我相信他們不會被嚇到，而是會被吸引，因為我（可能像個孩子）是這樣的。進這花園時我走得很慢、我的拐杖、我那剪短的頭髮，這些都標示出我是一個殘疾的人，這應該讓經過的人比較容易理解這幅景象。而我坐下時就比較複雜了。我好像只是一個安靜坐在長椅上的人，看不出來是一個正在復原的病人，所以當路人看到我的獨臂時，他們會更加感到驚訝。

所以問題不在於我的感受，而是這個花園的訪客們的感受。他們想來這兒看美麗的事物，而不是一隻殘缺不全的手臂，他們有權享受視覺上的平靜，不需要看到醜陋的事物。這就是我的難處——我到底有沒有權利，讓這些選擇午後來賞花的人們，必須看到我殘缺不全的手臂。

從一方面來看……或說另一方面……難道我是自尋煩惱嗎？我想不是的。這是我自己真的必須面對的問題，並且要找出我內心真正相信什麼才是對的事。這關係到我與外界、與其他人、與社會大眾的整體關係，我必須要自己釐清，並且導正這層關係。我今天出門的時候，以為我是來看玫瑰的，沒想到我要做這麼重大的決定，要決定我將如何重新融入這個世界。也許所有的重大變遷都像這樣吧，它們突然之間就發生了，而你只好在毫無準備的狀況下回應。這件事其實比較無關乎我的殘疾，而是與我的醜陋比較有關，我的外貌會造成別人的不舒服，而我必須決定我對這件事情應該有多少敏感度。

我到底應不應該呢？你不可能把衣服脫到一半，要不就是脫，不然就是不脫。不可能等到我再壯一點、而且比較常外出時，再來決定這件事。到時候的問題還是一樣；這基本上是一個道德的問題，是根據我怎麼看自己而決定的，與經驗無關。這次激烈的自覺、對於思考的檢視，讓我不太自在。我在想的不是那個決定本身，而是要怎麼做決定。是要用我的腦袋、我的意志，還是用我整個身體來做這個決定呢？

突然之間，我想到我要怎麼做，而且為什麼這麼做了。這不是一個經過徹底思考之後的結果，我應該停止思考，讓直覺來作主，我也許會怕怕的，但是會很確定，感覺可以總括我的意志、身體和腦袋，但是不會依賴其中一個，它可以綜合過去的經驗、情緒和想法，但是不會把各種成分混雜在一起，它只會是一個單一的信念。

我又再往前彎一點，把衣領拉過我的頭頂。然後熟練的把我的短臂拉出捲起的袖子，按住上衣的下襬，把整個右半邊拉出頭頂。我的左手還在袖子裡；我把袖口咬在嘴裡，猛地把袖子脫掉，我頓時覺得涼快多了，而且陽光直接照在我的皮膚上，我覺得舒服多了。我還穿著汗衫，它蓋住了我大部分的傷口，我看得到的皮膚十分蒼白，而且像張地圖一樣坑坑疤疤的。我把脫下來的衣服摺起來，放在我的背後，給我一些支撐，現在我看到我的短臂最後用線縫起來的皮膚，並不太美觀。

我重新在長椅上坐好，盡情享受太陽照在皮膚上的刺痛感。人群依然熙來攘往，沒有更加或比較不注意我。大多數遊客是日本人，我不太容易讀懂他們的表情，不是因為他們莫測高深，而是因為他們太有禮貌了。一對年長的夫婦走過來了，臉看起來像英國人。他們會坐在我隔壁的那張長椅上嗎？他們走過來了、走過來了，並且坐下來了，繼續著我剛才看到他們時，他們在進行的對話。我知道他們有看到我的手，但是似乎沒有很在意。我闔上眼，讓自己作作白日夢。我的直覺是對的。如果我自己的心裡覺得氣勢很弱、很可恥，我的行為和肢體語言就會洩露出來；如果我對自己的現狀感到很自豪、很自在，我便可以接受自己，而且這個世界也會知道這件事。勝利了，我走過來了，而我感到最開心的事，是我竟然在玫瑰叢中，做出了或許是我一生中最重大的一個決定。

22

祖馬（Zuma）在前門把我擁入懷中時，滿臉帶笑，而我的同志約翰卻一臉嚴肅、眼帶哀傷，雖然我驚叫著，表示對他們的來訪感到十分欣喜；我現在已經很會擁抱了，一邊用我的左手表示歡迎，一邊稍微轉一下我的身體，以保護受傷的右半邊。領導、朋友、同志，我不知道要先顧哪一個，但是我很高興有他們在我身邊，而且這樣，我也有機會直接問他們——如果不是我已經生病的話，我大概會因為想這種事而生病吧。

我的問題可以先等等，現在我得先說明「發生了什麼事」。當非洲同志們訴說一個故事時，我常覺得那是非常「白人的」，很壓抑，缺少笑聲，讓人很沒耐心聽完整個故事，好像非得要說清楚每一件事的事實資訊才是重要的，而不是說話時的氣氛，或是說故事時的豐富人際互動。不過，今天我會好好的來講這個故事——用非洲風格，不著急，強調那些具體的小故事，讓故事中的每段關係變得更加立體，我要講得幽默一點，把那些反諷、奇事都說清楚，我會慢慢的講，鋪陳好之後，再帶出結局，讓結局充滿趣味和驚喜。有時候該正經，有時候該認真，有時候需要戰場上的熱情，也有時候需要歡笑。現在就是那個需要歡笑的時候了，參與這個故事的聽眾需要幾乎不斷的歡樂笑聲。我喜歡講故事，而祖馬則喜歡慫恿我把它搞得更豐富、更喜劇性，他會用像音樂旋律般高高低低的笑聲，來回應我的忠實敘事。祖馬的微笑和幽默感非常出名，他甚至說：暗中偵察的警察在看到祖馬向他微笑之後，就決定放他一馬了。約翰．納迪明（John K. Nkadimeng）——他從我父親那個年代就是工會主義者了——從我小時候就認識我，我希望能和他一起慶祝我活下來這件事，這隻手臂不是什麼大事，只是枝微末節，雖然我也記得他有一個兒子，就是死於這類爆炸案中，或許我讓他想起了他犧牲的兒子。

當我開始講故事時，祖馬坐在我旁邊，專注的看著我，隨時準備好，要以他溫暖的輕笑、有力的揮手和身體的擺動，回應我說的每件事。當我說到我躺在朱利葉斯尼雷爾大道（Julius Nyerere Avenue）的地上時，是如何用英語和葡萄牙語大叫（但還是「很有禮貌」），他幾乎從椅子上掉下來。他很熟悉那個區域，在過去的十年間，他都是我們在馬布多的領導者之一，而且大部分時間都是「首席代表」，我們過去的討論常使我獲益良多，而且也總是充滿幽默；傷害到我的炸彈也十分可能殺了他，只是因為他剛好在一年之前撤離，而我留了下來。我描述剛開始時，我以為我是在和來自普里托利亞的綁匪對抗——為了我的生命，所以我用肩膀，對救助我的莫三比克人虛弱的揮了幾擊，而他則十分捧場，在句子結束之前就放聲狂笑，就像是要強調、與我共享這情景中最大的喜悅一樣。當我講到高潮時，他就爆出快樂的咯咯笑聲。我看向約翰同志，希望用我的活力感染他，讓他也快樂起來，但是他回看我的眼神帶著悲傷，噙著淚。我沒辦法要求他笑，然而在我的靈魂深處，我是同意祖馬的；這其實是一齣喜劇，我們人類真的總是做一些令人驚訝的事。當我說到希米．科恩掉下巴士那段時，約翰同志一定會有反應，而如果祖馬現在就笑到掉下椅子，當我在玩笑裡面再加進一個笑話時，他會怎樣呢？

我慢慢的帶著祖馬走到醫院那部分——我聽到艾佛．賈瑞多的聲音，他非常有禮貌的和我解釋我的手怎麼了（大笑）、說明手術，並請我一定要以勇氣面對未來（這次笑得比較小聲了），接著我覺得我應該是在莫三比克解放陣線手中了，所以感到一陣安心（表示讚賞的笑聲，對我給予高度評價，因為我是大家的好夥伴，而且講了一個好故事，又不顯得自誇）。

我暫停了一下，為希米．科恩的笑話留一點空間，讓這個故事有一個真正愉快的結尾。我猜祖馬可能已經聽過了，我想這個故事應該已經傳遍非洲國民議會了，雖然可能是用一個比較低格調的說法：「奧比同志在醫院做的第一件事就是找他的那根。」人們不太容易記得眼鏡還是睪丸；就算是沃爾菲，他和我有著同樣的文化背景，但還是要我重複了三次，才能夠正確的寫下來。

我看著祖馬微笑的臉，不斷的用故事裡的幽默，希望點醒約翰同志，最後，我終於來到了故事的最後部分。「……你在說什麼啊，天主教徒？……眼鏡、睪丸、錢包和手錶。」祖馬笑得直不起身來，還在狂笑，他的嘴巴張得很開，他的頭向後仰，接著又低下來，他的眼中充滿支持的笑意。我很受感動，對於我們之間滿滿的交流。這才是非洲國民議會，在加入的時候，我們不需要拿掉每個人的個性和文化，正好相反，我們帶進、並且分享每個人的樣子。祖馬的非洲個性、他喜歡對話和幽默的祖魯（Zulu）特性，和我的猶太笑話配合得天衣無縫，豐富了彼此，讓樂趣變得更持久，而且更強烈。我們是同袍，我們很親近，但我們不必讓自己向對方靠攏、抹殺我們的個人喜好、看事情和做事情的方法，相反的，我們把各自不同的文化帶入團體中，讓整體變得更豐富多元。有一天，我們也要以這種方法重建南非，不必擊垮國家的任何一個文化，應該讓它們融合在一起，把它們視為同一棵樹的許多根，可能有一些比其他更根深柢固，但還是大家一起鞏固了這棵樹的力量，和突顯出它的美麗。

不知道有多少次，我被問過這個問題：為什麼我——一個白人——會投入黑人運動，或者換另一種說法，為什麼我要為黑人奮鬥？過去幾年來，我一直知道這個問題有哪裡不對勁，但又不知道到底是哪裡不對，直到我在美國的一次會議中碰到了一個年輕男孩，解決了我的這個迷惑——他說，他的朋友認為，像我這種人的問題就是總為解放別人而努力，而不是要解放我們自己，這是真的嗎？我知道他的點在哪裡，其實是說我們應該努力讓自己的頭腦開放，而不是逃避對於個人的壓迫（精神上、心理上的），最後成為別人爭取自由的代理人。也許這對於某些美國的中產階級抗爭者而言是適用的，雖然我覺得人應該看表面的價值，而不要總是去尋找隱藏的動機；就算是反動分子，也有可能就只是反動分子。事實就只是它沒有對應到我們在南非運動中的樣子。在南非，各種問題都是來真的，而且與我們的生活息息相關——有人會認為對抗納粹佔領的鬥士（他們是我兒時的英雄）只是為了解決他們自己的問題嗎？不過這個年輕人還是提出了一個基本的論點：我們不是為了讓別人自由而戰的，我們其實是為了我們自己而戰，我們是為了自己的權利而奮鬥——能夠在自由國家當一個自由公民的權利，這就是答案。而讓我們都可以獲得真正自由的唯一辦法，就是要摧毀白人統治的體系，這個體系拖垮了整個國家，讓我們都無法獲得人道待遇——包括黑人和白人。

我有獲得良好的照顧嗎？我有任何問題嗎？我向他們保證我每天的生活都受到很好的照顧，而且是國際防護與援助基金（International Defence and Aid Fund）在支付所有開銷，包括每週有三個早上會載我去作物理治療，以及義肢的費用，倫敦的非洲國民議會辦公室也一直與我保持聯絡，所以現在我真的可以自主決定一切，不靠任何人。

現在輪到祖馬了；他也帶了禮物給我——就像有些人會帶櫻桃、花或巧克力來給我——他的禮物是一些經過挑選的政治資訊。例如南非軍隊要從安哥拉（Angola）撤軍的協商，和納米比亞（Namibia）的獨立——就跟以前在馬布多一樣，他負責簡報，而約翰同志則會一直插話。看起來協商是真的會進行了，而且很可能會成功……這代表了安哥拉和納米比亞的勝利，而我們必須更進一步……我們已經開始把我們的人從安哥拉撤出了，我們不希望拖到最後一刻，免得橫生枝節……

我其實還沒有準備好要聽全球和地方性的政治局勢，這應該與我的整體康復同步進行就好，但我還是很感謝他讓我知道，而且覺得好像到了時間，我應該講出我正在想的。

「我，呃……不知道該不該現在問，不過有一件事已經困擾我很久了，」我語帶猶豫的開口。「是有關於我在新聞上看到的……」我猜他們已經知道我要問什麼了，但他們還是很有耐心的等我問完。

「《泰晤士報》有一篇報導說，我們有一些和軍事行動有關的帶頭同志表示：應該是以白人為對象的時候了，我們應該告訴白人國民，他們的政府其實沒有辦法保護他們……」我希望放慢速度、自然的說出這些話，就好像這只是我們對話裡的話題之一，但是我很緊張，所以講得結結巴巴的，而且話一大堆。垃圾筒裡、埃利斯公園（Ellis Park）運動場外都被放過炸彈，非洲國民議會內部有一種「埃利斯公園趨勢」的說法，炸彈、炸彈，越來越多的炸彈，這是奮鬥的一部分。但是我們要讓各地都有炸彈了嗎，我們要進入冤冤相報的北愛爾蘭或是黎巴嫩模式了嗎——要把行動視為一切，把政治甩在後面？我的反應太像白人了嗎——我擔心這樣的運動反而會抵銷我們好不容易把理念推進白人社群的成績，包括現在和我們站在一起的所有人——具重要性的作家和大部分知識分子、教會人士、學生、許多大學講師和學校老師（但我有時候會開玩笑，記者們不是站在我們這一邊，就是站在安全警察那一邊，但是站在我們這邊的記者會假裝站在警察那一邊，而站在警察那一邊的記者則會假裝是我們這邊的）。還不只這些，也不只是因為它會造成反面的效果、破壞我們的國際聲譽——我不認為我們要因為別人的想法，而決定做或不做一件事。不，我的擔心更超越它對於我們的鬥士在道德和政治意識上的可能影響，他們會對我們奮鬥而來的這個複雜的新階段感到焦急。

如果我人在外面、而且在局內，我會參與辯論，透過我們的組織陳述論點，聽聽其他人的主張，把這個議題當作不過是另一個重要的問題之一——我們的運動一直在面臨重要的問題。其實我常常自己一個人閒坐著，思考我自己的問題，用一種極端主觀的思想框架，而且我總是擔心我們會不會變得與其他人沒有什麼不同，除了我們有歷史的正當性，而其他人沒有之外。尤其是——但我不敢和祖馬或約翰同志說這個——如果我們是為了自由而戰、或是為了自尊，那麼，我可以接受我失去了手臂這件事，但如果我們的方針只是試圖要得到人民，那這一切是為了什麼呢？

我把我的問題限縮在新聞報導：報導是正確的嗎？這代表非洲國民議會的新政策嗎？

祖馬看著約翰同志，約翰同志看著祖馬。後來是祖馬，我的「首席代表」，開口說話了。

他告訴我——語氣嚴肅而審慎，幾乎像是在舉行記者會——媒體確實有進行採訪，這也在組織內引起了廣大的討論。整個國家執行委員會（National Executive Committee，簡稱NEC）最近召開了集會——所有被採訪的人都有出席，而且大家進行了充分的辯論。「結果是……」他一邊小心翼翼的挑選要說的話，一邊說：「就是NEC重新確認非洲國民議會的政策不是為了爭取人民，如果有任何主張與此違背，都會被視為違反我們的政策。」

我想要跳起來擁抱他，這不是因為我對戰士們沒有同理心——他們每天都冒著生命的危險，對當局者的殘酷充滿憤怒，並且急於用盡所有心力達成指令——而是因為這個議題是確實經過討論和爭論的，每個人都可以參與其中，雖然最後達成了我想要的結論，但它是經過民主方式決定的，所以它不是「一個勁的」強迫每個人接受，而是在經過充分討論之後，做出的最後決定。

也許我們該回去談些輕鬆的話題了；這個話題不好處理。

「我只還有一件事想要求你們，」我說，略帶著微笑。他們點頭。

「我從OR那兒收到一個很貼心的短信，」我繼續說，用一種親切的說法（名字的縮寫）指稱我們的主席——奧利佛．坦波，「我很感動，不過他說謝謝我在爆炸之後馬上給他訊息……但是我不記得我有給過他任何訊息。」

祖馬看著我，一副準備要微笑的表情。

「我想，」我繼續說，「你們是否可以確認一下檔案，幫我看看在哪天、我說了什麼？」

祖馬大笑出聲，緊張也因此紓解了。我瞄了一眼約翰同志，但他看起來還是很憂愁；這一局我輸了。

「大概是腦震盪害我變得很好戰吧，」我加了這一句，被自己的這個點子逗樂了，但是約翰同志還是不笑。

23

我從壁櫥裡拿出一個黑色帆布袋——我最喜歡的一個手提行李袋，把它放在床邊的地毯上，用牙齒咬住袋口，用左手拉開拉鍊，然後拿出我的手。我突然想起湯瑪斯·胡得（Thomas Hood）的幾句詩：

砲彈奪去他的腳，
於是他枕在手上。

這個混合著塑膠、金屬與皮革的東西——正等著我給它生命——是我的手臂，那中空的淡色（白人男性）材質，上面的設計可以貼合在我的肩膀上，中間部分則有些曲線與突起，讓它看起來像是二頭肌，在手肘的高度有鉸鍊接上底部，讓它看起來像是前臂，最底端是一個金屬板，可以再裝上其他裝配，例如一個分開的鉤子、或是手掌。

我的手。我甚至不知道要把它放在哪兒，它造得這麼漂亮，手指經過仔細的計算，如果我想要的話，我可以假裝它就是我的手，製造者甚至選好一個介於冬天的蒼白感和帶有夏天感覺的棕褐色之間的顏色。它就放在某個壁櫥裡，哪天如果來了個不速之客，一定會被它嚇一跳。手有感覺，它會觸摸，你用手撫摸東西、做愛，用手搔觸別人最私密和最敏感的部位，你也用手和陌生人、朋友打招呼，用手，透過這個世界進行協商、找到自己的方式。你的手就是你的想像、你的直覺，它包括了你的憤怒和愛，它不會假裝是隻手，它就是隻手。沒有人和我談這些事。造這隻手的人非常富有同理心，也很敏銳，對自己的工作有著高度的自豪，他想要造出一個具備功能性、又很優美的東西，並且最大限度的符合客戶的期望。問題在於他的客戶——也就是我——不太清楚他想要什麼；這基本上不是一個技術性的問題——像是要選一雙合腳而且美觀的鞋子，也不只是主觀的問題——像是決定冰淇淋的口味。其實，現在我才覺得我真的要開始搞清楚，我這麼強烈的想要擁有、和愛上我的義肢，真正的動機是什麼。

一開始，技師因為我而感到很開心，我出現在試裝義肢的地方，試我的手臂，我談笑風生，而且熱情，樂於配合，急著要量尺寸和試戴，就好像在試我的結婚禮服一樣（我會再結婚一次嗎？）。我做了所有他們要求我做的練習——從洞裡拿出釘子，再放回去，毫不懷疑我只需要練習，穿義肢就會和學著用左手寫字一樣容易。但是現在，他們很不高興我來了，因為我太理論性了，很顯然的，他們寧可我換個腦袋並且閉嘴：要不然就是戴好那個該死的東西，要不然就是放著別管它了，總之不要一再解釋為什麼它帶給我那麼多困難。

我把我的短臂滑進肩膀的托座，感覺到塑膠碰觸到皮膚的冰冷感。我必須動一動我的肌肉，讓它嵌合得比較好，而當我這麼做的時候，神經會莫名的有種刺痛感。我把下端拉直，讓它在我前面對準，接著我開始調整背後的帶子，伸展再伸展，直到我覺得帶釦已經就定位。現在我要在左肩下方拉背帶的底端，把它穿過鉤子：一、二、三個洞，四、五，要讓它剛剛好拉緊。

我剛進醫院的時候，還覺得喘不過氣來，而且知道我的腦子出了點問題，因為，我甚至覺得《家族風雲》（*Dallas*）[2]的知識性內容太難了，我只能看益智節目和遊戲節目，這時，我沒有

[2] 譯注：一九七八年播出的美國電視劇。

預期的在電視上看到一個美麗的畫面。是下午的兒童節目，我本來沒有很認真的在看，直到我突然看到一個人跑向前，並且彎下腰，把一個孩子抱在他的左手上——我想他穿著黑色的衣服、西裝，但他的右手臂不見了，從肩膀以下就沒有了，他把孩子抱近他，非常的溫柔，我很高興看到這一幕，他看起來是這麼自然、這麼深情。

不久之後，約翰神父——一位英國國教的神父，他的手也被一個寄給非洲國民議會難民的包裹給炸斷了——到醫院來看我，我們的對話本來很輕鬆，直到我問起他的義肢，他突然變得很緊張，而且開始咕噥著：噢，那個啊，我有一天把它給丟了。他告訴我，他可以用剩下的那隻手做任何事，只有在切肉的時候才需要他的朋友幫忙。他微笑著說，他帶給我的那袋櫻桃，在坐地鐵時是用嘴巴咬著的。到目前為止，已經有兩票反對用義肢了，沒有贊成票。

之後有一天，當我去上臂訓練室做復健的時候（為什麼不叫手臂訓練室呢？我不懂），很驚訝的看到一位和我年紀差不多的女士，正在訓練室的正中央，忙著熨衣服。我看看手錶，懷疑我是不是太早來，還是太晚來了，但是不會啊，我是一個稱職的非洲國民議會成員，就是準時來。這看起來很詭異，有個工作人員在我的訓練時間，在這兒做她熨衣服的工作，所以我湊過去，看看究竟是什麼東西非得要現在、在這兒熨。那是一件普通的女裝，不是醫院的病人服，她先熨袖子的部分，接著是領子，然後轉過來，熨衣服身體的部分。我想找我的復健師（第七或第八位讓我陷入愛河的對象），但是沒有看見她，所以我只好坐下來，不耐煩的斜眼看著那位熨衣服的女士，等她走開。她的感覺不太像這裡的員工，事實上，她穿著好看的外出服，而不是工作服，接著我就想到了——她的右手是義肢。看到我正在看她，那位女士開始和我攀談，她的聲音溫柔而有教養，我們聊著天氣，我開始感到有點愉快——我們同屬於肢障人士，所以我們可以輕易的互通。接著我們聊到她的義肢，那是一個下手肘與上肢的組合（要放電池）——這是它的全名，她告訴我：她非常滿意這個義肢，我也看得出來是如此。她用她溫柔的聲音告訴我，要堅持下去（所以她知道我的問題，是有人安排她來展示給我看的，沒關係啦）。現在比數是二比一了，不過她離開前向我透露了一件事，讓我又開始重新思考，她說：她最大的惡夢是如果有一天，朋友沒有預警的出現在門口，並且看到她獨臂（沒有戴義肢）的樣子。噢，不，我想對我來說，這完全不是問題。

我必須要整理出在什麼情況下，我會想要有義肢。我完全不考慮美觀的問題——雖然我了解對其他人來說，這是很基本的，我認為它完全不具有裝飾性，我也沒有辦法忍受有人看到我沒戴義肢、或是搖著我的手發現那是塑膠做的時，就會被嚇到。我只想到一個明顯需要它的情況，就是開車的時候。

我打電話給一個人，他以前曾經到裝義肢的地方來做一個特殊的調整，讓他的義肢比較容易打高爾夫球。他的秘書問我有什麼事，但我不太想說事關我們的手，所以我只說是私人的事。後來我終於聯絡上他，他馬上告訴我他以前所做的所有運動：足球、板球，現在則是高爾夫球，而且他還是游泳健將，好像這些事很重要一樣。我想，「能夠像年輕人一樣做這些事」，表示這些事對我已經不那麼重要了。我真正想知道的，是他會不會覺得自己像怪胎，他做愛時覺得怎樣，他的朋友們會不會總把他想成一個獨臂盜，或是他的朋友們還把他想成是他嗎？但這些問題好像沒辦法在訓練室裡討論，也不好在電話上問，人們在這兩種場合只會聊一些實際和技術性的問題。所以我只問他是不是會一直戴著義肢，他說是的，他現在就戴著。義肢有用嗎？不見得，他說，除了要壓住紙的時候。所以它真的只是個裝飾嗎？是的，除了他做各種運動的時候，而且他還會裝一些特殊的配件，噢，還有一件事，他開車時從不戴義肢。

我不太知道他算是贊成還是反對票，不過他還是解決了我對義肢的疑慮。二對二。

然後我又湊巧（是嗎？）碰到了湯米（Tommy）的媽媽。湯米是一個小男孩，當我到訓練室時，他正在玩塑膠黏土。他的手臂只是一個突出的小瘤，但是他很巧妙的用它在玩黏土，並且用很重的內倫敦（Inner London）腔，一邊爽朗的喋喋不休著。有一次，他站起來去拿一個玩具電話，我發現他走路一跛一跛的，兩隻腳都是義肢。接著我們開始假裝在講電話，其實是隔著房間在吼給對方聽。我喜歡他，他很活潑，而且會做些淘氣的事。之後，他的媽媽走了進來。她的頭髮梳得很整齊，穿著一件時髦的短袖夏衣，優雅的走向房間中央，開始指示她的小孩，這時我發現她很有魅力，對自己的倫敦工作階級女性的身分感到自豪，也知道自己很美麗，而且她也少了一隻手臂，或者正確一點的說。她的手臂很短。（我甚至在心裡就拒絕用「殘肢」這個詞，因此在與技師討論時，發生了點麻煩，技師說它是個科學上的用語，我回答說或許真的是，但這是我的短臂，不是我的殘肢，而且我很激動的說這句話，正如同心理醫師警告過我可能會有的反應。）我看到她是如何接受自己、她的自信和散發出的光芒，我告訴自己：是的，是的，是的，我就是想要這樣。所以現在是三票反對，對兩票贊成了，但其實是湯米的媽媽影響了我做這個決定，她占了一票，但也是決定性的一票。

我想我現在知道了，為什麼用、或不用義肢會引起這麼大的情緒反應，為什麼我對這件事感到這麼緊張、這麼敏感。這不是科學或是醫學的問題，而是魔力的問題——我們究竟如何對待命運的問題。我不是要討論如果失去下肢（腳）或是兩手都失去的情況。我相信在這兩種情況下，義肢都會是非常實用的配備，要有它，才有可能走路、寫字、打掃或穿衣。但是以我的情況來說，這些事情我都可以做，所以義肢的功能性其實很低。而且，我不想對任何人隱瞞我失去手臂這件事——正好相反，在某些情況下，讓人們知道這件事其實是有幫助的，他們才能夠自己做些調整，例如和我握手的時候、幫我開門，或是在有需要的時候，幫我切肉。事實就是每個人都會希望我重新拿回我的手，我們沒有辦法忍受身體的殘疾就這樣血淋淋的擺在眼前，我們希望爆炸不會造成任何影響。我的朋友、同志和家人都很希望我有一條替代的手臂，這樣就不會再有什麼一直提醒我失去了手臂，所以我可以重新回復正常。科學、意志力和復健具有魔力，會讓我的手重新再長出來。剛開始我也相信這件事，我可以用人工的手臂，它會運作得很好，讓別人都不至於發現有什麼不同，看看它能夠讓我看起來有多正常，這是真正的測試。但是現在我不這麼想了。我有別的辦法可以儘量彌補我的損失：我可以好好學著用左手、牙齒、膝蓋、前額和腳（看情況）做事，使用有特別設計的用具，避免會對身體造成壓力的情況，請朋友們幫忙——我還是可以完全答對整張考卷的答案。在有些情況下，我只需要知道有些事是我再也不能夠做的。重要的問題是：有或沒有義肢，我到底會不會覺得我在這個世界上更舒適、更能夠做我自己？

我承諾給自己兩週的時間戴義肢，其中可以休息兩天。我很高興這是最後一天了，我很快就能夠從我的承諾中解放出來。它沒有讓我不舒服，但也沒有讓我特別舒服。尾端有一個分開的鉤子突出來，我可以用左肩胛骨把它打開，它鎖住了安全帶，再拉出鉤子其中一個分叉上的皮帶。技師一直強調在他的經驗中，這種用肌肉操縱的義肢比用電池運轉的義肢有效得多，也更舒服——電池運轉的義肢的操作原理是：手臂的某些運動會牽動皮膚，再帶動細胞，使得裝在塑膠手上的手指可以開闔，它很重，而且讓使用者有許多不必要的挫折感。只有一些手肘以下被截肢的人、和極少數手肘上部截肢的人，用細胞帶動的義肢會操作得很好，但是他個人建議用肌肉帶動的義肢，病人也都選擇這種。

我已經和這隻手臂奮戰了兩個月，每次要戴上它時，都覺得很沮喪，而且暴躁。我的心理醫師很慷慨的撥冗到我住的地方來看我，他警告過我，要學著生活中失去了一隻手是很困難的，但是現在是：要學著生活中再有一隻手，也是很困難的。他是對的，這整個東西讓我這麼不舒服，我希望它馬上消失。有一天，有個人來看我，並且在我放義肢的帆布袋旁邊放了一個帆布手提袋。我對著自己笑了起來，因為我在想像，如果這個人不小心拿錯了袋子，回家後打開它，才發現……如果發生這種事的話該有多好。

我拉緊義肢的帶子，把扣子鬆開，調整義肢下半部的角度，把另外分開的鉤子轉到最適當的位置，然後開始我一天的活動。讓我覺得最受打擊的是，我知道義肢對我一整天的活動其實沒有什麼幫助，我戴著它，只是為了讓我在外觀上是有手的。也許復健的內容應該更切合實際生活，在實際生活中，我是真的需要第二隻手——用專門術語來說——我必須做到左右對稱。事實是：我放個義肢在那裡，只是為了保有我的面子，好讓我告訴每個來問的人：我真的試過了。也許等六個月或一年之後，我的身體比較好了，而且比較能夠融入這個世界時，我會再回來用它，不過現在我只有一直在數我還有多久可以脫掉它，把它放回帆布袋裡，然後把袋子塞回櫥櫃裡，就這樣一直放著就好。有一派理論認為：應該等病人從創傷的各個面向完全復原了之後，再開始戴義肢，另外一派則認為應該越快越好。我很急著嘗試，而且失敗了。

唯一道德上的慰藉，是有一天我可以把這一切寫下來，也許有其他復健師和截肢的人可以因此而受惠。最重要的，應該是一開始就要有一位輔導員，知道要看問題的整體，能夠了解一隻手對於病人的意義，知道一隻有感覺、有知覺和感情的手，和一隻只是看起來像手、有一些手的功能的器具，兩者之間有很大的差異。病人要做選擇的時候，也應該被告知所有必要的資訊。病人應該被鼓勵試試義肢，但是他們應該從一開始就獲得正確的建議——如何選擇，這無關於道德的成敗，這是一件非常個人和私人的事，每一個人都不同，重要的是每個人對這兩個選項都有理解，並且在決定自己最適合哪一個之前，都能夠試過。

根據我所有的推理和分析，我認為義肢對我而言是不適當的。有人說我應該為了非洲國民議會而用義肢，我很明確的告訴他：如果我決定用義肢，那也是為了我自己，而不是為了非洲國民議會，如果我覺得開心，而且生活無礙，那就是對非洲國民議會最好的事。我知道我不會再戴上那隻手了，我最大的憧憬就是像湯米的媽媽一樣，自豪的、優雅的、動人的行走在這個世界上，讓每個人都看到她的短手臂（而且她告訴我的朋友，這從來沒有阻斷過她的追求者）。雖然我努力試過了，但我沒辦法覺得這是我自己要的，也不是非洲國民議會想要的。

24

那個檯子看起來太高了。我絕對不想在鏡頭前跌倒，我慢慢的、一步一步的往斜坡上走去，有一台攝影機跟著我。物理治療師牽著我的手，直到我完全到她上方，才放開我的手，並且站在旁邊。我靠自己一個人站在高處，伸開左手臂，並且擺動著我的右手短臂，讓自己保持平衡，一邊往下看著一群攝影人員和導演的頭，再拖著步伐，緩步向牆邊的橫桿走去。我希望她不要走開，還是張著手臂，讓我幾乎可以碰到她的手指，這個動作像個芭蕾舞者一樣，而且有很有趣的視覺效果，讓人想起米開朗基羅的創作——漂浮的亞當和上帝之間，兩者的手指也是像這樣幾乎碰在一起。

訓練室中擠滿了患者，大家都在做一些無限重複、無聊但是必要的動作，訓練自己的腳——彎曲、伸展、收縮、縮回膝蓋、腳踝及腳趾。他們用英國人不外露的方式——在看，但是像未在看——陪伴著我緩慢的步伐，走到最上面的檯子（它斜斜的鉤在橫桿上），一邊想著我會不會站不穩、或是跌倒（我也在想）。有BBC的導演在場，讓我們全部的人都和平常有些不同，我們自動自發的比平常多做了一些練習，把頭髮撥好，衣服拉好，就算是沒有被錄影機照到的時候。

靠近斜坡頂端的檯子上有些小凸塊，我很急著想把它們踩在腳下，因為這表示我走得夠遠了，可以抓到一根橫桿，轉一圈之後就可以下去了。我的腳趾慢慢的往前……還沒有到，再移動另一隻腳……啊，至少我可以感到我的鞋底有一點不平了，現在我可以往前傾了，因為姿勢改變，所以我有一瞬間感到有點恐慌，但是馬上又抓到木頭桿，所以我又放下心來，我的呼吸很急速，頭抬得高高的。我不需要假裝很專心的樣子，或是讓自己看起來像很緊張、很努力的樣子。BBC邀請我接受採訪時，我很高興的接受了，而且我們都認為拍一段我在復健的畫面會是個好主意。我小心的轉過身來，把兩腳的足弓和腳趾之間的部位轉過來，讓它們朝下，手指也放開抓著的橫桿。又來了，我在沒有人扶的情況之下突然轉身，要調整我的平衡，我感到十分恐懼，而且非常擔心我會跌到地上。凸塊現在在我的腳後跟底下了，我開始下坡，比上來時走得更慢，而且更小心，焦慮的等著物理治療師何時會來牽住我的手。左腳、右腳，我覺得我不應該縮成一團，但是我不敢伸直，她的手快碰到我了，我必須繼續穩穩的走，好了，她碰到我、抓住我了，我現在有點小孩子氣的開始大搖大擺的走，最後幾步甚至還想要跑下去，但我還是忍住了，慢慢的走下去，以勝利的姿態走完最後幾步，臉上帶著微笑。

導演問：您可以再走一次嗎？我們拍到了您的身體和臉，這次我們想拍腳。他又向物理治療師說：放開奧比之後，您可以保持手伸展的姿勢嗎？我們想用這來表達您們之間的關係。

我很高興他證明了我的導演之眼，於是我又開始再一次慢慢的走上去。拍片對我很有吸引力；我離開醫院之後的第一個活動就是完成一部影片，那是索爾（Sol）——我的莫三比克朋友、瑪格麗特和我之前拍的片子，我們想詮釋莫三比克藝術家對於入侵他們國家的戰爭有什麼反應。我寫過幾本書，是關於馬布多和兒童舞蹈學校的壁畫，在畫中——畫的背景是艾文・艾利（Alvin Ailey）的海報——黑人和白人小孩一起跳著古典芭蕾、現代舞和非洲舞。我十分熱愛做點法律之外的其他工作——專心拍片，或是鼓勵藝術創作、為音樂會和舞蹈創造機會。南非可能是全世界最有文化創意的地區之一；我們是少數幾個地區，同時有著廣被人們接受的庶民文化，又有著同樣活躍的現代工業生活，而且兩者毫無扞格的結合在一起。我有時候會夢想：有一天我可以舉辦一場盛大的文化祭典，慶祝我們在新南非得到的自由，我們一邊走過開普敦的街頭、舉辦大型的嘉年華會，一邊在埃利斯公園辦爵士音樂會。我以前總認為：文化要為了我們的抗爭而服務，藝術家應該要堅貞、願意獻身，之類的。但是現在我認為：文化是更深刻、更深奧的東西，它足以表達出我們是什麼、我們將走向哪裡，而且藝術家是自然而然的對生活（包括生活中的奮鬥）很用心的一群人，而不是一直試著用文字、圖片或是聲音來雕琢刀或子彈。我們的承諾是自發的、不規則的、激烈的、個人的，而且豐富得多。我的柔軟預設了別人的冷硬。一直以來，我們可能都是彼此衝突，也彼此欣賞。我的腳趾覺得很癢——可能因為知道自己是影片的主角吧，我要提醒自己不要作太多白日夢，因為我正在慢慢的爬上斜坡。我的手臂打開，物理治療師還牽著我的手，我有一隻腳在前、一隻腳在後，算是挺得很直。我的手指漸漸往上滑，幾乎快要碰到物理治療師停住不動的手指了。我的腳碰到了凸塊，我小心的轉身，開始下坡，我向下擺動我的手，直到它又再一次回到物理治療師的手中，而她也像跳著小步舞曲的舞步一般，親切的護送我回到地面。

太好了，太好了，導演說，現在您可以再做一次嗎，這次我們想拉遠一點距離拍攝，還是會不會太累了？

其實我很喜歡被拍，好像由錄影機記錄下我的身影，我就可以獲得治癒，會消除炸彈傳達給我的深刻敵意，並且向我表示：我是一個有價值的人，否則BBC這些值得尊敬的人為什麼會花寶貴的時間來拍我呢？這是我的復仇，我反擊的方式，不是再去殺別人，而是把壞的變成好的，用我的心和腦，盡可能表達出我還活著、我的奮鬥、勝利和人性。在美式觀點中，有些人可能會認為我是一個懦弱的人，我最喜歡喬治．布希[3]的地方，就是他的軟弱，不過在英式觀點中，我應該算是一個掃興的人，我期待有一天，所有懦弱的、掃興的、軟弱的人會繼承這個世界，不分男女。像我們這種人很多，過去那些粗野的、強悍的人——總是想要控制他們自己和其他人的人，即使用了他們所有的力量，也沒有做得很好。

我的第一篇訪問比我所期待的還要好——《紐約時報》給了它一個很令人可以共鳴的標題，還有一個副標題：〈毀而未壞〉（Broken but unbroken）。露西亞確實教了我有關愛和個人的關係，不要有被害者的心理，現在我把這個原則延伸到我在爆炸之後的處境。我不是一個受害者，我不希望能夠復仇、得到補償或是同情，我是自願的投身於追求自由的奮鬥之中，原本就知道有某種程度的風險，但是我很高興我還活著，而且決定要重建我與這個世界的關係——積極而快樂的關係。接著又有倫敦《觀察家報》（*The Observer*）、《天主教先驅者》（*The Catholic Herald*）、《晨星報》（*The Morning Star*）、BBC的非洲部門來採訪我，我的想法被散布得很廣，不過他們的處理方式都符合我的期待——強調柔性、幽默和靜靜的復原力，而不是搖旗吶喊式的堅挺。我嘀嘀咕咕的說著這些訪談，當被問到在倫敦是否為了躲避什麼的時候，我回答道：是的，但不是為了躲避我的敵人，而是為了躲避我的朋友，因為我沒有辦法好好的處理。好像在某種意義上——那對我幾乎是種警告，我覺得自己因為媒體而重新獲得承認，這種想法近乎警訊，因為我似乎很依賴他們為我建立一個溫暖而富有同情心的形象。其實，我走出門的第一步就是由獨立電視

---

3 譯注：George Bush，美國的前任老布希總統。

台（Independent Television）的新聞播報員記錄的，他們播出的畫面是我穿著運動服、慢慢的踏在草地上，周圍開滿了花——雖然我其實離開過醫院兩次了，一次是到這個隱蔽的花園公寓，另一次則是在電視畫面上，讓我的朋友可以看到我。有一件事讓我感到非常開心——但是也有點驚訝——就是記者們對我都非常的體諒與溫暖，除了採訪時是如此，採訪結束後也依然如此，《晨星報》的攝影師送來他為我照的照片——帶著平靜和開心的照片，而《觀察家報》的一大群記者們集資為我買了超過三十張CD選輯——莫札特、舒伯特、貝多芬、馬勒，好多都是我愛的音樂家。每個人都一直跟我說：英國變成了一個更冷酷、什麼都看錢的社會，我相信他們是對的，不過我也一直感受到另外有一群散發出光芒、又很慷慨的英國人。我絕對不會錯過這種樂趣，讓自己感受、以及享受這份溫暖和人的力量。

錄影又持續了一個半小時，錄我騎在一台復健腳踏車上，向後仰躺在一顆很大的亮色球上，我在搖搖晃晃的板子上練習取得平衡，並且試著以很快的速度走一直線。

第二位物理治療師——當我第一次來這裡訓練時，她很用心而且很認真的幫我——已經走到更下一步的背、臀部還是鼻子什麼的，但還特別配合我的動作入境，她用很親切的方式挑戰我，問我現在可以做幾次坐下／站起的動作。看看吧，我回答。於是她穩穩的坐在我的腳上，當我抬起自己的身體時，幫我扶著大腿，一直往上、一直往上，直到我的鼻子碰到她的肩膀。我記得她是「最後一次小姐」，因為她總是說：最後一次，再最後一次就好。她的屁股坐在我的腳上，這很舒服，而且我很高興她不只是用嘴巴講，而是用她整個身體的重量幫我復健，用專業給出她的身體，這總是讓我很感動。我站起來了兩次、三次、四次、五次，到現在都還很容易，八次、九次、十次，導演希望拍到我真的筋疲力盡的樣子。我必須想想別的事，什麼都好，我們一生都在想那些別的事……《衛報》的記者對我做過一篇比較敏感的採訪，他想要探索我的青年時期，我是從什麼時候開始投入運動的，我告訴他：我讓自己遠離父母的政治，我有點關心環保議題，因為這件事沒什麼針對性，救樹比救人容易……我還沒到呢，十七、十八、十九，現在我有點喘了……然後我們面臨了選擇。那跟南非的種族隔離政策無關，而是要決定：生活是不是就是在星期六晚上約約會、在一個很熱的電影院裡有盒黏黏的巧克力。我遇到了一群有其他想法的年輕人，我們都在傍晚聽音樂、整晚開派對，然後走回家，我們去爬山，爭論所有事，包括我們的爭論，這就是一切的開始。如果用組織成員待在牢裡的時間來評量一個組織的成就，那我們應該會是最成功的，或者已經是了……二十三、二十四，我想我沒辦法了，我只能再做最後一次。我收起下巴，臉部扭曲，慢慢的把身體抬起來。加油，就剩最後一次了，再一次就好，她鼓勵我，而我幾乎要微笑出來了，這會破壞我如同舉重運動員般的專注，但我還是堅持住了，並且用盡最後一點吃奶的力氣，成功的讓我自己碰到她的肩膀。我綻出一個大大的微笑，並且往後倒下，我累壞了，但是很開心，因為我做了二十五下，這是個圓滿的整數。

接受錄影的整個過程，不知為什麼對我的自我重建有一些幫助。露西亞寄過一封悲傷的短信給我，她在信中說了一串她碰到的莫名阻礙，包括她喜歡的男人結婚了，接著她說，她不喜歡我的信，因為都太自戀了。她有一部分是對的，但我也要用自己的方式面對形象的問題。大眾——或至少是有興趣的人——對我的印象就是爆炸案的受害者，有一張照片照到爆炸案發生之後的我，這張照片被刊登在全世界的報紙上，照片中的我躺在地上，掙扎著想要起來，而我現在想要扭轉別人對我這個很糟的印象（我自己幾乎沒辦法看，更不要說我在電視上被拖走的景象）。所以，我很喜歡自己正在微笑、寫字或是做運動的照片，我不希望人們看到我，就想到暴力或是恐怖，我希望他們想到的是重生和喜悅，以及復健的無聲勝利。

25

梅爾巴站在浴缸旁，拉住我伸直的手，正在清洗。她甚至沒有在看我，只是直直的看著前面，而且話講得很快，黑色的睫毛上盈滿淚水。從她突然出現在前門、開始整理衣服和廚房的時候開始，我就覺得她今天和平常不一樣，不太有精神。

「我以前從來沒有遇過和您一樣的人，」她說，努力的試著找話說。她用西班牙文說，所以我必須十分專心，才不會漏掉她說的話。「您失去了一隻手臂，但還是在為人權奮鬥。」

我也受到她的情緒感染，但是我坐得非常不舒服，我的膝蓋從澡盆的泡泡中探出來，我的左手要繞過我的整個身體，才能碰到她的手。這是她第一次握住我的手，她緊握著我時，手中的溫度加強了身體的緊張感和親密性。她剪短了頭髮，穿著一件暗色、樸素而雅致的衣服，但是透露出夏天的氣息。她突然說了這些話，讓我有點措手不及，對於她這樣無視於我們之間不明文的約定，感到極為激動，也不確定接下來會發生什麼事。

「過去這幾個禮拜以來幫您做事，讓我感到非常高興，這是我從來沒有過的經驗，您不曾改變過，雖然發生了這些事，但還是保有自己的信仰……」

不，不，我想要打斷她，我還有很多問題要解決，我也有很多懷疑，但是我喜歡妳，所以我很高興妳也喜歡我，是妳的爽朗和活力，讓我每天都能夠體會到生活的趣味，而且妳把我說得太好了，在南非和莫三比克，還有成千上萬個像我一樣的人，我相信在哥倫比亞——妳的國家——也有許多不計代價爭取自由的人，只是妳不認識他們罷了。

「……您一直堅持著這麼好的信念、拍電影、又準備要寫一本書，」她繼續說，眼淚順著臉頰流下來，「而我的生活卻窮極無聊，我什麼都不是……」

我想要抗議，我想打斷她，但是她緊緊的握住我的手，我沒辦法搖手，叫她先停下來。

「過去幾個禮拜以來，我每次來都感覺很糟糕，只要碰到您，我就很緊張……」

那表示她有感覺到什麼，她眼裡的我不只是一堆骨頭和傷痕而已，我感到一陣狂喜。

「……所以我沒辦法再繼續做下去了，今天是我最後一次來了，從下個禮拜開始，會換我的哥倫比亞朋友來做這個工作，她人很好，也會把您照顧得比我更好。」

我對於這個消息感到很失望，不禁垂頭喪氣，但是她的感覺竟然這麼強烈，還是讓我深受激勵，而且充滿力量。如果我沒辦法跳出浴缸擁抱她，至少我應該能夠說一些充滿感情的話吧。但她還是不看我，繼續緊緊的握著我的手，所以我也保持沉默。

「梅爾巴……」我試著開口，但是她放開了我的手，圍了一條浴巾在我的肩上，就急急的走進廚房去了。

我奮力的讓自己離開浴缸，儘量擦乾身體前後和腳，穿上一些衣服，接著一拐一拐的走進廚房。

「梅爾巴……」她又匆匆忙忙的走過我身邊，抓起吸塵器，把它開得很大聲，開始吸地毯。

我在桌子旁邊坐下，邊吃邊想著我該說些什麼。

等她吸完地毯，我用盡吃奶的力氣，以最快的速度起身、走向她。

「梅爾巴……」她咕噥的說時間已經不早了，又急急的把吸塵器放進壁櫥，然後很快的走進我的臥室。這一次我不再試著用蹣跚的腳步跟上她了，我走回廚房，開始慢慢吃我的東西。我從容的吃完東西，把盤子放進水槽裡，一直以來我都是用這來表示可以收拾了。然後我又從容不迫的、若無其事的走進房間，重新試著開始：

「梅爾巴……」

「我要去洗盤子了，」她的聲音不太自然，然後又再度從我身邊擦身而過。

情況就這樣一直重複著，我希望她留得夠久，好讓我付她錢。我在想能夠額外付她多少，以作為臨別的獎金。她需要錢，但總是拒領超出她日薪的部分，她總是說：她遲到了十五分鐘，所以我應該扣掉，噢，那是沒錯，但妳是去幫我買東西啊，她又會說，不是的，不能那樣算，她是以朋友的身分做這些事的，然後我又很得意的想起來她曾經在星期六早上幫我訂飛機票，但是她反而提醒我，有一次她為了和別人約會而提早離開了，於是我只好很用力的想還有什麼理由可以用。有一次，沃爾菲在等著要和我說一件事，那時候他聽到我和梅爾巴很激動的用西班牙語互相對對方大吼。他看起來很受到驚嚇，因為每一個人都會對我特別體諒，但是竟然有一個人生氣的對我大吼，這說不定會阻礙我的復原。「我……呃……不確定該不該打斷你們，」他小心翼翼的問……「沒關係，沃爾菲，」我向他微笑，「她一直說我付給她的錢太多了，但是我確定我付得太少了，所以我們在吵這件事。」我也想告訴他，這件事和文化有關；如果我們講得很激動、音量很大而且充滿精神，不一定表示我們在生氣，這只是表示我們很熱烈的在講一件事，而且那件事對我們很重要。

我把錢攢在手裡，走向廚房，擋在過道中間。她無路可去了。「這是我應該給妳的，我又多加了一點，妳可以拿去幫穆罕默德或是妳的女兒買個禮物。」

出乎我意料之外的，她並沒有拒絕，只是從手提包中拿出一張紙，在上面寫了點什麼，然後放在我手上。

「這是我的地址和電話號碼，如果您有一天到波哥大（Bogotá）[4]來的話。再見了。」

她舉起手，小心的環住我的肩膀，免得碰到我受傷的部位，並且匆匆的給了我一個告別的擁抱。這是我第一次感到她的身體壓在我身上，她柔軟的胸部覆在我的胸膛上，她溫柔的手環著我的腰，我也想要用左手抱住她，用我的身體重量覆蓋她，但是她迅速的抽身，從前門離去——不，或許我應該說是逃走。

Adios，別了，梅爾巴，這次不管妳說什麼，我都要把頭枕在枕頭上，大哭一場。

26

如果我很有錢……我想要坐著計程車到處走。我這幾年就數現在最窮了，現在總是花錢坐計程車、僱人洗我的背，讓我幻想自己是個有錢人。我的經濟狀況一直是起起伏伏的，我和朋友一起住，分擔食物的錢，沒有任何娛樂支出，所以我不太有一般上班族的開銷。我的儲蓄有一半花在為我們的影片（關於莫三比克的藝術和戰爭的影片）的技術升級，然後剩下的另一半，又有一半拿來為我的孩子們買機票，讓他們有生平第一次造訪南非的機會。現在我什麼都沒有了。朋友們叫我不要買花，他們說我應該把所有錢存起來，但是我說，如果靠一般的方式分配預算，我的未來是沒有指望的，我沒有任何機會。我唯一的希望是魔法，而魔法需要花。

還好的是，這時的我痛恨錢，我討厭擁有戶頭、帶著錢到處跑，我也不了解銀行在發的那些新卡片——新是指對於某些十年沒有碰過的人而言。我其實沒有辦法領退休金，有時候我碰到一些二十幾歲的人，他們侃侃而談他們能夠享受的優惠退休金計畫，這總是讓我感到十分驚訝——

4 譯注：哥倫比亞的首都。

我們的退休金真是一項革命，它可能需要一段時間才會成熟，但還是讓我們感到道德上的安全感，而且也是一個很大的家庭的物質後盾。我從來沒有全職幫非洲國民議會工作過，我當律師、法律系老師和作家，賺了一些錢。我每個月要支付我的孩子們的費用，我擁有一些優質的當代莫三比克雕塑和繪畫，就這樣了。

如果我很有錢……薩莫拉以前總是說，莫三比克擁有這麼豐富的自然資源，為什麼還是這麼貧窮呢，都是因為人們還保有未開發者的心態；他說：敵人就在我們的腦子裡。有些人也許認為他太重視思想，沒有認真的計畫和建構起一個有效率的系統，但是他確實帶給我們全部人一些什麼，我們對於每件事的想法都太狹隘了，缺乏深度，我們需要更多的想法和想像力。我的同志們從廉價二手店幫我帶了些二手衣過來。我不介意穿二手衣，這點子其實對我還滿有吸引力的，我只希望這些衣服夠好看，不是只因為你不能裸體出門，就隨便穿件舊衣服在身上。有一位在公民諮詢局（Citizen's Advice Bureau）工作的朋友，很熱心的告訴我只要填一堆表格，我就可以領殘障手冊了。我問了一聲那要花多少錢，並且得知它甚至無法支付我每週要花在計程車上的錢。

如果我很有錢……光是這些零星支出就常超出我的預算了，讓我不禁想知道：真正的有錢會是什麼樣子，那對我的生活會造成什麼影響。我一定還只有未開發的思維，我能夠想到的就只有坐更多的計程車，或是坐飛機時，放腳的位置可以比較大。我沮喪的想，也許我會有一個很大的家，甚至也許我可以有兩個家，這加深了我痛苦的感覺。我的車子永遠不會再回來了，但是當我學著用一隻手開車時，我只要求我的新車一定要有一個功能——自動變速箱。有一次我去紐約州的北部參加一場研討會，他們提供了非常棒的餐點，在前三天，我每天都等不及要吃飯；但是接著我就發現我完全不想碰這些美食了，我想吃自己準備的一些簡單的三明治或沙拉，所以結論是：如果我很有錢，我只能當三天快樂的富翁。

我的問題的解答不是要少買一點花，而是要學著怎麼用電腦。我必須儘快的獨立。假期就要來了，接著我還有兩個手術。同時我還要做復健，讓我不再害怕文字處理機，並且能夠像以前一樣快速的寫字。如果我真的確實復原了，表示我要走得很輕快，並且保持我的魅力和快樂，而不是滿腦子想著小額現金帳戶的事。我越快樂，就會感覺越自由，也會越快能夠克服生活中無數無聊的現實問題，我不打算一個一個解決這些現實的問題，我打算直接跨過它們。現實告訴我：我能夠解決現實困難的唯一方法，就是透過帶有魔力的感覺，用自由的精神和一種直覺式的理解，決定什麼才是適當的。

壞事會帶來無數的好事。我現在有時間寫作了，我可以在頂尖的圖書館做研究，我可以見到最優秀的學者、律師和政治人物。我曾經親身經歷過前線，現在又身處資源豐富、制度完善的北半球先進國家。同時具備這些條件是得天獨厚的，我必須善加利用這些特點。莫三比克的革命有一些重要的故事必須讓大家知道——它的勝利與其中的悲劇，要為民主南非的未來憲政建立穩固的基礎，也還有許多事要做。有多少律師可以既參與如何採行新憲法的研究，又實際參與政治抗爭，好讓他的理想實現呢？

這一次，我也覺得是由我決定的；大部分和我有同樣處境的人，沒有和我一樣的機會，他們必須利用各種能夠得到的幫助。我只是一個沒有退休金的爆炸受害殘疾人士——我甚至是這個世界上最不可能買到保險、最借不到錢的人，但卻因為各種理由而享有特權。我必須要利用我的想像力。這是因為某種勇氣吧，也許不是身體的勇敢，而是觀念的勇氣。我擁有一些很少人擁有的東西——能夠從零重新開始人生的機會。失去了一切是個優勢，它讓我重新受啟發，並且鼓勵我的心飛騰。我不需要航向玻里尼西亞（Polynesia），或是來個四處漂泊的重機旅行。炸彈打亂了我對事情的計畫，所以現在我自由了。我唯一會犯的罪——違背了我自己、我的抗爭運動、我的人民——就是安於一個平庸、普通的人生，我不能認為倖存下來（雖然這是件大事）已經是極限了，接著就變成一個半退休的老廢物，只會緬懷過去。「我們一起回到自由的南非」這個最偉大、最輝煌的事件就在將來。也許它不像我們夢想中的那麼自由，也或許我們的回歸不像我們所想的那樣，是一個全盤的勝利，但至少，我們會成功的，而且，當以前的階下囚、被拘留的、被放逐的人——那些流亡的、被禁的人又在我們的自由母國重新聚首時，那將是多麼偉大的一天啊。

27

她長長的濕髮輕輕拂過我的肩膀，讓水濺得到處都是，她跳出浴缸，去換了張唱片。浴缸沒有很大，而我——一個在恢復期出來度假的訪客——佔了比較舒服的位置，身為主人的她，則坐在比較不舒服的地方，背抵著水龍頭，我們就這樣在肥皂水中聊天、爭辯、開玩笑。我的朋友總是做她想做的事，而現在她想要做的事，就是把貝多芬鋼琴奏鳴曲《漢馬克拉維》（Hammerklavier）聽第七次。我已經沒有那麼震驚了——對於她在整首古典樂曲中，只有不斷的重複聽一個樂章，以及她用自己的方式打斷了我精心建立起來的每日課表——在有限的時間中進餐、睡覺和運動。我想，當她在機場看到我坐著輪椅朝她過來時——當時我正因為長途旅行而顯得臉色蒼白，而且一臉疲態——應該是十分驚嚇的，但是這個月過得很快，而我們過得十分開心。

「再跟我說一次你第一次看職能治療師的事，」她從隔壁房間大聲的笑著。

「噢，不，我都說過了。」

「要，要，非要不可。」

我寧可安靜的坐一會兒，想想昨天晚上的事，仔細回味我們在一起的回憶。其實沒有那麼難，不是那種狂暴的野合——你只是胡亂的發出喘息聲，捶打、扭動，然後事後變得筋疲力盡，可能我永遠不會再像那樣了，也許我會，但昨晚只是大量、深情的分享兩個人之間親密的肉體關係——多年來都只是從遠方傾慕和感覺對方的兩個人。我沒有必要問她，當她擁我入懷時，腦子裡閃過什麼念頭——是想像她正抱著一個英雄在懷裡，還是一個需要愛的受傷男人，或就只是她的老朋友。我知道她非常浪漫——就像我一樣，也很喜歡為事情或玩笑找到個名義，她也很容易受傷，也許甚至比我還容易，雖然在表面上，她看起來堅強得多。我必須假設從現在開始——直到永遠，我都不再只是以我的身分躺在某人懷中，而是多多少少帶著傷痕的人、一個爆炸案的受害者。也許，就和其他事一樣，要建立或是否定我所處的世界，其實大部分都盡其在我。我常對做愛的矛盾感到驚訝——它是完全主觀的，充滿個人的情感，但卻是極度不重視個性特徵的，所以你和一個特別的人之間，你們倆的經驗越是深刻、越是美好，就會越讓你想起你和其他人深情做愛的一般性回憶，你甚至會搞混她們的名字、她們是誰。不過這次，我想我們很清楚對方，她知道她在幫我恢復對身體的信心，而且我們混合了每件事——享受快樂，同時也在做職能復健，甚至可能有一些真實的激情。

當我們第一次面對面的坐下來，我們的身體透露出對互相的坦誠和信任，當時有一個念頭閃過我的腦海——每個男人都應該要斷一隻手，這樣我們在愛人的時候，才不會那麼傲慢、盛氣凌人，會比較平等、自然。不只是我少了五根手指可以感覺，少了一隻手臂可以擁抱，我發現我的整個平衡都不同了，我少了一個手肘可以斜倚，少了一隻手讓我可以自己移動到不同的位置，因此我比以前都更依賴另一半，變成是她——而不是我——要決定我們彼此的姿勢。我想起了西蒙·波娃（Simone de Beauvoir）寫的一段，她說男人只不過就是手和腳，去抓、握或是推女人的身體，要征服她，讓她沒辦法有任何身體的自主。現在的我——不是被女性化了——而是失去了這種男性的能力，這讓我感覺到身體上的不確定性，直到我發覺，我因此而發生了一些很好的變化，這不再是個到底要由男人攫獲女人、還是女人攫獲男人的選擇了，不是由一方激起對方的情慾，很刻意的努力，去達成正確的順序和時間，而是由對方移動他或她所使用的身體部位，交託在另一半的手或嘴中，一方面不必再等待，也不再處於被動，但同時也不要有被侵害的感覺。有一代的女性是知道這些事的，也視這些為理所當然；對她們和對我們來說，這都是多麼好的事啊。

「怎麼樣啊……？」我的朋友跳回浴缸，她很用力，所以攪亂了一池水，甚至差點溢出去了。

「好吧，但這次真的是最後一次了，」我假裝在跟她發牢騷。「我穿過走道，覺得筋疲力盡，終於找到了職能治療室，我們都叫職能治療師OT。還好有人警告過我，OT會叫你自己倒茶，所以當我走進去的時候，我說明了我無法自理，問他們可否給我一個杯子。只不過是在壺裡裝滿水，就好像花了我一世紀的時間。」我故意在中間停了一下，或是像他們說的，讓魚慢慢煎。

「然後呢？然後呢？」她問，好像她剛才沒有至少聽過三次一樣，而且她甚至還會要我講給客人聽。

「接著她問我：希望OT給我什麼；他們很民主，都是由病人決定。我其實希望拿回我的手，但是我必須說點具體的，不然她會怎麼想我、怎麼想非洲國民議會呢？所以我說的第一件事是希望能夠自己整理房子。『掃地，』我說。『掃地？』她問。我想她對於一個男人想要掃地，感到很不解，接著我想起來在英國已經沒有人掃地了，至少我知道的所有房子都是用地毯鋪滿整個房間，主人都用吸塵器，而不是掃把。」我知道她喜歡接下來的這段，所以我在水中轉身。「我希望讓她知道我的思想有多開放，所以我告訴她，我也希望能夠煮飯。『你家裡的火爐是怎樣的？』OT問我，『用瓦斯還是用電的？』我的朋友聚精會神的等待故事的高潮，眼睛發亮，噘著嘴唇準備待會兒要笑了。「『我不知道，』我回答。」

我的朋友奮力的噓我、推我，咯咯發笑，就像祖馬一樣，浴缸裡的水又好像快溢出來了。

「你甚至不知道家裡的火爐是用瓦斯還是用電的，但是你想要做菜。」

她不太能夠稱得上是女性主義者、甚至是女人，她只是一個人，對於加諸自己——身為一個女人——的不公平負擔加以反抗，就像她也反對男人要屈從於刻意塑造出來的男子氣概形象一樣。同時，她對於我自曝曾經想要假裝是一個思想很新的男人，被逗得很樂。

「當我離開職能治療室的時候，」我開始作結論，「OT叫我回去，說我忘了洗杯子。」她笑到合不攏嘴。

音樂停了下來，她像海豚浮出水面一樣，從浴缸中起身，她的肌膚緊實、濕潤而且還在滴水，她的長髮又再次拂過我的肩膀，碰到我的傷口。我知道她接下來要問什麼。

「再說一次你第一次去蘇聯的事。」我猜對了，但是我至少可以保留一點時間給自己吧。我喜歡我們在浴缸中互開玩笑的這些中間間隔時間，在彼此的沉默中，我可以盡情享受肌膚之親的餘韻。

肌膚之親。這是我唯一真正擔心的。我的身體會漸漸復原，要處理形象問題對我也不會有太多困難，就像是被叫作英雄這件事，而錢和工作上的事也總會找到出路。最大的問題是愛。這不只是我的問題，這是每個人的問題。我感到以往從未有過的開放，我幾乎是不計一切後果的想要飛，我以前總是欽佩他們能夠做到，但是我從來沒有讓自己這麼做。隱隱的，我好像只依稀記得我對於正面而自由的身體情緒感到不信任，有一點害怕它會將碰到的東西毀滅、燃燒殆盡，但是現在我是如此能夠享受自己，讓我甚至不想控制它。我的朋友充滿勇氣，十分堅強，她帶著我到處去——去海邊、去電影院、去城裡最好的冰淇淋店，三更半夜還叫我大聲讀書給她聽，因為她喜歡聽我念英文，把我介紹給作家、音樂理論家和政治人物，指導我做運動，當我要下水時，牽著我的手，每天找一家新餐廳。她告訴我什麼叫作後現代主義，而且給我看了一堆最近的後現代主義建築物，而當我問她近十年來歐洲音樂界的大事時，她告訴我《露露》（*Lulu*）這齣歌劇，並且停下當時她正在聽的《漢馬克拉維》裡節奏緩慢的一個樂章，用唱機放了一段和死亡有關的優美音樂給我聽。我們潑著水，在浴缸裡俏皮的彼此對話，隨時不忘享受食物，又每晚都在同一張床上。我花了很多年才學會與別人共享一張床，但現在我覺得如果有一個會呼吸的個體睡在我旁邊，我才會睡得比較好，而且也會有安全感，因為每晚都會有一個暫別的擁抱，而每天早晨，我們都可以依靠在對方身上蜷作一團。我還是必須要小心怎麼放枕頭，而且不能讓我的傷口承受太多壓力，不然的話，與別人共享一張床其實非常容易，而在我發生爆炸之後，能有一位聰明的夥伴陪伴我經歷其中一次最大的身體和情緒上的進步，也讓我感到十分寬慰和開心。

「怎麼樣？」她問，又坐回水中。

「再多放一些熱水吧，」我建議，「那我就可以說了。」

我們又加了一些熱水和幾滴泡沫液，讓泡沫再多一點，現在幾乎要滿出來了。當我們講話的時候，我喜歡把腳靠在她的腳上，讓泡沫厚厚的蓋在我們兩個的腳上。

「那是一九五四年的事，」我說。「史達林去世滿一年，我們是第一批從西方進去的人，我們要搭慢車到中國去。我那時候非常年輕。想想看我們有多興奮。我有一個朋友叫沃爾菲，他在開普敦會收集兩種地方的雜誌，一個是蘇聯和中國的雜誌，像是《蘇維埃女性》（*Soviet Women*）和《中國重建》（*China Reconstructs*），另一種則是美國雜誌，像是《時代與生活》（*Time and Life*），他解釋說：這是因為你必須了解敵人在想什麼。所以我們總是去沃爾菲那兒，用心鑽研敵人在想什麼，我們沒有錢自己買，所以我們很認真的看了那些社會主義國家的文學作品。有一些情景在我的腦中揮之不去，特別是農夫們一起工作的樣子，他們穿著白衣，站在放滿食物的桌子前，背景是一排一排的聯合收割機。現在火車就要把我和其他幾百個人，從布拉格帶到莫斯科，最後帶向北京了。

「火車慢慢的穿過捷克斯洛伐克（Czechoslovakia）[5]之後，開始靠近蘇聯邊界。我的心臟開

[5] 譯注：在一九九三年分裂成捷克共和國與斯洛伐克兩個國家。

始怦怦狂跳，我們就要進入第一個社會主義國家了。我可以看到穿著黑色衣服、戴著深色頭巾的斯洛伐克婦女，在草地上用鐮刀收割莊稼。我告訴自己，等到我們跨過國界之後，看到的就會不一樣了。火車到達國界了，經過一些規定的程序之後，又再度發出嘎嚓聲，緩緩的越過邊界了。我們現在在蘇聯了，草地上有穿著黑色衣服、戴著深色頭巾的婦女在用鐮刀收割莊稼。好吧，我告訴自己，這是在第二次世界大戰之後才擴充的新領土，等我們到歷史比較久的地區，看到的就會不一樣了。第二天，我們比較深入內陸了，我還是可以看到婦女穿著黑色衣服、深色頭巾，在用鐮刀收割莊稼。好啦，這是被納粹佔領過的地方，等我們再到另一個地方就好了，當然，等我們到了那裡，那裡還是有穿著黑色衣服的婦女在做同樣的事。

「我太失望了，但是我不能這麼說，我想有哪裡不對勁，事實不是我看到的那樣。大概在二十五年之後，我又再去了一次……妳想聽我那次旅程的故事嗎？」

「是的。」

「……莫斯科看起來是很翠綠而且廣闊的城市，是我見過綠化最好的城市，我們被帶到莫斯科國立大學（Lomonosov University），它座落在一座小山丘的山頂上，有一座前後現代主義的建築——妳會喜歡的，史達林風格，當我們在觀賞這座城市時，我想起以前我曾經來過這裡，當時導遊告訴我，應該在二十年後再來一次，那時，這裡會有一座體育場，而且這一側蓋的房子可以容納一百萬人，而另一側則可以容納五十萬人，而今天，我確實看到城市的發展就像那個導遊所說的，蘇聯又再一次讓我感到驚訝了。

「幾年之後，有一次我要從印度回來，又再次經過蘇聯。露思・法斯特剛遇刺不久，我感覺很不舒服，其實我那時候感染了單核細胞增多症，只是自己不知道，但是我決定要生病的話，寧可在英國生病，不要在任何其他國家。要在莫斯科把班機時間改早一點是極端困難的，負責照顧我的人建議我：把在印度買的圍巾送一條給負責安排機位的職員，那天是和她同名的聖徒紀念日。她收了那條圍巾，我也得到了機位，但是我感覺更不舒服了，因為飛機幾乎是空的。

「去年，我們有三個人以『非洲國民議會社會科學家』的身分，在蘇聯與一些學者會面，這次我又被討論的開放和活力給嚇到了，毫無疑問，他們是那時候世界上最令人激賞的一群知識分子。甚至是我們在說服他們：他們的一些政策是對的。氣氛棒透了，令人驚嘆。好了，可以了嗎？」

「可以了。」

不是每個人都會在浴缸裡討論蘇聯的改革政策。我們也會計畫她的生日派對餐點，而且就像她的同胞一樣，只要講到吃的，她就很興奮。水熱熱的很舒服，泡沫慢慢的破掉，她幫我洗背，讓水龍頭一直對著我最舒服的地方沖。這個月剩下的時間，我可以就這樣和她一起快樂的坐在浴缸中，感受她活力四射的機智，把我的腳靠在她的腳上。

「該起來了，」她說。她喜歡下命令，像對一個動作有點慢的小男童一樣，幽默而親切的對待我。她突然起身，水流下她的胸部，濺出浴缸。貝多芬的慢版樂章帶給人靜謐的極致美感。我的身體感到刺痛，我的心臟比過去幾個月都輕鬆。我感到狂喜，故我在。

我把左前臂靠在浴缸的邊緣，想要試著自己起身，但是卻又無預警的往前倒下去。我掙扎著想要轉回身去，但是現在已經沒有地方放我的手了。我扭動著身體，試圖回到一開始的姿勢，並且想要再一次抬高我的背。慢慢的，慢慢的，我告訴自己，深呼吸，先找好位置，再站起來。我用盡所有的力氣往上、往上……好了，我成功了，我的屁股坐到浴缸邊緣了。但是我現在必須把腳跨過浴缸，可是我怕我會掉回浴缸裡，再弄傷我的腳，那就太丟臉了。慢慢的，慢慢的，我把一隻腳抬高，直到它靠在浴缸邊緣，再慢慢的，慢慢的，把腳從浴缸的另一邊放下去。我坐得非常不舒服，我的屁股很痛，既沒辦法往前，又沒辦法向後。慢慢的，慢慢的，我開始抬起另一隻腳，慢慢的，慢慢的，讓它跨過去。萬歲！喔耶！

我站起來，嘲笑這一場從浴缸掙脫的鬧劇，接著突然開始大聲咒罵起來。「你，這個雙手沾滿鮮血的雜種，竟然對我做了這種事，」我第一次突然感到這麼憤怒，但是當我說出這些字眼時，突然想起我有一個不是在父母婚姻關係中出生的朋友告訴我：他不喜歡「雜種」這個字，

「你，這個雙手沾滿鮮血的搞雞姦的傢伙，竟然炸飛了我的手，」接著我又想起「雞姦者」這個字可能代表反同性戀者，「你，這個雙手沾滿鮮血的畜生，竟然放了個炸彈想要殺死我，我們總有一天會逮到你的，別以為你逃得掉，你這個雙手沾滿鮮血的鼠輩，你這隻蟑螂，你這個人渣，」油然而生的憤怒席捲而來，但發洩不只是痛苦的，還伴隨著突如其來而真實的快感。

28

我在講台上，看著聽眾依次進場、找位置坐下，很難相信這個世界頂尖大學的主要禮堂竟然這麼破敗。所有東西看起來都很舊、褪色了；如果它是個劇院，應該早就要翻修了，不過看起來英國的知識分子很習慣不舒服的環境。也許原因之一是政府砍了大學的預算，但是我現在感到緊張、暴躁，而且希望找個人來罵。為什麼左派就要這麼不時髦呢？沒有人來接我，我抵達時，也沒有人等著要歡迎我，桌上沒有桌布，沒有花，沒有播放歌曲或是音樂，每個人（包括我自己）講話時都聲音低沉、音調平緩，沒有任何情緒，沒有什麼氣氛，沒有樂趣，也沒有亮點。其實在動完第二次手術之後，我不僅有點呆滯、遲鈍，還有另一種嚴重的病，醫師都束手無策，那就是開會恐懼症。我確定這是打娘胎裡帶來的，因為我的母親所做的唯一運動，就是發傳單和站在封鎖線前面。

我需要一個人來告訴我，為什麼搖滾音樂會這麼充滿活力，而我們的集會卻這麼死氣沉沉。我曾經在電視上看曼德拉的音樂會看了幾小時——一部分來說，這是事實，我希望在觀眾中找到我的孩子們——不只是因為我看到有七萬名年輕的英國人支持我們的奮鬥，讓我感到很興奮，也是因為我同時享受到音樂會的樂趣；視覺的景象總是充滿樂趣，而且也很有趣、帶著情感。其中一個講台的背景是一幅放大的馬蘭卡塔納（Malangatana）的畫作——馬蘭卡塔納是來自莫三比克的藝術家，也是我的密友之一。在馬布多，就像是最小型的會議，桌上都一定會鋪桌巾，用果醬瓶放著盆栽，更不要說歌了，就算是國會都常常傳出歌聲。想想看英國女王、或是柴契爾夫人，如果在西敏（Westminster，英國國會）的會期開始時唱了首歌呢？

我發生爆炸案之後的第一場會議——就像我第一次綁鞋帶或是第一次切洋蔥一樣，對於我是非常重要的。是在國際特赦組織（Amnesty International）的總部舉辦的；我直接從職能治療室前往，在計程車裡，我很努力的想著我要講什麼。特赦組織將要派一個代表團到莫三比克，針對該組織接到的關於莫三比克違反人權的報告做核對，而他們在出發之前，希望能聽聽我的意見。所有的眼睛都看著我，房間裡的氣氛很凝重，我非常焦慮，不只是因為我所說的話都會被錄影和錄音，或是我可能會說出某些過於輕率或是冒犯人的話，而是因為到目前為止，我所有的想法和發言都只關乎我自己，而現在這個主題卻是關於我之外的其他人，我不確定我這個自我中心的想法（而且是出於一己之心）算不算適當的發言。當我在醫院裡，來探望我的同志們開始討論世界大事時，我會抓住話頭，把它轉回去聊我的腳踝如何變得比較好了。我覺得很可恥，但是我沒有辦法。

我在特赦組織侃侃而談莫三比克，但只限於我身為一個（在那兒工作而且住在那兒的）律師的親身經驗，談我在不同階段的感覺：早期的興致高昂——因為我們正要從零開始、建立法院制度，後來的震驚——因為我們引進了鞭刑對付黑市商人，要在一個未開發的國家努力讓事情具體化，其實沒有什麼方法——你永遠無法把一個議題獨立來看，每個問題都有背後的問題，我們沒有辦法把法規印出來，可能是因為沒有紙、斷電、汽油用完了，或是我們要等上個把月，等一個工作負荷過重的部長對一件小事情做出決定。

我每次都會提到我腦中縈繞的這個問題：富人和窮人有一樣的人權問題嗎？在莫三比克，我們要和飢餓奮戰，要消滅疾病（例如痲疹，它每年奪走上千名兒童的性命），我們要爭取學校、爭取基本知識、爭取成為一個國家，有明確的國格，而不是——像殖民主義者眼中的——一群部落、土著的集合，只能被歷史和政治邊緣化，或甚至被歷史和政治排除在外。而現在，戰爭吞噬了所有東西，毀了診所、學校和法院，也摧毀了國家精神。想要靠律師來解決一切問題的想法，變得非常荒唐可笑，我們有上百萬人口，但只有不到一千位律師。西方的裝模作樣惹怒了我，我們都預設他們擁有如此充足的人權，甚至是足以出口的。

不過沒有人可以逃避程序正義的問題——有權接受公平的審判，有權拒絕酷刑、拒絕未經法院就讓人入監。我們可以指出殖民主義所遺留下來的所有未開發問題、或因為南非的不穩定而發生在這個國家的悲劇，但是它們沒有辦法正當化囚犯所遭受的任何一次暴力對待，或是提供藉口，說明人們為什麼無故被拘留數個月甚至數年之久（只是因為某位官員不願做決定）。對我來說，現在可以越來越清楚的看到有些價值觀和正當程序不是屬於西方的，而是全人類共通的。在過去幾個世紀以來，許多洲的許多國家都在爭取這些普世的價值，中堅分子常是當時的「瘋狂左派分子」，而且常常是在經過武力抗爭、許多犧牲之後，才得以建立的，它們現在是全人類共同的祖產——不管他們身處何方，政治體系、宗教或文化信仰為何。過去的數十年來，我也一直在爭取、並且堅信法律應該有其脈絡（law-in-context），我的發言也大部分是在說明這個觀點如何應用到莫三比克，但是我現在驚訝的發現，我竟然在強烈的訴求普世的價值。

下一場演講是在牛津；難民研究中心（Refugee Studies Centre）有貼出這場專題討論會的訊息；一個小小的房間擠滿了人，我站著，好像可以看到每個人。我又再一次緊張得全身僵硬，我要同時看、以及和這麼多人講話的能力應該還沒有恢復。房間中充斥著非常悲傷和焦慮的氣氛，人們除了來聽我演講之外，也是來看我的。我們播放了那齣有關藝術和戰爭的影片，讓氣氛緩和一些。我主張難民除了當然應該享有基本人權——不能違反他們的意願逕行遣返，對食物和庇護所的權利——之外，還應該有權選擇他們自己的代表、參與重大計畫的監督，並且投訴有辱他們的言行。這些權利需要幾年的時間慢慢建立起來，就像貧困救濟漸漸從慈善的系統，變成英國的社會救濟權利之一。我也建議：難民不應該被視為收容國家的負擔，他們應該盡可能被當作豐富了文化內涵的貢獻者，以及創造經濟的人，而且，不應該是由援助機構（以在難民營中自力更生的人為對象）提供救助計畫，而是應該推動地方發展計畫，將難民營中的人整合進去（而不是分離出去）。雖然我的身分是從莫三比克（這是一個有很多難民的國家）來的講者，但是我說的每件事，都是根據我在牛津所讀的書，而且我不覺得我帶有任何權威。

會後的發問時間進行得很順利，我甚至有幾次露出微笑，接著，我覺得我的大腿有點吃力了。那感覺好像是它一直要告訴我的大腦：叫舌頭現在就停下來，它講太多了，我好累。舌頭回答道（而這時候，我正在對付複雜性的問題，這是富有國家的人面對窮國的人民時會有的問題）：跟大腿說我會抓好時機，我知道什麼時候該停下來。時間果然抓得剛好，演講結束得非常完美，我很高興我與聽眾之間建立了一種很和諧的關係，而且我準備要坐下了。我腿部的肌肉緊緊糾結著，我的膝蓋彎不下去。我來不及阻止自己跌倒了，我的身體極度傾斜，我感到自己倒向地上。當我往前倒的時候，我的腳打結了、撞出砰的一聲，我感到很痛、混亂與難堪。聽眾大聲驚呼，人們趕緊跑過來。「站在那兒，站在那兒！」我大聲吼，帶著一個殘疾人士的尊嚴和憤怒。我掙扎著爬了起來，但是之後的幾個小時都覺得很不舒服，又很丟臉，而且我還不能把這件事怪到牛津頭上。

下一站我到了華威大學（Warwick University），這次我一直坐在椅子上。曾與我住在一起的老朋友的女兒（她是劍橋的學生）告訴我：劍橋的學生把我當成切．格瓦拉（Che Guevara）[6]——他們知道我做過一些事，但不知道那是什麼。在華威大學，我感到比較多追求知識的氣氛，沒有很多恭維、奉承。演講廳還是擠得滿滿的，問題包羅萬象，但很友善，而且這次我沒有跌倒。

最難的一場演講是在南安普敦大學（University of Southampton），我在那裡教過六年書，而且——就像我告訴他們的——在這六年中我才漸漸了解英格蘭。我需要休息一下，處理我在情緒上的經歷，也要讓自己夠強勁、夠平靜，以撫平當舊識看到我失去一隻手時的悲傷，而且當我抵達的時候，也已經累了。我以前的法學院同僚都聚集在一間房間裡，他們焦慮的樣子，就好像主辦單位在擔心我會不會準時出現。我微笑著，與他們一一握手，並與幾個人擁抱，但是我真的累了，我才剛出院沒幾天，而且我很難不受到這種沉重氣氛的影響。我的演講是用一種親密、像是私人間在對話的方式，我說了整個爆炸案的經驗，和我復原的經過。講到一半的時候，我覺得很量，我的頭很輕，好像又要倒下去了。我要求休息一下，喝點水，再接著繼續說。這次演講很成功，我穿插著一些幽默的話，而且感覺我又可以輕鬆愉快的發表談話了（如果我幾乎對任何主題都不能即席的發表意見，那我毫無疑問的和死了無異），不過我知道，如果我要和以前一樣和大眾交換意見，並且跳出我對自己既有的印象，還有很長的一段路要走。

我四下環顧聽眾們。老舊的禮堂幾乎擠滿了人，人們安靜的仰頭望著我。主席是一位傑出的律師，他在過去幾十年來都敞開家門，歡迎全非洲各地的自由鬥士。我曾經在莫三比克幫他當過一次口譯，我一直記得某件有點好笑的事——有一次會議在晚上舉行，在莫三比克一個美麗的島上，我們在灑滿月光的棕櫚樹下，聽我翻譯著：現在英格蘭人民的武裝抗爭進展得如何？

主席把他的椅子往後拉——這多可怕啊——我很緊張的開始講，這是我第一次在英國講過去這幾年來，一直縈繞在我心頭的某個政治觀點的相關議題，而且可能就是因這件事——我也對《紐約時報》提過——引發了對我的攻擊（「每個知識分子都希望被重視」）。

如果他在會議開始時唱了首歌，如果聽眾加進來一起四部和聲，如果有吉他和長笛演奏，如

6 譯注：古巴共產黨、古巴共和國和古巴革命武裝力量的主要領導人之一，在古巴革命勝利後，擔任古巴政府領導人。

果有畫得七彩繽紛的布條（而且上面沒有標語），如果桌子上放個果醬罐子的小盆栽，這一切該有多美好。

「各位女士們、先生們，我的朋友和同志們，」一開始就是四平八穩的英式制式開場白——語調低沉而嚴肅，「很高興看到大家來到倫敦政經學院（London School of Economics and Political Science）的講堂，參與一年一度的丹尼斯．普里特（D.N. Pritt）紀念講座，今晚我們很榮幸的邀請到奧比．薩克思來演講。他要為我們講的主題是：『民主南非邁向人權法案之路』。」

29

所有的革命在發生之前都是不可能的，但是在發生之後，它們就是不可避免的了。南非正在不可能與不可避免之間擺盪……不是，這其實是我的講稿開場白，我沒辦法一直引用我自己的話。

南非一定算得上是世界上獨一無二的國家了，只有在南非，有一部分受壓迫的人民成立了一個反人權法案委員會……是的，我先講了幾句有關於普里特——對於南非的我們來說，他是一位為非洲愛國者辯護的英國律師——的事之後，接著就用了這幾句話當開場白。當我站起來、在決定要怎麼進行演說時，總是會有點顫抖和害怕。當我向講台走近了幾步，我會對我計畫要講的題目感到極度焦慮，而當我站到麥克風前面的時候，我會轉向一個完全不同的題目，一切則將變得非常順利。在那之後，我會半害怕半期待的，看著自己冒險的突然轉了個身——可能接著就跳進空無之中。但今晚不行，我必須看管好我豐富的情感；有一部分是因為我——講者本身——就是一個訊息，我必須傳達的是——就像非洲國民議會和我們其他同胞的奮鬥一樣——我並沒有被摧毀。

……他們擔心人權法案只會鞏固白人的特權。聽到我自己的聲音，感覺很奇怪。我還在學習能夠重新開始講話，要讓那些嚴肅的盯著我看的臉，都能夠接收到我的每個字。每個音節都是我很用力擠出來的，好像是要重新看看我的內部能不能夠控制，並不是我自然而然發出來的，我必須用意志來控制每個細節。以前當我講話的時候，我只要站起來，話就會自然而然的講出來了，講話很有趣，我會變得生龍活虎。而現在，講話好像耗盡了我的精力，我對於這件事必須要慎重。包括聲音、感覺、情緒，都必須要經過考慮，我要事先整理出所有的表達方式，先告訴我內在的心靈，才能夠再擠出去給聽眾。以土地所有權為例：百分之八十七的土地在法律上屬於白人，這可能是這個國家百分之九十五的生產力。人權法案中一個簡單的財產條款，可能會使事實上的種族隔離狀態永遠保持下去。如果數以百萬計被強制搬遷的受害者——他們在近幾年來一直遭受種族隔離制度的官員恐嚇，必須要搬出世代居住的土地——在憲法之下，又必須向憲法所保障的新所有者低頭，這算是什麼人權保障呢……？

為什麼我們對公眾講話時一定要用這麼制式的語氣呢，難道我們不能夠像聊天一樣嗎？我可以聽到一個很緊張的聲音，那是我的；如果我不是知道我正在講話，我會以為我只是在聽呢。我在聽自己講話，好像我要準備的是下一段……但是我們需要人權法案。我們總是在革命的名義之下，在社會進步、發展和國家建設的名義之下，忽略了基本人權。我們希望我們的人民、我們所有的人民，晚上都能夠安心的在家裡睡覺，能夠自由的在街上行走，可以感受到這個國家——這整個國家——都是屬於他們全體的，政府會對他們承擔責任，他們也可以改變自己的國家……

現在進展得比較順利了，這篇講稿我講過很多次了，最重要的一次就在爆炸發生不久之後，我在非洲國民議會內部的研究會上講的（革命家最近越來越追求時尚了），有趣的是，我不覺得有必要根據不同的聽眾——不論是非洲的自由鬥士、英國的律師，或是紐約的商人——改變講稿內容。我們依循的是最純粹的正義，問題在於要找出正確的方式，說出我們的主張。不只是要廢除明顯帶有種族主義的法律；整個系統實際存在的種族隔離政策，幾個世紀以來累積的不正義——種族的支配和不平等問題——都必須解決，越快越好，而且最好不要帶來任何痛苦。這是最難對西方聽眾說明的部分，他們很難理解我們的心理和目標。我們和他們說著一樣的政治語言，我們對於對、錯的概念是一樣的，但我們不像他們所認識的政治人物，我們不會競選官職，我們是自由鬥士，求官的想法沒有辦法鼓勵我們，反而讓我們感到害怕。我們那些左翼的朋友也是如此，我們喜歡那些可以往後無限延期的目標，我們憧憬建造一個理想的社會，讓我們在未來，有一天可以住在那裡。我們也是歷史中的自由運動的一部分，非常具體，扎根在我們的歷史和文化之中，我們的許多祖先手持武器捍衛了他們的土地，有些後人則在教堂或清真寺中宣揚他們的理念，或組成工會，我們都是為了同一個夢想——沒有種族支配的南非。曼德拉繫獄數年、露思的死，以及數也數不清被拘留的人們的創傷、那些被拷問至死的人，這些都總要有個意義，絕對不是為了讓某幾個人得到官職。我們現在還不夠強大，沒有辦法崛起、取代那個有種族主義的政權，但是他們也無法根除我們。我們也許正面臨艱難的抉擇——到底是要長久堅持到下一代、下下一代（如果真的必須如此的話），直到我們終於能夠推翻、並且完全摧毀種族隔離的體系，或者現在就接受一個重大——但不完整——的突破性進展，轉換一下我們的鬥爭領域，讓它比較接近我們的最終目標。最後，我們一定要找到一個方式與人們協商，了解他們的感覺，而且這也表示我們要為解放監獄、讓流放者歸國而努力，而且也要創造出可以自由討論和協商的環境。

我們的憲法原則已經在這個國家推廣開了。它們還沒有定型，它們的內容還有待添加和修正

——不論是大事或是小事。

要找一個時機作結是最困難的。我總是急著想在一個高潮點結束，所以越講越激動，以至於讓任務顯得益發複雜。不過現在是一個畫下句點的好時機，請聽眾不要只是靜靜的坐著，而是做出一點政治貢獻——提出批評和建議。

這也是我們希望海外的朋友可以做的。對我們提出批評和指教，促使我們辯論和省思我們的想法。您能夠與我們站在一起的方法，就是認真看待我們的想法，讓它們面對嚴格的分析、遭受質疑……現在開放提問。

如雷的掌聲響起，我環顧那些拍手的人。我幾乎都不認識，我想有和我同輩的其他人，他們也很厭倦會議了吧。聽眾就很像你會在街上遇到的人，有老人、有年輕人，有人穿著西裝襯衫，也有人穿著牛仔褲和套頭毛衣，有黑人、有白人，大概有一半是男性，一半是女性。他們的臉上帶著雀躍，發出一些嗡嗡的聲音，而且不知道為什麼，禮堂看起來沒有那麼簡陋了。

主席站起身，貢獻出他略帶懷疑論的建議（這是十五世紀在肯特郡〔Kent〕起義的反叛者所提出的建議）：吊死所有律師。接著就開放大家提問了。

問題如潮水般湧來，難以歸類的、匿名的觀眾被具體化成不同的人格，講話時充滿幽默與朝氣。大家對主題都很有感覺，問題都頗有深度。這是英國知識分子的風格，不會小題大作，也沒有在賣弄什麼，只是清楚而簡化的使用文字、呈現概念。在這個被消費主義和廣告行銷、娛樂性元素和公共關係所支配的世界裡，必須要很有自覺，才能夠不陷入形象塑造的行業中，或讓想法成為被包裝的商品，這是我在這次會議中想要傳達的另一個訊息。剛好有一些開普敦大學——我的母校——的學生在場，他們對這個題目很感興趣，而且邀請我參加一個法學院的CALL-IN辯論……其他建議則有關於我們可以如何對想法展開討論。我不會說這個講堂看起來富麗堂皇，但是椅子的確不像我剛才所想的那麼醜了，講台也不算那麼單調啦，雖然我可以放棄我待會兒在酒吧的幾杯飲料（現在我是指與委員會共進的餐點），寧可換些花——如果這裡真的沒有用果醬罐裝的盆栽的話。

30

我作了一個夢……有一天晚上，一些人來找我，我們東拉西扯的閒聊著，但是我突然想到一件事，於是就打斷了我們的談話。

「我在想，」我說，「如果我作了一個夢，而且我出現在自己的夢中，夢中的我會有兩隻手，還是只有一隻手呢？」

其他人對我說的這番話感到有點吃驚，但這對於我來說是很正常的。這純粹是一個科學上的疑問：我是真的想知道，我的潛意識是否符合我的身體現況，如果還不符合的話，多久之後它會跟上？

昨天晚上——或者說今天早晨——當我快要醒來的時候，我的潛意識回答了這個問題。一開始，我並不知道我在作夢，我只是感覺有什麼東西靠近我身邊，是和身體有關的，它很引人注意、很溫暖，幾乎碰到我了。接著我認出，那是一個女人的身體，她坐得筆直，豐滿而且圓潤，包裹在漂亮的藍色布料中，所以我看不到她的肉體。我仰起頭來，想要看看她是誰，接著看到了一張女人的臉；其實，當我看著她時，她的特徵也一直在變化，剛開始是一個上了年紀的人，讓我有點驚訝，接著她變成一個比較年輕的人，好像是和我共度假期的朋友。她面露微笑，而且很友善，我坐在她旁邊，用我的右手環著她。我的手臂夠長，可以環過她的肩膀，放到她的前面。我發現我的手伸到她藍色的衣料下，彎過她的肋骨，碰到她的胸部。我就這樣在那兒停了一會兒，感覺被激起了情慾，但是溫暖而舒適。接著不知道為什麼，我移開了我的手，從她的衣服下抽出來，也從她的肩膀上抽回來。我們分開了，我的感覺有點奇怪，好像有很多事發生，但是又什麼都沒發生。

現在，我剛醒過來，正在回想我剛才的夢，試著理出頭緒。我依然清楚記得夢裡的影像，我的感覺好像有點不確定，不過伴隨著溫暖的餘味。我知道那兩張臉代表誰，兩位都是豐滿的女性，都是金髮，都很開朗，但與我的相識是在截然不同的兩個場合之下；一位和我有過肉體上的關係，而另一位，我曾經很靠近她，而且我們可能也都有同樣的想法，但那是不可能的。這兩位一起出現在我的夢中，讓我感到十分意外，先是有著細小皺紋的一位，後來換成皮膚平滑的另一位，但是在我的整體感覺中，這兩位在形體和個性上有一個邏輯的共通性，就是都屬於圓潤的女性，不過還有更有趣的點。

這個夢中最突出的點——就像是歐．亨利（O. Henry）的短篇小說，會突然在結局部分來個大逆轉——是我腦中閃過的想法：要抽回我的手。我很清楚的記得，即使在夢中，我告訴我自己：你知道，這很奇怪，我的手在這兒，在衣服底下，但是我什麼都摸不到……我希望感受到她的胸部，經歷一種觸覺上強烈的親密感，但是我什麼感覺都沒有，感覺不到她的胸部，也感覺不到她肩膀的肌肉，因為我沒有手指。

我不知道為什麼，但是我的潛意識如此，讓我很高興。我好像覺得：我的潛意識越符合我的真實情況——與一般心理分析的目標正好相反——我就會越接近完全的復原。

31

她的指尖不停的、巧妙的落在我的背上。

「妳是說妳一定要來維也納做第一次按摩？」

「是啊。」

「但是倫敦也有很好的按摩。」

「我不覺得，雖然這可能是太任性了。」

「對自己的身體再怎麼好都不為過。」

她的手指每次敲出的波動，都好像要解開我身體的最後一點道德枷鎖。我可以接受友善之手，如果它們讓我好些、強壯些，或是一個遊戲或性慾活動的一部分，但如果只是為了得到樂趣的撫摸，就像是無所事事的富人的縱慾了，只因為他們沒別的事好做。現在，有人這樣溫柔、而且有節奏的搔著我的肩膀和脊椎，讓我整個身體都感到十分平靜而愉快，我很高興我接受了提議，到維也納來，和瑪格麗特以及其他的朋友（例如我以前的同僚）共度時光。她的動作很能夠撫慰我的情緒，但最重要的是，他們本身就令人心情舒暢，我只需要在這個涼爽的黑暗房間中，放鬆我自己，享受這一切。

好幾年以前，在馬布多——當時我們都是法律顧問，在對話中，我總是比較有信心、主導性的一方。我們會討論戰爭與紛擾、革命與反革命，而她總會找到空檔，主張在決定人格時，腳比手重要。

「妳還是相信妳的人格是根據腳決定的嗎？」我問。

「是啊。腳的末梢神經會到達身體的各部位，而且腳和你身體的其他部位之間的關係，會決定你是怎樣的人。」她很急著要解釋她的概念，就好像我們以前在討論關於價值的勞工理論，或是白人勞工階級在南非抗爭中的角色。

也許我們只不過是肌肉、骨頭、皮膚和體液的組合，其他的都屬於精神，至於所有的努力、目標、夢想和痛苦，都只不過是幻覺。我有一個在哈拉雷的朋友，強烈的信仰沐浴油療法，就如同我堅信在南非追求自由的過程中，武裝抗爭是絕對不可避免的過程。也許在此時，我們應該放棄所有無止盡的戰鬥、對理念的爭執、追求美好世界的嘗試，試著放鬆下來，從此進入身體的奧秘和神秘的共生之中。至少，一個人的身體就是一個整體，不能分裂成上百萬個自我、百萬個不同的傾向或者矛盾——像政治運動一樣。

纖細的手指爬過我的右肩，一路深情的沿著我受傷的短臂向下移動。我的內心靜靜的顫抖著，我受傷的部位因著如此體貼的對待，而得到肉體上的安慰，我深受感動。

「你很幸運呢，傷到右手臂。」她說話很有力，我在想她的英文是不是說錯了。

「但我是右撇子，或者說，我兩隻手都很好使[7]。」我從來不會放過任何開玩笑的機會。「我的兩隻手一樣都沒什麼用。」

「那就是我所說的，我們的右手是好鬥的一邊，尤其是男人，我們都用右手把世界拒於外、試圖用右手操控一切，但左手則代表我們的天性中溫柔和接受的一面。現在，你必須用自己比較柔軟的那一面面對世界，所以你會成為一個比較和諧的人。人可以讓溫柔的這隻手比較活躍，但是反過來說，要讓主導的手變得比較溫柔，是很困難的。」

她從來沒有這麼肯定的對我說過話。許多年以前，我曾經被單獨監禁，那次經驗讓我充分了解自己的心理，而這次爆炸則讓我積極——而且也是無從選擇的——碰觸了自己的身體。昨天，我和瑪格麗特、我的朋友和她的同伴一起去市裡的溫泉和三溫暖。傍晚時，我們四個人脫光了共浴，親密的共度了悠閒的時光，滿溢著無拘無束的友情，這是裸體帶給我們的。我很珍視其他數不清的共浴者願意接受我的同志之誼，維也納的人們對我一無所知，但是願意與我裸裎共浴，而且就像歡迎夥伴一樣的歡迎我。

「你知道嗎？」她繼續用溫柔但是嚴肅的聲音問我，她的手指一邊撫過我的肩胛骨，那個地方好像是我手臂的所有神經都交會在一起的地方。「今天我只能告訴你這句話，因為你願意接受。除了給予之外，我們也必須學著接受。我們大部分都不懂得接受。」

我發現要用感官的體驗去接受一個訊息，其實比存在上的經驗容易得多，但我還是覺得我們的關係有什麼不一樣了，是被施與受塑造的感覺。她的身體和手的律動充滿節奏，而且對於我是極端個人的。沒有任何性的成分，但我可以感到彼此強烈的身體關係、一種很私人形式的給予、一種極親密的關係，她顯露出她所認為的女性世界觀，而我正學著去接受。與性別相關的世界觀問題和自我肯定的方式困擾著我。那天晚上，我在瑪格麗特的住處談到了經歷炸彈的事，當時我聊到：我非常感激有女性朋友到醫院來看我，因為男性都不懂得表達身體的情感和柔軟，這時我想到瑪格麗特和我那位主張同志權的朋友也在場，所以我感到有些慌張。我曾經完全不同意因性別而造成的差異——尤其是如果用這種差異來正當化某些特權、或將某些對象排除在外，但是現在我覺得：我們男人——也包括自由鬥士在內——非常欠缺表達重要人性特質的能力，如果多一點女性化——或者只要去男性化，這整個世界都將變得更好。問題是我們的朋友會覺得：我很容

7 譯注：同一個英文字也有「搞兩面派」的意思。

易接受男性對女性、或女性對女性的溫柔；但是接受男性對男性的溫柔就困難得多了，這沒有任何具原則的理由，只是出於習慣。不過我還滿幸運的。當我正要說到關鍵部分時，他閉上眼睛而且睡著了。

「你喜歡昨天的三溫暖嗎？」她知道這個問題的答案，但還是想要聽到一些愉快的回憶。

「『喜歡』不足以說明我的感覺，我熱愛三溫暖，它是池子裡的大事。」

之前在英國時，我想要游泳，這個嘗試充滿了苦難。有一天下午，史蒂芬妮帶我到一個物理治療師朋友的家，他篤信宗教（「我為奧比祈禱，我希望他不介意」——我不介意，我興奮得不得了），而且有一個很大的溫水游泳池。我有超過十年沒有看過史蒂芬妮穿泳裝了，我們在海邊共度的最後一個假期，對我們兩人都是一個痛苦的回憶，我們現在又像對情侶一樣，來造訪我們的朋友，當我很不舒服的滑進水裡時，史蒂芬妮抱住我。我們在醫院裡也曾經親吻和擁抱，但那都是合於禮節的，我們談論生活、孩子、我們的努力，但我們不曾像現在在泳池裡一樣，肌膚相親。水讓我害怕。我打著寒顫，覺得我自己一直在往下滑，沒有辦法適應小波動或水的流動。我試著仰躺，史蒂芬妮和她的朋友支撐住我。我不顧一切的想要立刻離開泳池，強烈的程度就像我如此珍惜我所得到的力量和愛。

昨天晚上，我坐在非常熱的三溫暖中，揮舞著毛巾，使蒸汽衝擊和流竄在我們出汗的肩膀上，我愉快的一頭鑽進冰水池中，接著又進到溫泉池。水和泡泡濺得到處都是，而且因為裸體帶給我們最自然的感覺，我發現我自己也越來越離開團體的保護圈。我扶著池子的邊緣，雀躍得跳這兒跳那兒，重生的自由拉著我的身體穿過水中，我感到益發歡樂。有一次，我發現我就在一扇橡膠板門的旁邊，我知道它是通向室外池的入口。好的，好的，我告訴自己，我要到外面去。在黑暗的夜空中，星星隱約可見，水面升起的蒸汽飄進寒冷的空氣中。戶外幾乎只有我一個人，池子周圍的景象朦朧而模糊。好的，好的，我又重複一遍，我做得到的。我移到一個角落，讓我的身體浸入水中，我也做好可能會喝到水、或嗆到的心理準備。我瘋狂似的向前揮動我的左臂，用狗爬式向前移動，還打算同時踢腳。我划了一步、兩步、三步、四步、五步……我游過了那個角落，而且滿懷喜悅的扶到了泳池的另一邊。我划了五步，我一直讓頭在水面上呼吸，我心裡充滿勝利的感覺，就像我在六歲的時候，在約翰尼斯堡動物園湖（Zoo Lake）的室內游泳池，也一樣划了五步，讓頭在水面上呼吸。

「我又再一次學會游泳了，太棒了。」

現在這種纖細的觸感，像是有什麼，舒緩而溫暖的拂過我的背，那是一種誘人的挑撥，一再往下、往下，越來越下面，越來越下面……接著停了下來。我躺著，充滿狂喜和麻刺的感覺，想到我的身體還有些部位沒有被碰觸到。我的朋友調整了她的姿勢，開始為我的腳塗油。但我不是很確定……有油在我身上嗎？……它讓我的皮膚和肌肉覺得很舒服，但是讓我想起那些無所事事的富人，讓我想起埃及豔后，而不是她的奴隸。這種呵癢的感覺從我的腳開始，慢慢往上移動，通過我的腳踝——當我走路時，它們總是很不靈活，而且會痛，再通過小腿，從我的膝蓋後方穿過去，向上到大腿，通過還留有砲彈碎片的地方，向上、再向上，到了那裡——我的皮膚特別敏感的地方，又往上，再往上……然後停了下來。

我的整個身體都很愉快，房間很安靜，我希望按摩永遠不要停。我想要放棄爭取自由的奮鬥了，我想要永遠躺在這張床上，永遠在這個施與受的極樂狀態中。

「你很幸運呢，要回到倫敦，」我的朋友說。

「為什麼？」

「因為那裡有全世界最好的按摩院。有各種不同種類的按摩，各種不同的技術和理論。有些人是按摩體內的器官，有些人按摩肌肉，有些人則集中於氣血。按摩肌肉可能是有害的，你要小心，不要選到不好的按摩師，最好是選針對氣血的那種，在倫敦有這種中心，它叫……」

噢，不，在我身體所享受到的極樂之中，我的靈魂發出了呻吟，噢，不，他們的思想體系分歧遠比我們多，所以我又回到了爭取自由的奮鬥之中……不過還沒結束，噢，主啊，讓她的手指再順著我的氣血遊走一回吧，然後我就會回去了。

32

我希望世界上的每個人都像母親一樣照顧我——除了我自己的母親。她坐在舞台上，史蒂芬妮和孩子們在她旁邊，她已經八十四高齡了，但還有些黑髮（她會很得意的指出這點）。這是一個圓形劇場，所以我們都可以看到彼此，也看得到舞台，楊維克（Young Vic）劇場已經被擠滿了，還有人進不來。他們來看一場特別的義演——《奧比．薩克思的獄中日記》（*The Jail Diary Of Albie Sachs*），而且所有大眾媒體都預告我會在觀眾席中，在結尾時還會被叫上台講幾句話。

在我大概九歲的時候，有一次母親想要牽我的手過馬路，而我推開了她的手，就這麼自己走過馬路。我有點驚訝我會這麼做，但是說真的，雖然我們在過去幾年深愛彼此，但是我從來沒有再牽她的手。直到我覺得自己夠強壯、長大成人了，我才能夠接受她像母親般照顧我。我相信她一定覺得很驕傲，能夠和自己的孫子、前媳婦，第一次一起觀賞以兒子作為題材的演出。當她來到倫敦的時候，對於我們兩個都是很煎熬的；如果有一天，我的兒子以獨臂來見我，不管我外表上看起來如何，我的內心都是在淌血的。我還不夠強壯到向她示弱。我們——她、我的兩個阿姨，和我——在一起共度了一個美好的週末，充滿微笑。我的一個阿姨——在我小時候，都是她幫我縫運動衣——一直對我搖頭，說如果憑我的腦子和我拿到的所有學位，我真的可以成為一個成功的人、當上法官。其實我有一個在開普敦的老同學，就真的當上了法官，他在英國甚至有爵士頭銜，我們最近曾經一起到他位於科茨沃爾德（Cotswolds）的別墅共度週末，我們心照不宣，其實我們都很滿意自己的生活；他以前就希望當一個法官，而且他當上了法官，我以前就希望當一個自由鬥士，而我也當上了自由鬥士。

我的母親很熱烈的在和史蒂芬妮說話；她回想起很多事，發現過去其實有許多樂趣。我在猜：她是不是在說她和喬西．姆帕馬（Josie Mpama）一起被派去組織礦工的事，女性好像比較容易完成這類工作，那是在一個天寒地凍的冬天，她和喬西只有一雙手套，所以她們只好輪流戴，先是她戴左手，喬西戴右手，下一輪就反過來。

大衛．埃德加（David Edgar）根據我的書改編成這齣戲，他說在爆炸之後，有四位奧比．薩克思找上他，想知道我怎麼樣了，他繼續解釋，這四位都是演員，分別曾在不同的戲劇中參與演出。現在他們都一起出現在這齣特別義演中，其中一位還是飾演我，其他三位則扮演不同的警察。我曾經看過一次演出；我經過倫敦，想要看一次皇家莎士比亞劇團（Royal Shakespeare Company）對於原作的重新詮釋。我的隔壁坐了一位美國遊客，演出中間我有好幾次都想輕推他，告訴他：你知道嗎……？不過出於尊嚴——莫三比克式的，我還是沒有這麼做。一開始，我對這齣戲受到的關注感到很驚訝——滿座，我還必須找人幫我要特別票；不過沒什麼事發生，其實這齣戲演的就是沒什麼事發生，它不是一齣有互動的戲劇，也沒有深刻的哲學或是存在論的洞察力，它只是要表達我在單獨監禁時發生的一連串想法和情緒的變動。接著我突然想到，或許就是因為這樣，這個故事才受到關注，核心的人物如此平凡，可能是每個觀眾自己，每個觀眾都可以投射到自己身上，想想他或她在同樣的情況下，會有什麼反應。

今天晚上的戲劇性會更強。觀眾會好奇當他們看到一個人在扮演我時，我怎麼把自己和他重疊在一起，他們也會想像：如果演員知道我在看他扮演我，演員會有什麼感覺。其實事情還更加複雜，因為我知道演員會在想我怎麼看他演我，他也知道我知道，而且我們都知道，觀眾會想知道我們知道了彼此也都知道對方知道之後，會怎麼想……諸如此類的。如果今晚的演出失敗了，我們都得放棄戲劇。我的問題是最後要說些什麼，我要怎麼做，才能夠強化今晚的情緒，而不是拖垮它。

我想要和我的母親打招呼。她一定不會主動和我揮手，她應該記得我以前甚至很討厭她去參加學校的頒獎典禮。我等了一會兒，吸引到她的注意力之後，再用力的向她揮手，並且打了個手勢，表示我也想向孩子們揮手。有幾個人沒有在看我這個方向。

演出就快要開始了，背景音樂正播放著非洲音樂，表演者安靜的走上舞台，我們不再只是坐在劇場裡的一些人，而是這齣劇的觀眾。我想要享受這場表演。我忘了所有事——我原本的經驗、那本書、演出，我只是一個觀眾，我會為劇情笑，也會為劇情感動。在這種時刻，我會很高興我把這些全寫了出來；當書寫好之後，當你的手指翻開第一本書，經過那些有感和令人興奮的時刻，經驗就會消失了，接著你就能夠繼續過你的生活。我喜歡現在這個狀態——年輕的奧比（和他心中那把熊熊的憤怒之火對抗之後，勝利的年輕奧比）現在只不過是中年奧比的助力。大衛把我內心其實很冗長的長篇獨白，流暢的寫成了十分值得讚許的戲劇作品。

「噢，這就是它的樣子……」演員在描述單人牢房的樣子，以及鎖在水泥小方塊中的東西。我看著他的頭髮，聽著他的聲音——有一點南非腔，讓我自己接受他所指涉的東西。觀眾對於小玩笑和一些反諷笑出聲，隨著故事慢慢的開展，可以感受到觀眾也益發投入，有一種很強烈的親近感，觀眾越來越願意努力、願意分享這一連串反射出來的經驗。我很高興在下面舞台上的那個人發揮得很好，觀眾看起來很喜歡他，也覺得他說得很有趣。吹口哨的橋段讓我出了神——德弗札克（Dvořák）的《新世界交響曲》（*New World Symphony*）的〈念故鄉〉（Going Home）樂章，在牢中，我常用口哨將這優美的旋律吹給不認識的人聽，而他們也會吹回來給我；不論在什麼時候，只要聽到這首歌，我都會熱淚盈眶。第一幕差不多要結束了，演員在自白：有一天他要把牢裡的事寫成一齣劇……我還記得在牢裡的時候，我對寫一齣劇本這個念頭有多麼的熱情。這是我戰勝孤寂的方式，當我覺得自己在這個世界上毫無價值、也沒有意義時，也是用這個理念來克服自己這種想法。在腦中架構這齣戲，是一個極需要想像力的活動，它讓我在那個時候得到了人格，也向我保證在將來，會有人來聽這個人的故事、幫助他從單獨監禁中脫離出來、信任他、欣賞他，甚至向他喝采。在我最快樂的日子裡——或是說，在我最不沮喪的那些時候，我甚至幻想這齣劇會在倫敦的劇院上演，不知道為什麼，英國人給我的掌聲好像比其他地方的掌聲更有價值。而現在，我真的在倫敦的劇院了，而且我還將要一起鼓掌。

「……最難的部分是要確實傳達給觀眾被單獨監禁的感覺——什麼事都不能做，只能一直盯著牆和你自己的腳看……我會要求觀眾盯著空無一物的舞台三分鐘……三分鐘就好……」大衛很巧妙的把這安排在第一幕的結尾，演員靜靜的坐了下來，我看著他，想起了那些在地板上度過的無盡歲月，重複看著我的腳、牆壁，再看回我的腳，只有現在，我才對我所設想的橋段能夠起作用感到十分興奮，寂靜誘發了我和觀眾的情緒——我對戲劇也一無所知（除了我所喜歡的），我們創造了一個不同、而且難忘的戲劇時刻。

鼓掌聲充滿了力量，我的喜悅瞬間瓦解，泫然欲泣。我的兩手合不在一起，我沒辦法拍手，我沒辦法像以前一樣表達和釋放我的興奮之情，我被觀眾排除在外了。在每一幕之間，我只能安靜的坐在這兒，我被注視著、與這麼多人打招呼，我沒辦法承接所有情緒，我是在和每一個人微笑嗎，還是哭喪著臉？

我有一個好朋友站在我這邊，知道我有一個在文化上知識豐富的同伴，會從任何地方進入我的世界——就如同我進入她的世界，這件事對我具有穩定的作用，我住在她的住處，我們會徹夜長談電影和愛，然後到各自的臥室中，分別作著自己的夢。她是反種族隔離政策的文化資金籌集活動的主辦者之一，該活動提供部分《獄中日記》讓人閱讀，而且正在籌畫我在爆炸案之後的第一次公開露面，我與反對黨主席、和他的夫人共用一間更衣室，而且當我通過廂房時，還差一點絆到哈羅德·品特（Harold Pinter，劇作家）的腳——當時我正在想著要將自己介紹給嚴峻的英國文化圈。

誰把手放在我的脖子上，有一個紮紮實實而且充滿愛的力量抱住了我。我抬起頭，看到一個女人的臉——有著黑色的短髮，大大的微笑露出一口堅硬的白牙，皮膚黝黑，南非口音，看起來很有教養。

「奧比，是我。」

她一邊抱住我，一邊搖我的肩膀，而且很快樂的直直看著我。我想不起來她是誰。

「是我啊……多蘿西（Dorothy）。」

我奮力的站起來。

「多蘿西！」我快樂的叫了出來。「多蘿西！」我想要向觀眾介紹多蘿西，而且我知道這晚我要做什麼了——只要多蘿西同意。我向她耳語，她說沒有關係。

第二幕很順利的進行著，觀眾很熱情，也很不吝給予鼓勵，而且對於殺時間的戲法和遊戲特別有反應……文字接龍，要在七個字以內從監獄（JAIL）接到自由（FREE）——監獄（JAIL）……失敗（FAIL）……掉下來（FALL）……砍倒（FELL）……感覺（FEEL）……腳（FEET）……苦惱（FRET）……自由（FREE）。用字母A開頭的歌……總是（ALWAYS）……我總是會在這裡的，年復一年，就在這個小房間裡，我很確定……B……因為（BECAUSE）……C……查梅因（Charmaine），都是在我青少年時期的歌，有些因為復古風又重新流行起來了。監獄的指揮官好像是各種事情的專家，甚至連地球的確實年紀（五七九四年）都知道，這個角色得到了很多笑聲，他被演得很有同情心，我很喜歡這樣。

最後一幕很有力，飾演奧比的演員跑向海灘，足足有六哩路，他以前從沒跑過這麼遠，他很興高采烈，因為他活了下來、而且自由了，他穿著衣服衝進海裡，朋友喊著他的名字。時間過去了，他又再次接受審問，這是兩年後的事了，他受到拷問，被剝奪睡眠，而這次他倒下了……我希望這齣劇的結尾不要這麼悲傷，但這是事實；離開南非的時候，我受到非常沉重的打擊，我不只失去了一些純真——如同我在劇中所說的——我也失去了大部分的樂觀。

掌聲不絕於耳，演員謝幕了好幾次，我用盡最大的力氣，用手一再捶打大腿。掌聲到達一個顛峰，而且持續了很久；這是一個在劇院度過的不平凡夜晚，我們都希望它是值得紀念，而且夠特別的，透過演員、導演和劇作家，我們表達出對炸彈策畫者的唾棄，和我們人類彼此的團結。熱烈的掌聲又持續了很久，直到大衛．埃德加走上舞台，才突然停了下來。

今晚已經接近尾聲了，但我還是不知道要說什麼。我知道一切都會很好的，因為我現在充滿了深刻而美好的情緒，我的家人就在那裡，還有我的外科醫師、BBC的人、職能治療師和倫敦醫院的行政主管（他不希望我寫出他的名字）、沃爾菲、我的律師朋友亨利（Henry）、我的好夥伴薩爾（Sal）、洛拉（Lola）、梅克爾（Merle）、喬爾（Joel）和蓋伯茲（Gabs）——我出院後一直和他們在一起，還有幫忙策畫今晚的貝基（Becky）和肯尼（Kenny），以及特別來和我在一起的每個人，而且，如果我沒有辦法應付好這個場面，我活該在以後的歲月中一直被送去開會，如果我在魂牽夢縈了幾個禮拜之後，依然沒辦法即興做出好演講，那我幾乎算是已經死了。彼得．麥克內里（Peter McEnery）——第一位奧比（如果我不算的話）——和大衛一起走上舞台。他走動得如此輕盈，即使平常的講話，也是用皇家莎士比亞劇團的聲音，看似不經意的看向每一位觀眾，優雅的轉向四面八方，讓劇場沒有死角。我會坐著，使用麥克風，我不敢再逞強了，免得牛津的悲劇重演。當我第一次與彼得見面的時候，我有點不自在，因為想到他今天飾演我，但之後可能就去扮演希特勒，而我對於這種戲劇上的交雜亂象，沒有辦法毫不介意。但是現在，他非常體貼而敏銳地指出，我對於他並不只是一個沒什麼的、這檔在演的角色，我這個角色的經驗對於他而言具有真正的意義。我不太常希望我能夠像另外一個人，但我真的很希望有他的姿態、他說話的態度——輕鬆自若而不會讓人有壓力、他駕馭舞台的能力——能夠如此自然的在舞台上行走。

現在輪到我了。我站起來，慢慢走下階梯。不必急，人們應該有時間等我表現自己，我需要一點時間去體會這個大廳的感覺、感覺觀眾在哪裡、找出我要怎樣才能看到每個人。當我走到舞台邊緣的空椅子時，觀眾益發爆出如雷的掌聲。

每個人都在等，就在這個時刻，今晚會停下來，成為我生命中的一部分，而且其實也形塑了我生命中的另一個部分，我溫柔的復仇，在此時達到最高潮。我讓身體向前靠近麥克風，我知道我所說的第一個字會最重要——打破沉靜的那第一個字，也會形成在場大家心目中的你。

「在劇中飾演我的演員說，他在牢中失去了一些純真。」我聽到我放大了音量、很清楚的說，我控制自己的聲音，儘量輕柔、令人舒適。「這樣說也許有點奇怪，不過那顆炸彈似乎帶回了我的一些純真。其實，要我處理大事好像很簡單，反而是小事讓我覺得困難許多。今天晚上就發生了一件小事。我沒辦法拍手。我感到我應該為今晚這麼棒的演出鼓掌，但是我沒辦法照我心裡所想的做，我聽不到我手掌互擊的聲音，沒辦法體驗我的肉體互碰的觸感。其實我可以克服這個問題，但我還是需要大家的幫助，製造出最棒、最熱烈的掌聲。我會發出一些聲音，讓我覺得自己在拍手，但我希望這是我們大家一起完成的事，所以請大家幫我這個忙。」

我在碰運氣，以前我從來沒有這麼做過，我純粹訴諸於感情。我舉起左手，靠近臉，然後開始打我的臉。啪，啪，啪，啪……聲音沒有很大，但確實是肉碰到肉的聲音。觀眾剛開始被我嚇了一跳，但接著他們就開始鼓掌了，熱烈、緊湊、斷斷續續的，我把臉轉向演員，但是還繼續用手拍打我的臉頰。啪，啪，啪，啪……掌聲很熱烈，好像太熱烈了，我感到好像是被我在後面推的，不過我知道待會兒就會緩下來的。有些觀眾漸漸同步了，掌聲達到最高潮。我舉起手，暗示大家停下掌聲，並且再次把身體向前傾，靠近麥克風。

「你們都聽到了劇中用口哨吹的〈念故鄉〉這首歌。吹口哨的人救了我，在重要時刻帶給我勇氣，穿過重重的金屬和水泥，讓我聽到。事後我才知道吹口哨的人是誰。大衛．埃德加把幾個人物綜合成吹口哨的這個角色。其中一個人物在現實生活中入獄了好幾次，最後被刑求至死，是一個非常悲劇的人物。但是我要很高興的說：真正吹口哨的人——她是一位女性——今晚也來到了這裡……多蘿西．亞當斯（Dorothy Adams），妳可以到舞台上來嗎？」

有一排出現了一些騷動，每個人都在四處尋找，而當觀眾發現多蘿西的身影出現在走道上，並且往下走上舞台時，整個劇場爆出了如雷、而且令人激動的掌聲。我起身歡迎她，我們都散發著光芒，這是我們生命中一個美好的時刻，我們在這麼多證人的面前重聚，用此時的姿態顯露我們的決心——我們要活下來，看著我們的人民得到自由。當我在牢裡的時候，我常常會想：不知道多蘿西怎麼想我這個白人，就這樣攪和進她認為應該屬於黑人的奮鬥。我曾經看過她幾眼，她總是看起來這麼鎮定，與我自己內心的混亂恰成對比；她後來告訴我，她也是這樣想我的——為什麼我可以看起來這麼平靜？我們互相擁抱，慢慢的轉向舞台四面——就像彼得．麥克內里所做的，這是我們第一次一起在舞台上，不是以黑人和白人的身分，而只是兩個人在一起，互相有愛，而且也愛我們的國家，我們就是明證，證明了種族隔離政策不堪一擊。掌聲似乎可以持續一整晚。我舉起手請大家安靜，並且靠近麥克風，示意多蘿西不要離開舞台。

「還有另一位你們在劇裡聽到的人物也在現場，是在電話那頭的那個人，她希望知道她兒子出了什麼事，就是想要送乾淨毯子給我的那個人……媽媽，妳可以一起到舞台上來嗎？」

我的母親站了起來，亞蘭、麥克和史蒂芬妮滿臉笑容，劇場中的每個人或在微笑、或在哭泣，熱烈的掌聲又達到另一波高潮。我和多蘿西肩并著肩站在一起，我的左手環在她的背後，她的右手環在我的背後。我的母親擁抱完多蘿西之後，便擁抱了我，接著站到我的右邊，但是想起來我的右邊沒有手之後，又優雅的站到多蘿西左邊，和她緊握著手站在那裡。我們三個人慢慢的轉身，我的母親和我在兩邊，多蘿西在中間，熱烈的掌聲不絕於耳。英國人應該是不太會流露感情的，但是許多觀眾都已經在啜泣了，這對我們大家來說，都是一個特別美好的夜晚，我們彼此確認了情感和支持，而對我來說，就在今晚，我進行了溫柔而快樂的復仇。

33

我的腳趾碰到訓練室的地板，我的身體搖搖晃晃的顫抖，我的整個身軀不穩得像是在抽搐，但是我在往前移動，我在跑。我從物理治療師的辦公桌往下走到訓練用的腳踏車，大概跌跌撞撞的走了二十步，但我是在跑。我從蝸牛的速度加快到烏龜的速度，但我是在跑。固定會來的病人們躺在訓練室盡頭的長椅上，彎曲膝蓋，給腳踝刺激，用腳背練習舉重，他們好幾週沒有看到我了，他們現在看著我，帶著進步——從最初是幾乎根本上不去腳踏車，到我可以搖搖晃晃的、虛弱的讓自己離開地面（像隻初生的小馬），到現在，我有勇氣做一點小跑步了。現在我完成三趟了，而我確定我可以做第四次。

砰……踏下……砰……為了一些一直縈繞在我腦中的事，我必須能夠跑，否則這趟就是白費的了。我告訴過大使，他說隨時歡迎我。我沒有和任何人說，但是我必須讓自己準備好。

我的左腳僵硬，很難看的往下垂著——醫生說這叫作「足下垂」，我的右腳踝一碰就痛，而且很難彎曲，我必須要用意志力，才能讓身體一步一步往前，但是我在跑。每一次碰到地板時的顛簸，都會讓我一路從膝蓋、關節顫抖到臀部，再往上到脖子。只要再走半趟，我就會完成目標了，我一定要再走下去，雖然我沒有衝力，也沒有持續力了，只有靠著意志力讓我搖搖晃晃的保持前進。

我做到了，完成了四趟，而且我還能夠再多走幾趟。但是我要先躺下來，小哭一下。每當我完成了一個新進度，身體上的進展讓我的身體振作起來，我都覺得我需要哭一下，因悲傷而引起的小小顫動，與喜悅一起流遍我的全身。我慢慢的在長椅上坐下，努力挺起胸膛，把頭埋進手臂中，這樣我就只有肩膀露在外面了，我開始無聲的哭泣，沒有眼淚。我沒有太多情緒，身體的創傷帶給我的痛苦——內或外——已經太多，所以我會盡可能的利用這些時刻——有時候甚至是在人前，讓我的創傷靜靜的爆發出來、流走。

我確定我可以做完八趟，我要再試一次。我讓自己就定位，就像是比賽要開始之前，數到三，然後再一次東倒西歪的向前跨出去。踏下……砰……踏下……。我必須要想點快樂的事，好讓我的腳和身體在我想些有的沒的或是作白日夢的時候，會自己移動。

《分離世界》（*A World Apart*）[8]，多麼動人的一部電影，雖然我在看完之後，有六個小時講不出話來，片中講到露思的女兒如何看她，這讓我深受撼動。這是一件多麼令人感到舒服的事，可以在一個作品中看到每件事都是純潔的——電影、表演、故事本身，和它所喚出的露思死後、我們繼續生存的世界。我看過一個劇評，批評這部電影的重心放在一個白人家庭身上。這是真的。在這個以西方為主的世界，我相信如果一個白人失去手臂，所引起的震撼會大過四個黑人——甚至是四千個——失去手或腳。我們這些人知道事實上有眾多受害者——但他們不為自己社群外的人所知，我們有責任把事實說出來，並且讓這個世界知道，事實上有上百、上千甚至上百萬的受害者。還有更重要的是，我們必須讓環境發生改變，讓黑人藝術家可以直接用他們自身的經驗、他們對奮鬥的願景進行創作，就像他們現在在劇場、音樂和舞蹈中所呈現的——如同米瑞安（Miriam）、休（Hugh）和阿卜杜拉（Abdullah）所做的，也如同電影中即將出現的——其實《麥邦蘇拉》（*Mapantsula*）[9]就已經實現了，它是《分離世界》的姐妹作，由黑人和白人的電影工作者共同抓住機會、一起工作，在約翰尼斯堡完成了這部電影。當我被監禁的時候，我感到特權甚至跟我一起進了單獨監禁的牢房，這也造成了我的痛苦。現在我又知道了——不過沒那麼痛苦——就算我是一個爆炸案的受害者，特權依然跟著我。

七個月過去了，我生活中的大小事也似乎就定位了——嗯，我是說幾乎每件事。在爆炸案中倖存下來並不是一個奇蹟，那是爆炸力道的角度和空氣動力學、還有發散方向的問題，但是我在倫敦可以不靠錢就解決經濟問題，這就真的是一個奇蹟了，而且看起來是在主教和國際防護與援助基金的幫助之下，讓這個奇蹟發生的。他們為我成立了一個特殊基金，讓我可以接受大筆貸款，讓身體康復和重新融入社會；人們願意付出，這筆錢源源不絕的流進來，它們來自加拿大、瑞典、荷蘭、挪威，以及其他許多地方，而我還回去的錢，將用來成立一個特殊的基金，幫助其他較不為人知的種族隔離政策受害者。所以我的買花之舉是沒有錯的。

在訓練室裡往下走時，我的腳步還是有點踉蹌、搖搖晃晃的，但我感覺抓到了一點節奏，而且好像可以走到八趟的兩倍——十六趟。我的呼吸很沉重，但是我的肺還承受得住，所有問題都在我的大腿。

就連我的工作問題都自己解決了。有一位來自倫敦大學（University of London）的人問我想要做什麼，我說我想要研究如何制定民主南非的新憲法——一部超越種族的憲法。太好了，她說，我相信福特基金會（Ford Foundation）或是挪威、瑞典的發展機構會提供贊助給你……我很

8 譯注：一九八八年的英國電影，以反種族隔離政策為主題。

9 譯注：一九八八年的南非電影，內容也和種族隔離政策有關。

遺憾我沒有買更多花，而且我比以前更確信：像我們這樣生來就有特權的人，更不應該浪費時間在鄙視自己，而是應該盡可能堅定、有力的投入一場戰鬥中，為了我們生來就幸而擁有的東西奮鬥——我們的知識、我們的遠景、我們的文化（用我們的特權讓我們無法享有的東西，來豐富我們的生命），還有對那些受壓迫者的文化和渴望保持感受性。

十六趟也沒有什麼，我還可以再做兩倍——三十二趟，說不定做到五十趟。我走得跌跌撞撞的，但是一直在走。我在心理上是個慢跑者——就算在身體上不是，在我跨越了努力的臨界點之後，便感到我可以永無止盡的走下去，而我也在這時達到最快樂的瞬間。

有一天，再有一天，白人又會成為美麗的存在。是一個莫三比克的領導者這麼說的：白人是美麗的存在。他的祖母是非洲人，而祖父是葡萄牙人，當我們問他：他的政府是如何看待「黑人是美麗的存在」這句話時，他說：「黑人是美麗的存在，棕色人種是美麗的存在，白人是美麗的存在。」那正是我們所期望的——我們對南非的期望，對世界各地的期望。當白人認為黑人醜陋時，他們自己也變得醜陋了。而現在——很諷刺的——是黑人要幫助白人發現他們自己的美。

我感到越來越開心，這是一個好兆頭。自從第二次手術之後，我一直不怎麼想動。我發現在手術之前，當我在電腦上準備寫第一封信時，我寫的第一段在談論一些像是月球漫步的活動，但是在手術之後，我幾乎無法完成這封信。我必須要在接下來的幾天之內保持頭腦清醒；如果我的腦袋無法正常運作，我的計畫將會變成一場災難。

砰……踏下……砰……踏下……我的腳步依然踉蹌，但我已經覺得五十趟算不了什麼了，說不定我還可以再走兩倍。如果我走一百趟，而且每趟都是二十碼，那表示我走了兩千碼——一哩。我做得到的，我知道我做得到。信念、意志、內心的火花——不管我們叫它什麼，那只是戒律、或是想當一個好病人的問題。我不會在家裡做訓練（雖然我被建議要做），在這個意義上來說，我是最不好的病人，但我也是最好的病人，因為我很積極的生活著，所以自然會有很多活動。感到快樂，我就能夠再度游泳，也是因為開心，會讓我跑得更遠——甚至超過物理治療師認為適當的距離。

我的跑步鞋重重的踏在地上。左腳、右腳，踏下……砰……再過幾天，我就可以去旅行了……左腳、右腳……像個富人一樣……踏下……砰……有很大的放腳空間……踏下……砰……用一次短程旅行……踏下……回到莫三比克……砰。

第四章

34

我的兩隻腳快樂的踩進沙地裡，雖然腳步沉重，但是沒有發出任何聲音，只有閃爍著光的浪花不停拍打，還有我欣喜若狂的大口吸著空氣。我把腳趾頭伸進沙堆裡——潮水已經從這個島的廣大海灘上退去了，沙子被溫暖的陽光曬得乾乾的。我很黑，我活著，而且我自由了，我不停的慢步跑著，一邊得意洋洋的對著自己放聲大笑。我把船、保安人員和我的朋友都甩得老遠，好像覺得我的腳可以永遠走下去。我必須在哪裡停下來……也許到了那個大大的、斑駁的、在陽光下發光的圓木那邊吧……不，我還可以再走遠一點，到那棵樹的對面……嗯，其實走到那個露出的珊瑚那邊，也只有一百碼……我必須停了，我覺得我有點太瘋狂了——陽光、海洋、回到馬布多、感到海沙在我的腳下，我正在完成我被打斷的海灘之旅，而這次我將跑向勝利——我一個人，伴隨著廣大的藍天和藍綠色的大海，我的足跡將留在無人的海灘上。

那個不說，奧比……哈，哈，哈……那個不說，林肯太太，您喜歡這場演出嗎？……那個不說，甘迺迪太太，您喜歡經過達拉斯的這一路嗎？……那個不說，奧比，你喜歡在海邊的這一天嗎？很冷的美式幽默，而我的答案是：是的，是的，是的，我喜歡，是的，是的，是的，我正在享受，我在海灘上的每一天、每個月、每一年。

當我們完成在珊瑚礁上的潛泳之後，我偷偷的跑走，似乎沒有人注意到；就連保安人員也還躺在毛巾上擦乾身體。我喜歡用救生圈在水面上漂浮，看著許多藍色、黃色、橘色和黑色的魚，在乾淨的熱帶水域中閃閃發亮，我划動左手，讓自己轉了一小圈，一邊覺得沾沾自喜，因為我似乎有勇氣在船的邊緣移動，並且將自己放在海上。

我什麼都知道……哈，哈，哈，哈……那不有趣，但應該有點好笑……我知道是誰想殺我。他大概三十歲，是個大嘴巴的大塊頭，有一點小鬍子，是個安哥拉黑人，隸屬於南非特種部隊（South African Army Special Forces），大概在兩年前來到莫三比克，帶著炸藥，奉命來殺我。我是在一次聖誕節派對時，無意中知道這件事的。我正在吃雞，聽到旁邊的人在閒談：「所以他們抓到了要殺奧比同志的那個人……」「什麼？」我叫出聲來……接下來，我知道有些與莫三比克國家安全單位一起工作的非洲國民議會成員見過他，他沒有隱瞞的說出其實他們花了很長的時間把炸彈放進車裡。他的上級（他非常敬重這個人）是一個白人（南非陸軍中尉），已經逃走了，他也指出還有第三個人，那才是實際把炸彈放進我車裡的人，但是他說不清楚這個人，所以我們的人認為其實沒有這個人存在。

我去見過一些高層——滿懷歉意的帶著說詞，問他們：呃，我是否可以見見那位想要暗殺我的人？我不知道我在想什麼，我可能只是很好奇的想看看他，想要出現在他面前，並且從他那裡得到一些人性的回應。我對他沒有任何憤怒的感覺，我只是想讓他看看我，定位好彼此的關係，讓我不再有那種可怕的感覺——覺得對他而言，我只是一個要被消滅的物體，而且是越依循科學、越冷血越好。或許我也有私心，想要卸除他的武裝（很有趣，但這確實是我當時想到的字），也想鼓勵他談談他的團體是如何運作的（我還留有當律師的習慣；我的同事甚至曾經說過：我是開普敦律師進行交叉詰問的前幾把交椅——這讓我很高興）。但那時是聖誕節的前後，部長去度假了，沒有人可以核准我這不尋常的要求，所以我最後還是沒有見到他，對我來說，他也始終只是別人的描述。

誰知道他會發生什麼事呢，也許他會被和誰交換，也許他還等不到判決，就被關了好幾年。我發表過我的看法——但只在一次電台訪問中、不正式的發表，哈，哈，哈，哈，只有我自己知道我所說的話的意義，那對我來說是十分個人的，我告訴採訪者：如果抓到了要為放炸彈這件事負責的人，我最強烈的願望，是希望他（或她）能夠在審判一般人民的法庭、受到正當法律程序的審判，如果證據不足以證明他有罪，希望他最後能夠以無罪釋放。這樣說讓我私底下感到極大的快樂。會宣告無罪的風險是最基本的，因為如果在莫三比克建立起強大的司法體系——一個人民有信心的司法體系，一個根據國際間共通準則運行的司法體系——將會證明我們多年來的努力，而且除此之外，它還是我個人對於炸彈客的勝利，這將完全彰顯出我們的價值觀優於他們的，這是我這次溫柔而甜蜜的復仇中，最完美的結局。

我的影子落在我的前方，跳過了潮水留下的痕跡和片片浮木，我的頭和肩膀軋在一起，因為太陽剛好就在頭頂上，我的左手是一個搖擺的小黑影，而我的右手則完全看不到了。我已經習慣生活中沒有手了，但是每當我在白沙上看到這個扭曲的、短短一截的圖像時，總還是有點嚇一跳。

我轉過身，費力而快樂的順著我的腳印大步往前跑。他們都還在很遠的地方，穿著貼身泳衣的保安人員——我很好奇他的手槍要放在哪裡？——我們從辛巴威來的朋友，還有露西亞，穿著她那一襲全藍的緊身泳衣——那是我們上一次放假時，一起在里約（Rio）選的，色彩鮮豔奪目，就像她的個性一樣。我的胸口很重，我必須把腳放在沙裡，才能夠繼續前進，但我實在太開心了，所以很容易繼續保持這種躁動的節奏。

我什麼都知道，哈，哈，哈，我興奮過頭了……我甚至知道為什麼在手術之後，我可以在醫院裡馬上就這麼開心，而且為什麼今天——雖然我失去了一隻手和一些視力，臉上還留了一些印記（我的一位同志說：布爾人〔Boer〕在我身上留下了像坦波一樣的花紋，這讓我像個非洲人了）和彩色的疤（我的好夥伴薩爾說那很配我的眼睛）——但我還是這麼開心。有人說我感受到那些存在的活力，就像在一個不信神的世界中禱告，只是因為對存活下來感到寬心和懷疑，但我覺得其中的內涵遠大於此。

自從我十七歲、坐在一個標示著「限黑人」的椅子上開始，我就做好了會碰上炸彈的準備，也許不是像這樣的炸彈，但我一定會碰上種族隔離政策的勢力，而我總是——有意識或無意識的——在想我是否禁得起考驗——我會活下來嗎？我夠勇敢嗎？我會很快的掌握住我的信仰嗎？當你處在那個時刻，就是會發生這件事，你會讓自己一直接受試煉，懷著恐懼、些許的懷疑和勇氣，開始一段個人的旅程。別人的大無畏精神滋長了你的想像力，你讀詩、讀獄中的回憶錄，還參與了抗爭的大型口述傳統，在這場奮鬥中，勇者和有遠見的人的功績，形成了行為和個人道德的準則，既鼓舞了你，同時也讓你感到恐懼。在幾年之間，你會漸漸開始感到緊張。你在等待那個重大對抗的時刻，日日夜夜、每分每秒都在想，會發生什麼事、你會怎麼決定自己。我的時刻來了，不過我還大致完整的活了下來，而且我的直覺夠強烈而且確實。這可以讓我被其他人欽佩，但是讓我感到內在喜樂的，是我知道：我滿足了最深沉的渴望，並且克服了我最私人的不確定性。過去數十年來，抵抗的文化滲透到我內心最深處的靈魂，因此讓我得以獲勝。就算是現在、在全世界各地，人民的抗爭文化正在進行一場有深度、必要、有時也是雜亂無章的轉變，但我們還是可以用未曾迷失的尊嚴回顧較早的一代——是他們確立了高貴行為的大致模式，如果我的行為在任何方面符合他們的行為，他們也會深感滿意。

他們可能還想殺我，讓它看起來像場意外，或是在組織中插個人針對我，但是我不可能永遠逃下去。所以我來到馬布多，以克服我個人的恐懼，免得我覺得有一部分的世界會拒絕我，而且我所做的工作和我所碰到的人都對我有益。所以，那顆炸彈雖然把我帶到鬼門關口了，但是並沒有很大幅度的改變我、或是我的生活——如果還是有任何改變的話，是我覺得更自由、更輕鬆、更沒有束縛了。我所做的第一件事就是重回爆炸現場。我要求我的同事——儀太——把車速放慢，看看我的心臟會不會跳得怦……怦……怦……。我沒有顫動，甚至沒有一點點的激動。從那件事之後，這幾個禮拜一直充滿著……悲傷……有一天早上，我帶著最深的情感和穆薩吉一家在一起，他們的丈夫和父親在昏迷七個月之後過世了……

……驚喜……我沒有告訴任何人，就直接出現了。這樣對我來說比較容易、比較自然，人們幾乎要昏倒了，說他們還以為我是鬼，有一些人流下眼淚，但大部分人快樂的尖叫——在醫院、在朋友家裡、在工作場合，但是最大的驚喜還是別人給我的。有一次我接受完莫三比克電視台的採訪、差不多要回家的時候，這群人告訴我：就是他們把我拉到安全的地方的，當他們（其中一位是一個朋友）急忙的要把我送到醫院時，我還抗拒，所以我把攝影機轉向他們，開始採訪他們……

……民主……我受到瑞典和挪威援助代表的熱烈歡迎，他們對我真的在那兒感到不可置信，我真的在那兒，正在和古巴大使和同事們說話，他們拿出很大的雪茄菸、圍著我要聽整個故事，我也在美國大使官邸的陽台上，和美國大使一起喝茶，星條旗（美國國旗）幾乎打在我們的臉上（她告訴我她曾為我祈禱，而我再度深受感動），我也和英國大使一家人一起進餐、在席間愉快的交談著，還有非洲統一組織（Organization of African Unity）的解放委員會（Liberation Committee）代表……

……祈福……我遇到的每一個在工作的人——職員、清潔工、園丁和司機，不論他們看起來很悲傷，或是洋溢著幸福，都會說：榮耀歸於上帝！或一切讚頌歸於阿拉！

……榮耀……那位我並非因為他的總統之位才敬愛他的總統，邀請我進去，溫暖的和我談了一個小時，說隨時歡迎我到訪莫三比克，我隨時都可以獲得最熱烈的歡迎。

而我也有自己想歡迎人去的地方。我想歡迎曼德拉同志來到克利夫頓（Clifton）海灘，那明亮奪目的白沙灘上，那是我童年和夢中最美的地方，從羅本島——你待了許多年的地方——穿過海洋，我們可以一起跑過海水的邊緣、穿過岩石，用我們的腳跨過海波。跑去那裡再回來，剛好有一哩，沃爾菲說你以前都會慢跑——甚至在地下鐵中，我們會為腳趾下的沙贏得自由，你、所有其他人——包括我——既然敢恬不知恥的在這個後現代的世界中自稱為自由鬥士，我們這些以前坐過牢的、被拘留的、被流放的，還有地下工作者，都可以擠滿這個海灘，因為我們這個世代是不可摧的，沒有什麼可以阻止我們。我們一直在動，我在跑，而回到家鄉的人們也一直在前進，我會復原，他們也會，我們彼此相伴，我們都經歷過重重打擊，我經歷過這次爆炸，而他們則有各種緊急狀態，但我們都還在前進。

生命很美好，太陽暖暖的，沙子搔過我的腳底，我跑，故我在。希望這世界上的每個人永遠都只有一點怒氣，不過很快樂，希望有一天，所有人都穿著泳衣到處走動，不必考慮槍要放在哪裡，希望太陽繼續照亮大地，而海浪也永遠拍打著海岸。

紐約，二月—五月一九八九

後記

這值得嗎？

我選擇用一段長程、放慢、完全私人但又備受關注的跑步，標示我從組織性的政治活動中退出。開普敦市長親吻了我，之後用手輕輕推開我，讓我展開這十一公里的路程，交通警察為我開道，電視台工作人員倒退著向後跑（他們的小腿肌肉一定很有力），因為要拍攝我的正面，捕捉到我歡天喜地的喘著氣的畫面，當我經過喬瓦尼（Giovanni's）店外的人行道時，腳步變得非常沉重、舉步維艱，這時有一位服務生端了一小杯Espresso（義式濃咖啡）給我（這是比賽所准許的），而當我慢慢（而且笨重）的跑過海角（Sea Point）區濱海散步道的一排棕櫚樹時，亞瑟王寶座酒店（Arthur's Seat Hotel）的工人們對我叫著：「萬歲！奧比同志，萬歲！」這情景就和三十年前我從卡利登廣場警察局（Caledon Square Police Station）跑到海邊時一模一樣。這是一九九四年的事——爆炸案發生之後六年，我流亡歸國之後四年，再一個月，就要舉行這個國家首次的自由民主選舉了，我需要用自己的身體去做一些個人的事，讓我感覺到自己的肉身確實有參與在南非改變的過程中。克利夫頓海灘的純淨白沙在我腳下攪成一團，那快樂的感覺就如同我一直以來所想像的。最後，我終於用一種讓自己都不得不讚賞的勇氣，把自己丟到冰冷的海水中，這時巴澤爾・柯慈（Basil "Manenberg" Coetzee）——開普敦的爵士創作者之一——大聲的奏起他的薩克斯風，於是他和我、還有聚在這裡的所有人，一起慶祝我的身體復原，同時還有我們國家的重生。

何其必要但是又何其悲傷，我這個世代的自由鬥士們，都被迫要將我們生命中的痛苦和各自的嚮往，變成和其他任何對職位的競爭者一樣普通的情緒。我們生命中最苦澀的矛盾，是用盡了畢生的熱情奮鬥，卻創造出一個無奇的社會。雖然對於人權的追求將永不休止，但所採取的形式現在將不同了。我感到我們都贏得了展開新生涯的權利，這是在種族隔離政策之下完全不可想像的，我很欽佩那些跟我並肩奮鬥、願意投入政治工作的同志們，我希望喊出最後一次的「萬歲！」，也希望自己是法官的被提名人，或是——落選之後——去拍電影。我們在一個人擠人、十分悶熱的大廳中開會，要投票表決哪些人要放在非洲國民議會的選舉名單上，我已經因為協商時期的四處遊走而筋疲力盡，所以我死抓住前面的一張桌子，灌了好幾杯水，確定我還醒著。我最怕的就是我在完成名單之前就睡著了，醒來之後就變成國會的一員。我不喜歡競選活動——投給我們一票，我們的政策是最好的，我們是最好的，我們最誠實了——好像正直是可以被測量的。我不希望自己要很焦慮的等電話，等著知道自己是不是被選上了高層的政府職位。最後，我聽到「薩克思，亞伯特．路易斯（Sachs, Albert Louis）」時，站了起來，說：「請把我的名字從名單中移除」，這短短的幾個字使我放棄了四十二年來個人的承諾，以及對目標嚴守的忠實。價值觀還是一樣的，但是內容和形式的確十分不同了。

後來當我終於排著隊準備要投票時，我真希望自己沒有這麼疲倦、緊張，歷史的重量使我睡不安穩，我邊往前進，邊感到一陣恐慌，怕當我走到票匭時，憤怒會攫取我，讓我的手不聽使喚的、可恥的投給了某某人（我的票投給誰是秘密），而不是某某人（我的票投給誰是秘密）。選舉應該是我一生中最快樂的時刻，只有當我在電視上看到首批由老弱的人去投票時，我會情不自禁的真正掉下淚來。〔媽媽，您要活著，我們需要您的票，對於盲眼的人會有特別的協助……我的母親知道我在說什麼：投票不是額外加上去的，那說明了她這九十餘年來的生命，在我母親還是個叛逆的女學生時，她就唱過：上帝拯救了我們慈愛的王，當我們找到他時……〕老一輩的非洲男人和女人認為成就的達成有種安靜、符合紀律的特質，他們在接受採訪時也一定會說：我們花了一輩子的時間在等這一刻，而我們這些瘋子、理想主義者、具有不可能的夢想的人，竟然是對的，我們的生命具有正當性了，我們的信仰也被認可了。突然在這三天間，我們變成了正常人，而其他那些不相信的人，才顯得十分古怪。

我生命中最不可思議的一天突然就來到了，這份震驚讓我好像精神失常了，而不如想像中的歡欣鼓舞。我在隊伍中緩緩前進，等著蓋下兩個不記名的投票章，我即將要擁有對任何人來說都最珍貴的資產了——也就是對光明未來的期待，但又在同時澆熄了它。一旦我們達成了理想，就將永遠不再為它們而活了嗎？我們曾經奮鬥過，想要爭取正常，而現在我感覺我們悲慘的被正常閹割了，它不僅帶來了我們所渴望的黑人與白人之間的政治平等，也帶來了我們和他人（如果讓他們在人權和麵包之間選擇，他們每次都會選擇麵包）之間，令人不安的情感和生活方式上的平等。

我有點好笑的想起——一半是有點自鳴得意，一半帶諷刺——上一次我收到投票用紙的時候。那是在我第二次被拘留的期間，差不多是三十年前，我被關在羅厄蘭街（Roeland Street）監獄的一個小房間裡，還上了兩層鎖，我被施以剝奪睡眠的酷刑，正在慢慢康復中。為了保護自己，治安警察的指揮官羅索（Rossouw）依循繁複的程序打開了兩道鎖，手裡拿著投票通知，把手伸進牢房窗戶的欄杆間，告訴我：薩克思律師，我們是一個民主國家，而你有權投票，我則回答：不用了，謝謝你，羅索指揮官（我們自由鬥士的教養都很好），我不會去投票，接著我就看到投票用紙從欄杆的縫隙間飄了下來。

現在我是用左手——但是很掃興的——寫出和右手以前一樣潦草的字跡，我拿起投票匭的章，同時想起了艾伯特・盧圖利（Albert Lutuli，非洲國民議會的主席，死於流放期間）的話：我們花了數十年，耐心而徒勞的敲門，希望環境獲得改善，但我們的生活卻比以前更糟了，通往自由的唯一道路現在要經過十字。那投票用紙上的十字、象徵犧牲的十字。

不只是單獨監禁、被剝奪睡眠或是炸彈；是監視、竊聽、搜捕、密告、讓你永遠無法鬆懈的壓力——不管我們在哪兒，每時、每分、每秒，每個白天、每個夜晚，他們想要徹底的消滅我們，因為我們期待有一天，南非的每個人都是平等的。（「你是說，你真的相信一人一票？」）說真的，不管它還代表其他什麼意思，新憲法中的人權法案都是我們這一代的反面發展史，讓我們的生命「不再重演」）。我們的對抗都是真槍實彈的直接經歷：壓抑的恐慌、地下工作的持續緊繃、面對戰鬥的同志之誼、離群的痛苦、一直維持的秘密狀態，讓我們當中最誠實的人都成了最大的偽君子。如此黑暗，而我們是這麼近身、熱切，而且，噢，猛烈的親身經歷過。

〔奥比，我不知道為什麼你要我口述我的記憶，它們並不重要……媽媽，那正是為什麼……當奥比被依九十天法被關在卡利登廣場時，我可以去訪視他。約翰才剛在倫敦完成開心手術，我打電話給警察，在電話裡大哭，因為我的一個兒子在醫院，而另一個兒子則正被拘留：所以我獲准去訪視他。我買了一件新衣服，還做了頭髮和指甲。我希望看起來儘量亮眼。那件衣服我之後再也沒有穿過，只有那一次。那次訪視對於奧比的作用和警察所想的完全相反。警察以為我會哭出來，請求他多講一點話，但是事實正好相反。他想要說些什麼，但是我卻把手放到嘴唇上，因為我確定一定有個竊聽器在哪兒。之後我們只聊了些瑣事。雖然那天的天氣冷颼颼的，但是奧比選擇在中庭見面，而不是在他的牢房，除了因為他想呼吸新鮮空氣之外，也是為了避免被竊聽，雖然我確定那兒還是有監聽器。不過我覺得無所謂，我只要看到他就夠了。之後，當奧比被釋放之後，他寫給約翰的信中提到我，他說：「可憐的媽媽，他的醫生兒子去住院了，而律師兒子在牢裡。」

今天，我很沮喪的想到：我的生活和微笑已經越來越攤在公眾眼前了，但是我的情緒卻變得更加隱密。我們的成功曾經很依賴絕對的保密，但是現在卻必須絕對的公開。我不想要把指紋藏在手套裡，讓警察看不見，我會選擇衣著，讓我在電視上看起來更英俊、更可靠、更睿智。我們所做之事的內在本質已經不再打緊，關鍵是我們如何好好的表現自己。我們的情緒——曾經是這麼強烈而不成熟——現在則完全依附於別人的經驗。只要受到電視、電台或新聞摘錄裡的一小段話所激勵，我們就不能——甚至是不願意——讓我們對選舉這個霍亂免疫。我們最終的結局是用歷史那強烈而過熱的情緒，投入平凡而無奇的動作中（計算投票用紙）。而且就像我們的感覺都是來自於觀察和讀取其他人的作為，這個世界大體而言也是（帶著愉快的懷疑）看著一列列的黑人和白人投票者，耐心的等著首次一起平等的參加選舉，並宣布我們這經過協商的變革是個奇蹟。

這不是個奇蹟。不是就這麼實現的。我們的轉變是二十世紀末最突顯意志、最縝密思量、最精心計畫的事件。我曾經寫過：所有革命在發生之前都是不可能的，而之後它們就變得不可避免了。以我們來說，這個運動從不可能走向不可避免，對於許多人而言是個奇蹟，尤其是那些缺乏信念的人——他們認為只會有種族戰爭和彼此的破壞。這很諷刺——歷史和奇蹟之間的關係被翻轉過來了；對於全盤的懷疑論者而言，這是個奇蹟，但對於那些有著堅強信念的人而言，這完全是合理的。我們這些相信的人，知道這個轉變是經過周密的計畫才達成的，是根據會議——更多的會議，永無止盡、無窮無盡的會議，地上活動、地下活動，在牢裡、在羅本島、在流亡時的會議，有些很無聊，有些則很有趣，所有會議都有著「議程」和「待議事項」以及「臨時動議」，會議，會議——我以前總相信自由就意味著不必再開會了，但是會議永遠不會停歇，越來越多……我們應該會先達到沒有階級的社會，但之後要過很久，才可能達成沒有會議的社會。

事情就這麼發生了嗎？或是我們讓它實現的呢？我知道我們所經歷過的每件事，不是就這麼發生的。我們都對它有所期待、為它努力、從不放棄，也不曾捨棄基本的理念。是的，我們相信——相信是最基本的，但我們還是要用不停歇的辛勤工作提供支持，並且學著如何一起做事，包容別人的害怕和興趣，學著不要在乎別人的嘲笑和不信任——那些認為他們自己比我們更懂得真實世界的人，我們只要保持繼續前行，直到最後，讓不可能首次變得可行，接著變成真實，最後變得不可避免。

我在某某某（我的投票是秘密）的照片旁邊畫下了潦草的記號，用牙齒把選票摺好，丟到箱子裡。一件平凡的好事，對今天就已足夠。

我不知道我流了這麼多汗——是因為這是我時隔多年後第一次開車，還是因為現在正值酷暑，或是因為，我即將參加生平第一次的同志遊行。我回到開普敦之後不久，就有一組反對種族隔離政策的同志運動者找上我，他們來尋求我的建議，如何能夠完美的將社會的解放與兩性的解放結合在一起。我的建議是要照著以下這個順序：第一步是要合法化，然後要廢除處罰同志的法律（如果他們做的事是異性戀者可以做的），接著要平等化，終結在工作、住居等方面的歧視，最後，則是要創造一個在生活各方面都可以自由、無差異居住的環境。也就是說，不要從同志能夠組成家庭開始，而是要以這個作結。給建議是很容易的，但是被邀請去參加開普敦的第一次同志遊行，就……我想要提議劃出特別的一區，讓我們拿個牌子像是「我是異性戀，我挺同性戀」，但是我立刻就覺得這很可恥。我不太習慣開我的新本田汽車——它是自動排檔的，輪子上有個轉環，方向燈在左邊——穿過星期六早上擁塞的車潮。開普敦的路在過去三十年間——從我最後一次在這個城市開車之後——變了很多，有些新的人行道、單行道，有些地方變得不能轉彎了，而且車子還越來越多。主辦者告訴我在「老地方」見，我很不好意思告訴他，我這位特別的、重要的自由鬥士，其實不知道「老地方」是哪裡。所以我遲到了，我知道他們一定會很失望，可能還會覺得我放了他們鴿子，他們一定覺得我在做些憲法的協商——還有這麼多廢除種族隔離政策的重大議題要處理，誰會在意同志人權呢？

還好，我對這個區域還有點概念。我回來之後馬上做了一些事，其中之一就是重訪「昔日」舉行遊行和會議的場所，像是市政廳（City Hall）之前的大廣場（Grand Parade），以前我們禮拜六下午都會在那兒聚會，我們會帶著麥克風，爬上一輛卡車，我正經八百的演講會被翻譯成科薩語（Xhosa），口譯人員常會加進他自己的話，所以聽眾會發出爆笑。（阿奇〔Archie〕，有什麼事這麼好笑嗎？我只是說我們需要世界和平而已。奧比同志，人們不想要和平，他們覺得如果有戰爭，就可以起身對抗白人了，所以我告訴他們，如果發生戰爭，俄國人會丟炸彈到馬蘭

〔Malan〕總理的官邸把他炸死，但是我們也都會被炸死。）我們停在卡利登廣場警察局：可以自由的在這個警察局走出走進——帶著勝利者的道德權威，是一件多麼令人快樂的事，雖然這意味著我要通過隔音的房間——當我第二次被拘留時，就是在這個房間裡被一直強迫著保持清醒，直到我撐不住了、倒在地上，於是他們又用水潑我，並且有警察用他的粗手指強行把我的眼皮撬開。最後，我們到了第六區的荒廢地區，這個區域已經被摧毀了，一整群人只好被迫搬離，因為他們不是白人，我告訴一路隨行的記者，我因為這裡的荒蕪而大感驚訝，我以前曾經到鄰近一個美麗的區域拜訪朋友，但是我沒有告訴他們的是：還混雜著憤怒其實是一個很不同、而且我沒有預期到的感受，我感到很驚訝的是柏油和建築物都不見了，土地又重新能夠呼吸了，斜坡從以前和山連在一起的地方又隱隱約約的和山連在一起，一個新的、調和的城市（給重新回來的人）與土地有機的連結在一起，這樣的城市正要重新出現。

當我在倫敦流亡的那幾年，就像海涅（Heine）會把結冰的冷杉幻想成熱帶的棕櫚樹一樣，我也渴望在開普敦的熱氣中開車，讓我的背黏在座位上，但是現在流汗卻讓我非常不舒服，而且就像詩人那熱死人的棕櫚樹一樣，我也希望我已經回到下雪的北極。至少我聽到了遠處的鼓聲，接著我看到許多旗子和人群向我走來。人們主張他們的權利時，總有個什麼會激起我的情緒，尤其是如果他們走上街頭，用人牆溫暖的肉身，取代車潮中沒有個性特徵的金屬堆。男人們牽著手，女人們的手搭在對方的肩上，每個扮女裝的男性用亮色的服裝、海報、標語、喊口號來宣稱自己……噢，不，我不想走在這個標語旁邊，「吸就好，可別吞下去」，不然我的照片明天就會上報了，噢，不！我一直希望再參加一次戶外遊行，這幾年來我一直不停的在空氣不流通的房間裡進行協商會議，辯論、爭執、同意、協商、重談、取得授權、找到解決方案，文字、文字、文字，這代表了我們的生活、我們的上一代和下一代的生活。不過我遲到了，遊行已經開始了，而我的車在反方向。經歷過這麼多苦惱，如果我甚至沒有加入遊行，這將是多麼大的失敗。我硬是轉了方向盤，汗如雨下的追著他們漸行漸遠的聲音，尋找隊伍的蹤跡。問題是我要先找地方停車，但是唯一空著的位置是保留給聖喬治大教堂（St George's Cathedral）員工的中庭停車位——原諒我，聖父、聖母，我不能說我不知道我在做什麼——我匆匆忙忙的經過公共花園（Public Gardens），走到國會外那條長長的、隊伍正在行進的過道，趕上了隊伍的最尾端，我快速的往前鑽，通過了「吸就好，可別吞下去」，然後很開心的找到愛德恩．卡麥隆（Edwin Cameron）法學教授——他現在是一位高職等的法官，我突然感到我極其自由，而且自豪，這是我回到這個國家之後一直有的感覺。我打破了疏離感所建構的不可見的藩籬，它會讓我在物理距離上離同志社群非常遙遠，即使我宣稱在理智上有完整的整體性。我走在一條古老而美麗、種著櫟樹的過道時，發生了生命中如此重要的轉折，這讓我尤其開心。

「親愛的朋友，」我站在一個演奏台的邊緣，正在麥克風前聽我演說的人們顯然十分好奇，「今天遊行的終點是這個公園，對我來說，這裡具有特殊的意義。當我還是個小孩子的時候，我常常在這裡玩，這裡很美，有草地、有樹木，還可以看到桌山。之後豎起了『僅限白人』的牌子——現在沒有了，但這實在是非常可恥的，我們告訴人們：因為你是你，所以你不能夠在這裡溜狗、推嬰兒車來這裡、在這裡玩網球，或是坐在長椅上讀書。不過其實還有其他記號——看不到的記號，但一樣是用暴力強加的。如果吸引你的人、或你愛的人剛好和你同性別，你也會被禁止進來這裡，這個美麗的地方不歡迎你，除非你假裝成另外一個人。」許多對情侶專心的聽著，但也有一些男扮女裝的人——他們故意和其他人不同，而且似乎認為演講會充滿形式主義和浮誇，並因此而感到不滿——也在台下注意的聽著。「不過，同性戀男性和女性的人權問題，不只是被從社群中抹殺的不公義而已，不只是要承認的基本人權之一。那與我們的國家本質（我們每個人都在這其中生活）有關。到目前為止，人們都一直被告知行為要怎樣怎樣、他們的權利和責任各是什麼。每件事都是規定好的。行為受到強制，偽善猖獗，壓迫隨處可見。我們想要的國家是我們每個人都可以平等生活的國家——不論語言、歷史、喜好、信仰和出身。我們有權和別人不一樣，包括生活方式和個人的選擇，我們也有權利可以一樣，不論是尊嚴或是公民權。」喝采聲持續了很久——雖然我的演講很短，我跑下山坡去找我的車，希望它沒有被拖吊走，或是更糟的

——在我的擋風玻璃雨刷下出現一張紙條，用嚴厲的高級教士口吻，寫著我的行為是對教會的極度不敬。

我在前一天晚上幾乎沒怎麼睡，不是因為我要對一群想把我們掃地出門的人講話——相反的，我很希望和他們有公開、平等的對話——而是因為我感到害怕，怕會因為天真、或過於熱切，使得我背叛了數百萬南非人的期待，他們已經因為多年來永無止盡的奮鬥和痛苦而感到筋疲力竭，所以無法再忍受被剝奪公民權，或是遭到壓迫。我還記得最近我的一個女性運動者朋友所做的悲觀預言：只是權力會從一幫人轉移到另一幫人手裡，這就是全部的事實。

第一天特別累。代表非洲國民議會的所有男性都穿著西裝，而女性則穿得很樸素。還有一位把嬰兒抱在胸前的母親（現在是位內閣部長），被規定只有在列席委員會時才能餵奶。政府那邊的人也都穿著西裝，大部分是深色的；他們那邊幾乎沒有女性，但是有一些會抽菸的人，吸菸者馬上就和非洲國民議會的吸菸者站在一起了，兩邊也都有不吸菸的、和反對別人吸菸的人，出現了第一個無黨無派的結盟！沉重和不確定的感覺在實際展開工作之後就消失了，我們要起草一個目的宣言（Declaration of Intent），為這次協商建立起一個雙方一致的概念基礎。我大聲的說：我如此希望我們的憲法是世界上第一個可以宣稱它沒有性別差異的憲法，所以如果起草委員會

（它集結了各方人士）接受「南非是一個不分種族的國家」這種用語，我建議還應該加上「且不分性別」。我們這個小團體中沒有女性，而白人男性——包括主席——都被這句話搞糊塗了，他們表示自己並不理解。我則表示：如果他們不反對，那就應該放進去，因為對我所代表的一群人而言，它具有真實而具有力量的意義，而且對於這個團體所關注的點而言，也沒有偏頗。我好像孤掌難鳴，覺得要前進時，就出現了一點難應付的阻礙。毫無疑問的，他們認為有些人在出生時就政治正確了、有些人會達成政治正確，而有些人則是被加諸的，而我則這三個都是。也許他們是對的，至少我從六歲開始，就發現自己與主流背道而馳，堅定不移的固守著自己確信的道德。我記得我只有一次，曾經生氣的對著我的孩子們大吼——那次是我偶然發現他們在嘲笑一個鄰居的孩子。「胖子，胖子，胖子逃走了——」「你們竟然——」我非常激動的對著他們大吼，他們很不習慣聽我大聲說話，所以都很驚訝的看著我。我曾經在英國寫過一本有關性別歧視和相關法律的書，在書中，我試著分析為什麼在過去六十年來，英國法官拒絕讓女性擁有投票權、學習藥學、擔任律師、在鎮議會中擁有席次，而這些得以成立的前提，都是因為女性在法律中不被視為「人」。我發現我自己對主張婦女有參政權的女子具有特殊的好感，她們最強的武器不是槍或金錢，而是透過絕食所表達出的欲望，她們只用意願和肉身與國家抗衡。現在我還是記得我的一個女性運動者朋友在最近所做的悲觀預言：只是權力會從一幫人轉移到另一幫人手裡，這就是全部的事實。

和其他人都不一樣讓我覺得很尷尬，也很寂寞，但我決定我寧可在投票中落敗，也不要自己打退堂鼓。接著有一位黑人說：女性同胞為了南非的改變勞心勞力，我們的母親都過得很辛苦；他覺得應該加上那些字。有另一位黑人聲援他。兩邊陷入無解的僵持狀態。兩位黑人加上我（我算什麼？）對抗三位白人。噢，好吧，主席有點惱怒的說，因為要節省時間，所以我們加進這些字，然後讓全體會議做最後的決定。幾小時之後，我們已經完成了文件的草稿，正式憲法會議記錄第一次協商之後的內容。我和主席得意的潤飾了文法和整體編排。「好了，我們完成了，」主席說，臉上閃著光芒，我也是，覺得自己正在經歷一個歷史時刻。「我們需要把它打字——」他環顧四周。「交給一個女孩子吧。」我勇敢的咕噥著說：我們把手寫稿交給她的那位，是一位技巧很熟練的地下工作者，她可以從大批警力的追捕中逃脫，可不是什麼「女孩子」。第二天，我們完成了另一份草稿，於是主席又環顧四周後說：「我想我們要交給——」他遲疑了一下，知道他應該要慎選用字，「——一個女的。」我放棄了。

結果就是「不分種族和性別」的字句完全保留了下來。我一開始感到很高興，因為臨時憲法的第一份草稿用了這些字句；但是我之後變得有點氣餒，因為它後來換成了一個公式化的表述，可以體現這句話的本質，但是在象徵意義上缺少共鳴，但我最後還是很高興，因為在最後的憲法版本中，它又被加了回來。最後版本也是最初的版本。憲法宣布根據身體傷殘和性別的歧視是違法的，其中包括環境和社會經濟的權利，並強調南非要由「開放」社會——我所堅持的字——的價值觀所領導，憲法宣布南非的民主狀態是基於不分種族、不分性別的價值。而我是這部憲法的起草人之一！

曼德拉站起身來（他很高），拿下眼鏡。要角們擠進他們的位置，攝影機也都就定位了（請不要使用弧光燈，謝謝，總統的眼睛在石灰石採礦場工作時受過傷），而我就是負責這場典禮的人，我很高興所有的流程都很完美。「上一次我站在法庭，」他告訴擠滿會場的聽眾，「是為了聆聽我會不會被吊死的判決。」他的聲音有一點沙啞，而且他環顧四周、看了一會兒。我知道他要什麼，但是我動不了……總統清清喉嚨繼續說：「今天我來為南非的第一個憲法法院舉行開幕式……」該死！我做了所有事，但是竟然忘了放杯水。

我一直在想這個不太重要、但是確實困擾我的道德問題：我到底要拿誓詞怎麼辦呢？我應該只說「我確認」就好，還是要向上帝宣誓呢？我的兩個同僚選擇說「我確認」，而其他人則高舉右手，以札那語（Tswana）、科薩語、祖魯語（Zulu）、南非利堪斯語（Afrikaans）和英語念出誓詞：「願主幫助我。」如果我只說「我確認」，我就不必舉起手，但是如果我要以上帝之名宣誓，我就必須舉起手了。在我成長的家庭中，良知和信仰是一切，超驗之事並不存在於想像出來的創造物、或是來世之中，它就在可以直接經驗的世俗真相中；懷疑的將上帝之名用於所有事情，等於是不尊敬的。在我的生命中，有好幾次經歷到另外一個世界的經驗，或甚至偶爾會有靈魂出竅的感覺，朋友們常說我天生就是宗教的——就算沒有正式的宗教信仰。世界本身就如此追求精神，充滿敬畏和驚奇，並且明顯的需要善，似乎沒有空間和必要留給另一個容不下順服或禱告的形而上領域。即使是在三年嚴峻而擾人的協商期間，我也一直堅持要把「天佑非洲（NkosiSikelel'iAfrika）」的字句加入新憲法中。讚美詩一開頭的幾個字（關於犧牲和希望）是這個國家共通的——不論是有信仰的人、或是沒有信仰的人，南非絕大多數的人都絕對重視而且尊重憲法。一個人的良知是個人最內心、最珍貴的部分，它與這個世界大多數人所喜歡的、認為方便的、可接受的事物無關。法院院長看著我。輪到我了。「我，亞伯特．路易斯．薩克思（Albert LouisSachs），宣誓擔任……」我沒有辦法專心，話說得結結巴巴的……「憲法法院的法官，我宣誓忠於南非共和國，誓言維護並保護憲法，及其中所揭櫫的人權，並將根據憲法與法律，無所畏懼、偏頗或成見的捍衛正義。」我從直覺而知如何真誠的奉獻，如何奉獻給憲法、奉獻給憲法中的價值、奉獻給對朋友的回憶——路克司馬特（Looksmart）、羅薩（Loza）、巴布拉（Babla）、露思、珍妮特（Jeanette）、喬（Joe）、杜爾斯（Dulcie），還有其他所有的犧牲者，他們的殉道讓我們得以生活在一個尊重人權的民主社會中。我把新法官袍的紅黑色袖口捲起來，把沉重、深綠色的袖子往上拉。在這個國家的總統注目之下——還有代理總統、國民大會發言人、參議院主席、制憲議會主席、來自各城市的法官、我的家人，以及電視機前數百萬雙眼睛的注視之下，我舉起我的斷臂說：「願主幫助我。」

我的兒子亞蘭——他拒絕穿西裝、打領帶，不過他穿著一件時尚的襯衫還是很好看，在事後，從一群擁擠、碰在一起、互相擁抱、親吻的人群中走向我。「爸爸，你有點猶豫……」新出頭的、興高采烈的明日之星，穿著鮮豔，肢體語言豐富，在和相較而言顯得沉默而嚴厲的老警衛打交道，老警衛總是很有禮貌的微笑著，但不會放聲大笑。在宣告死刑和支持緊急條例時都顯得自若的法官們，現在友善的和同事們閒聊著——這些同事曾因為堅持獨立審判而激怒了過去的政權。曼德拉在和過去幾年來負責在獄中監視他的人開玩笑。太太、先生、孩子們被互相介紹——「這位是史蒂芬妮．肯普（Stephanie Kemp），我的前妻，還有我的孩子亞蘭和麥克……以及約翰——我的弟弟……」（我很失望，奧比，你應該讓我自己選擇，就算你覺得我沒辦法應付到約翰尼斯堡的飛機。總之，都已經決定了。我們有許多在高地之家（Highlands House）的人會打開電視，其他人會告訴我播出了什麼。每天都有人和我說恭喜，但是我不知道我做了什麼，這些祝賀是你應得的，而我只不過是你的母親。）我可以有孩子、有弟弟和前妻，這真是令人驚訝。有一個人曾經告訴我，他很驚訝可以看到我走在街上。「恭喜，」每個人都和我這樣說。有人照了些正式的照片，在離開去吃午餐之前，我們還可以談個二十分鐘，每件事都照著計畫進行，在我們「奮鬥」的那些年，所有活動都要顧慮周詳，今天恰好可以收成了。「恭喜，這是你該得的。經過了你經歷過的這些，這是你該得的。」我一遍又一遍的聽著這些話：「恭喜，這是你該得的。」這句話說得多麼好，又多麼傷人啊。它不應該是這樣的。

支持我的人們看到的是：我奮鬥了這許多年，最後被拱上了一個位置，作為報償（因為我選對邊了嗎？），這也是我受傷後應得的補償。如果他們直截了當的問我：您認為這值得嗎——在失去這些之後，在這個您最快樂的日子裡，進入這個國家最高等的法院？我會回答「不」。用個人獲得的報償來衡量我投入反對種族隔離政策的奮鬥歲月，無疑是讓人無法接受的，它也暗示法院選拔人的標準不是能力，而是進入的時間。我們的生命之所以享有榮耀和尊嚴，正是因為我們選擇為正義而戰，從未想過——甚至從未希望——獲得個人的利益。我們獲得的報償就是努力本身、是同志之誼、是人際互動的熾熱、是能夠過著極具意義的生活——為這個世界完全投入，又為各自留下了保有彼此特色的空間。在這個意義之下，我們是二十世紀末最幸運的一群人，我們可以為了這個時代最高的理想而奮鬥。如果認為最後得到什麼職位就是肯定了這段歷程的價值，這是剝奪了它內在的善的本質。如果同樣一個人問的是：您認為這值得嗎——在經歷過這麼多之後，最後變得筋疲力竭而心力交瘁，排在這樣一個不記名的投票隊伍中，要和其他兩千萬人一樣在一張紙上畫下記號，我會回答「是的，是的，是的」。報償就是這個過程本身，我在一路上碰到了難以形容、內涵豐富的人，我們投入的態度是如此有趣、充滿驚奇、如此在情感和知識上充滿挑戰，就好像我們同時擁有了三、四、五、六個生命。我們什麼都敢，視野廣及藝術、科學、宇宙起源、歷史的本質，和人類的命運。每件事都連在一起了。一旦你用生命來相信什麼，和那個信仰有關的每個東西都會變得有意義。我們的愛、我們的憤怒、我們的幻想、我們的夢想，一切都變得特別強烈。我們不是夢遊者，不只是庸庸碌碌的虛晃過一生，我們的人生具有目標，因而發光發熱。許多帶給我們力量的想法，卻剛好都是根據謊言和殘酷的行為；有時候我們個人的特質會在集體中產生混淆和受傷；我們為了抽象的大愛而壓抑了真正的自我；我們常常無法表達出個人的愛，或享受美的本身；我們可能自命為歷史的代理人，顯現出過度自負的自信；我們與其他人一樣經歷過許多災難和心痛——甚至更多。讓身心投入有意義的事，總是會帶來不同的體驗，感覺到自己傾注熱情於社會、與深具道德意涵的東西連結在一起、超越了將人們隔絕在外的藩籬、對於非洲人根深柢固的音樂性做出回應，並加入其中。最後，當結束的時候——或說，當這個佔據我們人生大部分時間的特殊階段終結的時候，我們會完成目標，住在一個自由、不分種族的民主國家中。這將使我們的生命富有意義，並且證明了一切。這是我們應得的報償（它也才是有意義的）。這——而不是獲得一官半職——是我們溫柔的復仇。

「*Verskoon my*」（原諒我）。當我在羅西爵士酒吧（Rosie's and All that Jazz）中走向我的朋友時，一個大塊頭擋住了我的路。我讓路給他，但他又再度站到我前面，「*Verskoon my*」，他又說了一次。他提高音量以蓋過樂團的聲音，他解釋自己是這個酒吧的經營者，希望我原諒……他看了看我的手臂。我試著要用南非利堪斯語回答他，但是在流亡幾年之後，我對語言的記憶也變得不太可靠了，我回答時，會在南非利堪斯語和英語中夾雜著葡萄牙語。*Hierdie bonita club is jou verskoning*（這個迷人的酒吧已經是你的賠禮了），我回答。於是我穿過人群，回去和我的朋友坐在一起，而他則走向經理的桌子，我們謹慎的互看了一眼，對於這個碰面都感到很難堪。我想要和他說的是：不要向我請求原諒，我知道我在做什麼，我自己做了選擇，如果你真想要請求原諒，不要向我這個白人（你也知道我所受的傷害），你應該向數以百萬計的有色人種請求，他們沒有選擇，他們受到的壓迫一直存在、無所不在，比我嚴重許多，而且他們現在還被迫在不可思議的環境下生存。而且，僅僅因為你說南非利堪斯語，絕不代表你要為政府的所作所為負責——即使該行為是以你的名為之。如果一般性的要每個人負責，那就沒有特別該負責的人了。雖然我的腦中閃過這些強烈但是亂七八糟的想法，但我事後覺得很後悔，我應該把手放在他的身上，給他一個大大的擁抱，表示理解和接受。

原諒這件事如此複雜。那些最坦蕩的人卻最常尋求原諒，而最該為那些壞事負責的人，卻最頑抗不低頭，這是為什麼呢？為什麼他們認識不到種族隔離政策不只是一個失敗的社會經驗，而且是一個邪惡而殘忍的制度，會啃蝕人們的靈魂、摧毀他們的身體？尤其是（如同「真相與和解委員會」〔Truth and Reconciliation Commission〕的主席屠圖〔Tutu〕大主教——該委員會是新的民主國會在組成後第一年所設立的——一再指出的）勢必得有十分寬厚的回應，才能夠符合這種認知。

諷刺的是，成立真相委員會的想法來自非洲國民議會內部的一場激烈辯論，那是在選舉的幾個月之前，對於要如何處理非洲國民議會在安哥拉集中營的警衛——有些俘虜在那裡受到非常不好的待遇，非洲國民議會內部發生爭辯。這是一場嚴酷、但必要的辯論；我想起薩莫拉．馬謝爾（Samora Machel）的話：如果要知道一顆酪梨的味道，你必須剖開它。非洲國民議會的調查建議必須對這些警衛採取行動。有些人（包括我在內）堅持必須這麼做——如果你為正義而戰，自己的隊伍中必須先存在正義。其他人則認為警衛太年輕，而且沒有受過訓練，他們的工作環境面對著與殘酷敵軍作戰的戰爭。接著有個人說：如果是他的母親，會怎麼想這個情況呢？她會說非洲國民議會一定是瘋了，當數十年來為了維護種族隔離政策而犯下謀殺和拷問之罪的壞人都還逍遙法外，沒有受到任何懲罰時，竟然就先處罰自己人。就是在這時，卡迪爾．阿斯馬勒（Kader Asmal）教授（現在是內閣的閣僚）提議在選舉之後，新政府應該投入於成立真相委員會，由它來調查任何一地違反人權的行為。

隨著憲法的協商日益進展，我們的住宿品質也改善了，本來是住在路沙卡（Lusaka）[1]一個不舒服的破爛旅館裡，後來則搬到約翰尼斯堡機場的假日酒店（Holiday Inn）。協商結束了，我也回到倫敦，由天主教國際關係協會（Catholic Institute for International Relations）提供了一個很簡樸的寄宿處，同時我也在這麼多年來，第一次與其他協商者失去了聯絡（甚至連一台傳真機都沒有），這讓我感到十分不滿。接著有誰亂塞了一封傳真在我的房門底下。選舉的情況很危險了；保安部隊的領導者聲稱他們知道有人密謀放置炸彈、破壞選舉，他們很願意盡忠的保護選舉過程，但是不希望事後被送到監獄。他們堅持有人承諾要讓他們獲得特赦，以換取他們支持協商過程、和保護這個過渡到民主的過程，然而他們現在覺得被背叛了，問我是否可以緊急聯絡開普敦，表達我對這件事應該怎麼做的意見。我甚至找不到一張可以寫的紙，所以我把意見寫在那張

1 譯注：非洲東南部內陸國尚比亞的首都。

傳真紙的背面，並且在隔天傳真出去。我以憲法協商者的身分所做的最後一件事是寫下這封電文，這恰如其分，讓政治上的犯罪保留特赦的可能性，但只限於每位申請者都毫無保留的揭露真實的情況下。電文中不必詳細的陳述細節——只要特赦的原則由憲法加以保障，接下來就是由新的民主國會決定要同意的程序和條件。就是這個倉促產生的條文，開啟了對真相與和解委員會的立法，這等於是同意用特赦來換取真相。

每幾個月，我就會聽到新的說法，說是誰在我的車上放了炸彈，故事的內容會剛好夠讓我產生動搖，但是又不足以解釋清楚。最完整的描述來自一位說南非利堪斯語的新聞記者口中，他以自己引以為豪的專業，追蹤到一位自稱是幕後策畫者的人。這個人對這整件事感到很憤怒，他認為這件事隱含了巨大的不公義。他解釋說：自己送出的間諜完成了一件很重要的工作——確實他在取我性命這件事上沒有成功，但他還是炸掉了我的手。但是特種部隊的頭——這傢伙一點都不公平，所以在他手下做事是很糟的——只給這位勇敢的間諜一點少得可憐的錢，但是他給自己的親信四倍的錢，雖然那個人根本沒有攻擊到目標，只在報上登了一封死亡通告，就拿到了他的賞金。他想要問，這哪有什麼公義可言呢？我的下一個情報來源是一位右翼的國會議員，有一次在從約翰尼斯堡到開普敦的飛機上，我坐在他的旁邊。他告訴我：他知道誰是那個刺殺我未遂的人，他是一個不折不扣的壞蛋，現在在開普敦不遠的地方開了一間汽車修理廠，那個人告訴他，我為什麼沒死，是因為他以為我的本田汽車駕駛座和大家一樣在左邊，但是我的駕駛座卻在右邊。（這是事實，我的汽車是少數直接從日本進口的車之一。）又有一天晚上，我在梅南堡爵士咖啡音樂餐館（Manenberg Jazz Café）時，經理將我介紹給一位面貌英俊、穿著講究的年輕人，他當時喝得很醉了，自顧自的說他的父親是舉世聞名的法國服裝設計師，也是曾經受僱於南非特種部隊的傭兵，他的父親認識想要殺我的那個人，甚至那個人還是死於他之手。要在很吵的環境中聽清楚他說什麼不是一件容易的事，他的頭一直垂下來，而且話說得含糊不清。他似乎指望我會生起氣來，但是我說戰爭的階段已經結束了，我們都應該要好好專注於自己的生命，到底是誰把炸彈放在我的車上，這件事已經沒那麼重要了，重要的是我們要一起努力，讓我們的國家更好，這讓他十分惱怒。

下一位的陳述不太一樣。有一位女性和我取得了聯絡，她在電話裡聽起來精力充沛，而且語氣鎮靜，她說知道是誰想要殺我。我們約好碰面。她的外貌姣好，看起來像是位系統分析師或是買賣什麼特殊商品的買家，而且明顯的被我吸引住了，就像我對於要和她碰面也十分著迷一樣。她說我的紳士行徑讓她感到十分驚訝，她完全沒想到會是這樣的，她接著說：她以前深愛的一個戀人，自誇說他在攻擊我的行動中有參一腳。我們的相遇很奇妙的十分熱烈。我和她好像被鎖進了一段探索性的談話中，我們探索著一個充滿性和死亡的潛藏區域。很明顯的，她在挑戰生活，活得不落俗套，而且和我一樣，她也對於我們相遇後突然變得如此親密感到十分驚訝，我們是兩個完全的陌生人，卻因為一個不在場的第三人才被連結在一起——她在身體上愛的、但在情感上憎恨的那個人，而且那個人甚至不認識我，就炸掉了我的身體。我們後來又通過一次電話，但是沒有再見過面。

在過了很久之後，我得到一個具體的資訊。一個以前曾擔任過特工的人到我的事務所，告訴我他想要到真相與和解委員會，為他曾經參與過對我的攻擊申請特赦。他堅持他的工作只有負責準備我座車的照片，突擊隊員是從馬布多海灣的一艘船上登陸的，他在攻擊行動之前就退出了這個計畫（因為指揮群認為他缺乏專業），攻擊目標其實是我的朋友因德雷斯．奈杜（Indres Naidoo），而不是我，而我之所以保住一命，是因為他們用的液體炸藥沒有傾斜到正確的角度。他說話的時候，好像一直在拿他自己和我做比較，他好像是在說：我們之間唯一的不同是：在結局時他是輸的一方，而我這方最後贏了。他本來對比於我在軍事上的瀟灑感消失了。他受了傷，和我一樣——他告訴我，他被老政客強迫退出軍方，失去了工作，而且他和尤金．科克（Eugene de Kock）一起投資軍需品進口產業，還賠光了所有遣散費——科克最近因為謀殺和詐欺，被判處上百年的有期徒刑。我對他感到很好奇，而且很高興他到我的事務所來，和我面對面——雖然他的動機可能只是獲得一個聲明，這有助於他申請特赦。我告訴他，請他先向委員會證明他可以說出完整的真相、對整個國家做出貢獻，之後再來找我，在這之前，我不會提到原諒或是和他握手。他看起來有難以言喻的悲傷，雖然他離開時，還是瀟灑活潑的邁著大步子。

我還從一個在電話中聽起來很焦慮的聲音那兒，接到過進一步的資訊，他提供了聲稱涉入我的炸彈攻擊的特工的名字和其他細節……這些故事內容天差地遠，而且來自這麼不同的情報來源，讓我只能感到十分困惑。它們彼此之間不是完全矛盾，因為不同的人也可能參與不同的階段。相關人的真實身分對我而言，好像越來越不重要了。不管他（我預設做這件事的是個男人）是高是矮、年輕或是年老、黑人或是白人，說英文或者說南非利堪斯語、葡萄牙語，會有任何不同嗎？如果有一個人走過來對我說：我很抱歉炸飛了你的手，這對我來說好像不會很有意義。我應該怎麼回應呢？我想要聽的是有個人說清楚他做了什麼，表達悔意——因為像他這樣的人把自己的精力貢獻給戰爭，並希望類似的事不會再發生，表明他未來將貢獻於建設國家，讓所有居住其中的人蒙受其利。我決定如果有人在真相與和解委員會之前提起這件事，我自然會表示興趣，但是我自己不會在真和會中又提起我的故事，因為它都已經被說了上百次了。而同時我也把得到的所有資訊都給了有關當局。

在我的海外巡迴中，人們對於要特赦明顯違反人權的犯罪者這件事，提出了許多尖銳的問題，這讓我感到十分驚訝。我有時候覺得這件事是人權團體在說，復仇是我的事。他們是我在流亡歲月的朋友。我們一起終結了種族隔離政策。而現在則是他們在譴責我們。也許這是因為我絲毫不認為牢獄之刑或金錢的賠償，是一個保證道德責任感的有效手段，所以我對於批評表現得毫無耐心。我解釋——具有絕對的道德確信，但也還是帶點不舒服——只由犯罪者讓自己免受懲罰，這是不可能的。相反的，受害者也是協議的一方；目標不是要掩蓋過去的犯罪，而是要帶進民主和憲政，讓之後不再有違反的情事；要成功起訴的證據不容易找；法院也許得有幾年，都一直在處理審判和上訴，但是最後的結果卻只有一些小蝦米受到處罰，主謀者則毫髮未傷的逍遙法外；真和會滿足了一些深層的社會道德目的，我認為這比把壞人送進監牢來得有價值得多。它有三個不同的結構。第一個只是讓受害者有機會說出他們的故事。就像真和會的主席——屠圖大主教——所說的，它是為了那些小人物而存在的——小人物所受的屈辱從來沒有攤開在大眾眼前。另一個部分會談到賠償，這可能是指財務上的，但最重要的則是個人的行動——例如給消失的人一個合乎體統的葬禮或墓碑，或是為遭到暗殺、或拷問至死之人的子女提供獎學金。第三部分則是特赦犯罪者，因為他們的行為也許是政治鬥爭中的一部分，而且他們說出了真相。人權活動家們耐心的聽完；他們並不感到信服，也指出有許多被殺害者的家人反對特赦。這不是很奇怪嗎：牢獄、拷問和施暴的倖存者本人願意放棄對犯罪者的懲罰，但是亡者的家人卻不願意。

有一位律師朋友曾經很熱心的告訴我，我應該告那些炸飛我的混蛋。我問他認為我的手臂值多少：一千、十萬、一百萬、一兆？我甚至連想到要為我在追求自由時所受的苦標個價，都感到痛苦不堪。對我來說，要拒絕以起訴求得賠償，或是之後不透過真和會申請撫恤金或求取賠償，都是很容易的。自從離開大學之後，這是我第一次受到某個單位的僱用，對我來說，生命有了完整的結構，我不必讀了報紙，才知道下週要做什麼。我有足夠的收入，讓我可以享有舒適的生活，讓我的兒子繼續學業。我是法官，國家甚至讓我每天可以從約翰尼斯堡的宿舍（或是從法院）僱車代步——法官們總是要求要賓士或BMW，但我們的新法院院長最後選擇了TOYOTA，而我則要求本田。如果我的生命因此而變得比較不安全，但我並沒有從追求理想的過程中獲取物質上的利益——這在道德上是更為重要的。在我還年輕、擔任律師時，我拒絕收取人權案件的費用，雖然那是我案件的大宗（不過非洲國民議會的資深領袖戈萬·姆貝基〔Govan Mbeki〕對這種作法大加批評，他告訴我，如果所有的政治活動都遭到禁止，籌錢付律師費是唯一可以接觸到組織的方式）。我們每一個人都來自相對優勢的背景，我們感到需要克服的不是劣勢，而是優勢，要讓我們個別的想法——雖然不能受到客觀的評斷——對我們自己有主觀的意義。我個人自命於相信投入這場奮鬥，完全是因為（也只是因為）道德的選擇，而不是著眼於任何物質的收穫。有好幾年，我唯一得到的回報就是牢獄、酷刑、死亡或流放，然而這個信念並沒有受到質疑。現在，自由鬥士們都從監牢裡釋放出來、結束流亡回到自己的國家，並且得到官職了，勢必將出現新的難題。我們之中的每一個人都要用自己的方式面對它們；我赤裸裸的剖析自己的處境，寧可用一個比較老派的方式，保留我在正職之外是個自由鬥士的資格。

法官不哭；但是屠圖大主教（真和會的主席）哭了。身為一個律師，我對於在他的領導之下——相較於在法官嚴峻掌控的刑事程序之下，會出現的狹隘而片斷的發現——有多少真相會被發掘出來，感到迷惘和欣慰。我突然對於刑事審判中常出現的不完全感到很警覺。接著我安慰自己：審判的目的十分有限，只限於懲罰和證明，不包括調解和真相。如果沒有確實顧及正當法律程序，沒有人可以被判決坐牢。這意味著要針對每個人準備不同的起訴內容，並且讓所有證言都經過嚴格的交叉驗證和評估，以避免錯誤。以真和會來說，一方面，追尋真相是更全面的，而對誠實的保證也是不同的。如果希望我們共通的公民權值得一切，我們便必須挑戰同時擁有白人和黑人的歷史，這將導致我們的國家有兩種完全不同、而且有齟齬的記述；我們需要一切，以便第一次站上同一張已存在的圖譜上，從此不再讓新移民和原本的住民，再有不同而互相矛盾的命運。這不只需要去除了脈絡、固定而且正確對焦的細微真相，也需要廣泛定位、機動的、多層次而且有互動對話的真相。當受害者作證時，他們不是為了要入人於罪、得到賠償，或是一個政治告發的活動，而只是要打破沉默——讓他們始終受困其中的沉默。整體氛圍可以是人道、願意給予支持的，法院很難做到這樣。訴訟程序可能會以祈禱或歌曲拉開序幕；安慰者把手放在正在哭泣的陳述者肩上；大主教自己也哭了。故事道出了細節，也倒出了情緒，這是不可能被製造出來的。真相的另一端流了出來。它包含加害者的陳述，加害者也以自己的話說出他們所做的事。他們不是公開審判中的證人，被治安警察刑求取供：他們就是治安警察。他們不是來自拘留室，而是穿著制服的自由人，帶著治安警察不自然的身體語言，有他們的律師在旁，有他們精心準備的陳述，而有時——還有道歉。常常是他們——而不是只有他們的受害者——接受創傷後緊張症（post-traumatic stress disorder）的治療。他們這麼做是為了獲得特赦。他們不必承認自己沒有做過的事。因為發現了遭他們秘密埋葬的屍體，等於無情的證實了他們故事的真實性。文件來到陽光底下。也在內部獲得廣泛的證實。殺害重要活動者（例如史帝夫．拜寇〔Steve Biko〕和「克拉達克慘案」〔Cradock Four〕）的真相——或至少是一部分真相——第一次浮出了水面，一般的法律程序幾乎沒有挖掘出什麼，而被謀害者的遺族甚至比之前更加痛苦。和解需要很長、很長的時間，在我們這一代絕對不可能完全達成，但至少可以建立起基礎。真和會的發現會比一般法院更經得起考驗，但是正當法律程序才比真和會更經得起考驗。

淋在我們背上的水很冰。我先是個愛泡澡的人，接著變成愛淋浴的人，然後又是個愛泡澡的人，現在我又是個愛淋浴的人了；站在水龍頭底下比較容易用一隻手洗頭，我的背痛好像也消失得無影無蹤了，因為我聽從建議，先淋熱水，最後結束洗澡時，是淋冷水。她放聲大笑，而我只緊抿著嘴。我們好像在每件事情上都不同——年紀、背景、性情、經驗，甚至是我們用冷水的方式。在所有我放入感情的女性中，她有兩件事和其他人不同：在早晨醒來時，她會微笑，而且她的手很粗糙，因為從孩提時代就常用力的洗、擦。她說她愛上了《溫柔的復仇》（*The Soft Vengeance*）的講述者，我不禁對那個人感到很自豪，也有一點嫉妒——我竟然在人生中曾經符合書中的形象？看到她幫我的母親梳頭髮，幫她銼平、擦亮指甲，十分自然的用身體表達（我一向羞於給予的）感情時，我發現我愛上了她。（媽媽，她和您差不多高，有一張圓臉，印尼人的特徵，人們都認為她很漂亮，甚至是美豔，她總是閃閃動人，而且對待她住院的父親和對待您一樣體貼；和您一樣，她輟學幫助家裡，存錢去自助旅行，然後在歐洲滑雪，她從工作中存了一點錢，現在在豪特灣（Hout Bay）有一棟自己的房子，那裡並不是所有人都歡迎她去住，我問她什麼才是她真正想要的，她說：以前他們八個兄弟姐妹睡在一間房間中，每年會有一次，他們帶著野餐籃走路到車站，搭火車去她這種膚色的人唯一可以去的一個海灘，當火車經過白人的住宅區時，她會看到那些白人有著漂亮的房子、種滿花和樹木的花園，而她告訴自己：長大之後，我要蓋這種房子給每個人住，現在她又回去完成高中學業，並且邀請我參加她年底的舞會，我答應了，明年她會進開普敦大學學建築。）在許多年之前，我確定自己只會和曾經被單獨監禁的人結婚；但現在我覺得相反，我希望在我所處的世界中沒有奮鬥所累積的痛苦，希望與別人分享我的白天和夜晚，不只在身體和法律上是個自由、無牽累、未受傷的公民，就算在情緒上也是如此。我所屬的群體也一定會愛我們的同胞。我們現在正慢慢的學著愛我們自己。

舊堡壘監獄（Old Fort prison）的正中央出現了大帳篷，這感覺是十分不搭軋的事，它提供了適當的安全性和活動所需的封閉性，曼德拉總統將在裡面宣布優勝者。是誰——大家都想知道——會第一個在這場國際競賽中出線，取得新憲法法院的設計資格呢？一個身材苗條的人為活動做了開場，她比前面的麥克風矮了一些。為什麼她看起來如此眼熟呢？我曾經在生命中許多不同的時刻——或說在我許多具有連續性的生命中——遇過許多洲的許多不同的人……她是誰呢？她特別和我打了招呼，然後降下麥克風，但我還是想不起來她是誰。「我是露露．瓜瓜（Lulu Gwagwa）。」露露！當然了，脈絡變得如此不同了，我們在流亡時，最後的幾次會議之一是由非洲國民議會的婦女部門所組織的，在其中討論和處理了所有困難的問題：家庭、墮胎、同性戀、對我們的婦女同志的性別歧視實況和弊端、防止性別歧視的積極行動、概括的性別敏感性——而不是特殊的女性權利。「身為公共建設工程部（Ministry of Public Works）的代理部長，我的職責是要引薦夠多講者，而且也要確認他們沒有一直延續老一輩的政府官員和法官都習慣採取的作法。」露露對於非洲女權主義的表達方式是我所聽過最好的——我怎麼會忘了她呢？她帶進關於家庭的爭論，主張我們的敵人並不是家庭制度，而是拒絕承認家庭的組成有不同的方式，而且家庭內部的關係並不平等。看到像她這樣的人位於政府的高層，十分令人受到鼓舞，這不只是因為她對於這個世界具有明白的智慧和知識，也是因為她的世代受到黑人意識的激勵，因而反對種族歧視和性別歧視，會學習如何耐心的和不論哪個人、所有人一起工作，並且了解用長遠的眼光、用具有架構和一致性的方式工作，是十分重要的。

講者適當的進行了簡短而且切中核心的演說，露露輕鬆的介紹又延續了快樂的情緒。她和總統的應對也十分活潑。「總統先生，現在輪到您了。既然您是核心講者，我會多給您幾分鐘……」「謝謝妳，露露，我要感謝妳給的特權，而且保證不會濫用它。」接著，輕鬆幽默的氣氛為之一變，曼德拉的演講變得嚴肅起來。「我已經對我的保安人員下了嚴厲的指令，」他以這個作為開頭，嚴肅的看著我們，「叫他們要儘快把我帶離開這裡。」聽曼德拉那特殊的嗓音始終有種奇特的樂趣，雖然那個場合應該是嚴肅的成分居多——有許多漫畫用這個作為題材，而且不太失真，所以他自己總說：他好像只是在確認他們的表達是不是正確，不像某些那麼好，但是比大部分都好。他本人——帶著他的幽默、人道，和清楚的想法——可以完美的摧毀種族優越的迷思，並因為他的沉著和自在而愈發稱職。對我們來說，看到整個世界來與曼德拉合照是很有趣的：英國女王、羅馬教宗、赫爾穆特・柯爾（Helmut Kohl）[2]、比爾・柯林頓（Bill Clinton）[3]、傑克・席哈克（Jacques Chirac）[4]，甚至是麥可・傑克森（Michael Jackson）和辣妹合唱團（Spice Girls）；我們也很喜歡和他合照。「我現在覺得很不舒服。首先，我陪著、被一群囚犯圍繞著，身處險境。我看到奧比・薩克思法官坐在那兒，有他在附近，我覺得不太安全。」爆出了一些不太確定的笑聲。「以我特別敏感的神經，我了解我們現在是在一個惡名昭彰的監獄裡面，我和其他數以千計的人都曾經在這裡被關過。我總是怕誰丟了鑰匙，我會再回到這裡。」他現在微笑著，而我們都大笑出來，不是為了迎合在高位者的故作幽默而發出的笑聲（沒有比對不好笑的笑話發笑更大的謊言了），而是真正發自內心的愉悅；我們對於能有這樣的領導者感到很欣喜——他以如此慷慨、未曾動怒的態度，經歷了數十年的牢獄。就像是曼德拉常公開表示的：他以身為這個國家的總統為榮，因為這個國家有憲法法庭，會在必要時反對他的行為，而我們也溫情的回應：我們很高興他如此賣力的提倡憲法價值，讓我們能夠生活在這個憲法價值的架

2 譯注：德國政治家。
3 譯注：第四十二任美國總統。
4 譯注：前法國總統兼安道爾大公。

構之下。他嚴肅了起來。「我們現在生活在憲法所治理的國家，這是我們一起蒙受之福，也是舉世讚賞的。憲法會保障這塊土地上每個人的權利和責任，不論他或她的地位低下、或位居高位。眾所周知，我最近被普里托利亞高等法院傳喚，出席作證我為何指派調查委員會（Commission of Inquiry）涉入南非橄欖球聯合會（South African Rugby Football Union）的事務。我的法律顧問告訴我，有一個重要的原則正面臨挑戰，如果一國總統一直被法院傳喚作證，他或她將無法忠實的執行憲法上的責任。當然他們是對的，但我相信還有另外一個很重要的原則也面臨了挑戰，就是沒有人應該在法律之上。我想，身為總統，我絕對應該要樹立一個範例。我希望我的法律顧問團——他們當然是很優秀的人——會原諒我。」

接著，我想起那許多我們一起經歷過的漫長旅程，都是為了要讓憲法成為我們生活的中心。當我小的時候，我從來沒有特別想過要當律師。我想要發現比大家看過的都還要小的微生物，或是飛去月球，再不然就是找到一條不知名河川的源頭。〔大概奧比七歲的時候，有一天他從學校回到家裡，完成了他的第一件「法律」案件。有一個男孩被控偷竊。奧比不相信那個男孩有罪。所以問了他一些問題，證明他是無罪的。那個男孩送給他一些口香糖，這是他的第一份法律費用。〕之後，出於對社會責任的模糊概念，我決定成為律師，以便保護窮苦的人們，和有助於維持正義。當我在開普敦大學念法律學院時，我發現自己越來越懷疑教授們所說的立憲主義、基本人權，以及法治（rule of law）的理論。我看不出法律合理性的世界對窮人和受壓迫者具有任何意義，因為他們缺乏完整的政治權利或經濟上的正義。距離大學不遠的地方，就是數萬勞工居住的簡陋木屋，對他們來說，法律就意味著警察在半夜突然襲擊他們的家，或是在白天不斷的在街上騷擾及羞辱他們。這些住在簡陋木屋中的人們卻有著我在校園中看不到的活力、生命力、幽默和希望。我被要求在晚上潛入他們的區域進行學習課程。蠟燭照亮了他們的頰骨和眼睛，為討論帶來了十分人性和機動性的面向。我發現他們在各方面共通的人性、以及對正義的不放棄追求，甚至比博學得多的英國法律學者——他們的表現當然很講究，但是表面而僵化——更加強烈，而且有意義得多。我們談論著遠景——一個不分種族的南非——帶著渴望和熱烈的確信，在我的法律課程的抽象邏輯論述中，幾乎是不會有這些東西的——邏輯能帶來什麼呢？我想，即使拿掉邏輯，那些努力中最核心而且最濃厚的情感，仍然是永遠的。依我來看，一邊是有關正義的字眼和要通過的考試，另一邊則是有著熱情、諾言、面對面的世界，它展現出人性、智慧、歌唱和祈禱，必須要直接、勇敢的面對殘酷狀況，並且在這個世界中真實的奮鬥、求取正義。每一年我都會用搭便車的方式去一趟約翰尼斯堡，因為柯爾瓦德之家（Kholvad House）的「印度青年」們所煥發的活力和生氣，會加強我的確信，他們會用歡樂、但是正經的態度告訴我，在革命之後，還是會需要律師的，但就不是很需要了，我也會花幾分鐘和這個國家的第一批黑人法律合作夥伴

——曼德拉或坦波——喝喝茶，用他們的熱情使我得到確信。（「我希望我們可以有多點時間聽聽開普敦的奧比同志的奮鬥，但是如眼前所見，整個城市和半個郊區的人口都差不多在我們的等候室裡了，我們必須盡棉薄之力，達到他們的需求，雖然我們也知道，只有政治活動才能夠解決他們大部分的問題。」）

曼德拉暫停了一下。「現在這個時刻，讓我們聚在一起，當我打開這個信封的時候，我們就知道這次競賽的贏家是誰了。傑夫（Jeff），請幫我一下……謝謝。贏得競賽的人是……」他停了下來，暫停了一下，伸手拿水——我們都笑了——「贏得競賽的人是……」他一定有看過奧斯卡金像獎，「贏得競賽的人是……來自德班（Durban）的OMM設計工坊（OMM Design Workshop）與約翰尼斯堡都市問題解決會（Urban Solutions of Johannesburg）！」

我在革命的莫三比克的經驗告訴我，對於窮人和沒有勢力的人來說，法治（rule of law）有多麼重要。有許多人從理論上說明人民權力的重要性，而我那些對權利抱持懷疑論的法學同僚們則說：所謂的人權無法真正保護窮人，反而只是律師在操弄的玩物。不過我看到的卻是在實際上，人們的權力常常不能與權利相容，我們需要一個制度，保證所有人都可以享有權利。情況比較好的人有自己的網絡，可以賄賂或是威脅警察，因此不需要法律。而窮人——當他們的丈夫、兒子或姨母繫獄時——則需要可靠的規則和程序來保護他們。當我們要為南非設計新憲法時，我的法律教授所說的字句——我曾經覺得那是十分空洞的——又以勝利的姿態湧向了我。純理性的校園世界突然與充滿熱情的貧民窟世界結合在一起了，而且兩者並不是競爭關係，而是彼此需要、也可以豐富彼此。我漸漸變得毫不懷疑：在一個會因為種族和性別而帶來大量制度上不利的國家，讓權利受到保護會發揮巨大的功效。在一個開放和多元的社會中，能夠容納差異是十分必要的，要確保同性戀、身障者和所有可能受到歧視的對象（因為他們不符合一個正常的典型）可以有尊嚴的生活。我們必須保障勞工的權利——每當我的父親索里回憶起他從二十幾歲到五十幾歲，都帶領著加門特工會（Garment Workers Union）一起奮鬥時，是多麼自豪——以及兒童的權利、語言權、文化和宗教權……不管怎樣，有太多的例子是模範的自由鬥士最後成為獨裁主義政權的高層，結果制度上的檢查機制和平衡（要對抗過於集中的權力）又必須從頭來過。

幾分鐘之後，露露又向我搖手。「奧比，現在輪到你了，按照程序，你要代表法院謝謝總統打開那個信封。」我糾正她。「妳搞錯了，露露，我是要代表競賽的評審委員會致謝，我的同事皮斯．藍加（Pius Langa）才是要代表法院致謝。」要舉辦這個國際競賽的想法來自一位建築師朋友——傑克．巴尼特（Jack Barnett），他自己有一次在因緊急條例（Emergency Regulations）而受到拘留時，完成了他眾多建築設計中的一個，這個設計讓他在競賽中獲獎。傑克曾說南非的建築物已經完全失去了它的精神，只有透過競賽，才可以釋放出年輕一代建築師的創意。也可以避免讓他最害怕的事成真——舊政府任用親信的陋習被新政府愛用的人所替代。傑克在我們這番對話不久之後就去世了，我希望可以對他表達敬意，因為在爭取自由的奮鬥之中，包括他在內的知識分子從未失去信念，而且在曼德拉被釋放之後的非常時期，還住在他的房子裡。但是我們得簡短一點。

我解釋說我們花了一年的時間，努力構思這次競賽的重點。評審委員包括來自各地——印度、斯里蘭卡和英國——的優秀建築師，以及三位南非的建築師、約翰尼斯堡市長（他也曾被關在這個監獄過）、性別平等委員會（Commission for Gender Equality）的主席（他也被關在這裡過）和我。（我們很高興那位英國人評審說：這是他參與過最好的評審團，因為幾位非專業的成員都很激烈的爭執，並堅持最大膽的概念，而不是執著於最安全的概念。）

我聽過總統講話好幾次了，而現在，他從露露把舞台交給我的時候開始，就保持著微笑，抬著頭等待我開始說話。有一些關於他和這個地方的關係，我想要插在我的演講中。所以我必須讓我的調調符合新南非的風格——親切、友善、直接、幽默、嚴肅，但不隆重（或應該要隆重但不嚴肅？）。現在不適合用我一向的諷刺語調來談論這座監獄——南非擁有世界上獨一無二的監獄，同時關過甘地和曼德拉，這點讓我們南非人很自豪。我表示優選的設計之所以勝出，是因為它對於特殊設計的敏銳度，並且有著很強烈的南非感，也承諾要保有會引起人興趣的友善和可親近感。它會是這整個區域最具指標性的建築物，大家都將會知道它是憲法之丘（Constitution Hill），它會為來自全國各地的學者和人權鬥士們提供可用的設施，同時也是住在附近擁擠城區的人們的好去處。我們希望讓來自索維托、北部近郊和全國各地的藝術家社群一起投入，讓周圍的環境更加迷人。進行中的計畫可以讓諸如人權委員會（Human Rights Commission）、公家保護者（the Public Protector）、性別平等委員會等這些組織入駐。這裡也將有全國最大的人權博物館，以及憲法相關協商的文獻，「並且有人提議，」我匆匆的看了總統一眼，接著說出「曼德拉文件也將被放在這裡」。他看著我，看起來十分驚訝，但是未作表態；顯然他還沒有聽說這件事。「我們這些法官來了又走，」我繼續說。「我們所有人都會死，」我知道這不是個很得體的說法，「不過總統除外，他會活到兩百歲……這棟建築物會比我們活得長。它象徵新憲法秩序的連續性，周圍的監獄都會變成博物館，這樣才會提醒我們，不要再讓人們遭遇到他們過去所受的待遇。」

當我走回座位時，臉因掌聲、這個場合的生氣勃勃和象徵性而變得通紅，我感到生命中所有的主題都在這個時候結合在一起了，但是並不複雜。我們生活在憲政民主之下，我在——毫無疑問是世界上最有趣的——法院中有了職位，而且因此，我有了機會可以幫助新南非建築的發展，不管它的內容為何，都會與新南非的民主互相呼應。如果有人在此時此刻問我：這值得嗎？不必懷疑，我會跳脫我嚴謹的一面，直接回答：是的。

因可敬的成就而享有自尊是一件好事。不過還有其他的。我有時會想，如果說某些國家比其他國家更有歷史，這在理論上是可能的嗎？如果可能的話，南非是否會列在頭幾名：在過去的一百五十年間，我們經歷了殖民衝突、工業階級鬥爭、不同語言團體之間的戰鬥，甚至是宗教的傾軋。「帝國主義」這個詞被創造出來讚揚英國在我們這個區域的殖民政策。波耳戰爭（Anglo-Boer War）中出現了「集中營」這個詞。「種族隔離政策」這個字也是我們貢獻給世界的；的確，應該沒有其他國家可以宣稱他們訂出了一整套國際慣例，只為了消滅他們獨自發展出來的政策。希望有一天，我們也可以看到國際社會接受「ubuntu」這個字，這是我們新憲法中的一個詞，代表每個人都可以享有尊嚴，只要他們有與其他人共同在群體中生活的美德；如果要向不是南非的人解釋這個概念，我總是說：如果一個人能夠將信仰、希望和慈悲，與自由、平等與友愛調和在一起，讓一個非洲合唱團、或是混合了非洲人與南非白人的合唱團唱出來，那麼你就了解ubuntu了。

有一些國家早已經成立並確定了，所以讓個人感覺他們具有真正同一性的唯一方式，就是淡化他們對周圍現實的意識，燃起對世上的樂趣或想像，藉此為他們帶來意義。其他的土地都已經內爆、內部已毀滅，事實上他們再也沒有具有意義的個人選擇。然而在南非，制度的脈絡具有歷史的開放性和柔軟度，這讓生命變得極為有趣，而且充滿特別的選擇。今天生活在這個國家，部分樂趣在於它的開放性，人民感到哪裡都可以去，而且我們當中的每個人都仍然具有影響力。沒有事情是被規定好的，也沒有事情是做不到的。對於很多人來說，這種自由會令人不安。他們寧可生活在一個權力中樞的穩固權威之下（雖然一邊抱怨），那個權威——不管喜歡或是討厭——會為他們決定一切，並且因為創造出一個結構極為固定、層次多元、充滿活力的社會，而慢慢的鞏固它自己的安全性。他們懼怕自由的開放性，和抗拒為自己的生命負責。而同時，就算是我們之中，最為我們贏得的自由感到驕傲的人，也會因為缺乏身體上的安全感而感到難過。我會開玩笑的說我每天上班大概要花十五分鐘：十分鐘用來開、關所有預防犯罪的電子裝置，之後我才能離開家，用五分鐘的時間開車到法院。我們贏得了自己的自由，但沒有贏到人身的安全。

而看起來，雖然我們讓不可能變得可能了，但是我們卻沒有完成一般事的智慧：我們還無法建立起一個一成不變的社會——它符合我們的夢想，讓南非變成一個安全而單調的天堂，就像是……（我想舉的例子是我的秘密）。雖然我們具有強大而且令人欣賞的憲法，我們正在建立民主的制度，我們的經濟正要起飛，我們有強韌的工會運動，和具有影響力的宗教團體、專業協會，跨越了種族、背景和膚色，這意味著有數不清的砝碼在平衡這個國家，而且一樣重要的是，對砝碼又有許多砝碼去平衡。我們這個社會的不公平依然四處存在。我們可能需要另一個「奇蹟」，才能夠達到像樣的生活條件，和一個對每個人而言，同等開放的視野。這樣的時候，當完成最後的事項——許多信任、儘量多的調適和彈性、無止盡的一成不變的工作、面對抵抗和嘲笑的勇氣，以及堅持某些簡單、而明顯符合公義的原則——時，我們才算是以同樣被理性引導的方式完成了全部。只有這樣，我們才能夠把所有奇蹟的小小螢火蟲聚集在一起，在我們每一個人的心中閃爍、再褪去光芒，讓某些東西發光發熱、具有魔法，而且讓我們都覺得值得。最重要的是，我們要找到一個方式，可以減少暴力犯罪的發生，不要讓我們在自己的國家中連行走、開車的自由都被剝奪了。

對我來說，當我的母親以九十二之齡過世時，二十世紀就結束了。她生於俄國發生革命的一九〇五年，在襁褓中來到普里托利亞，盡情擁抱了這個地球的熱情和戲劇，從青年時一直到老年為止，都一直在為南非人的尊嚴和社會正義奮鬥。（當我十三歲的時候，我的弟弟被一輛貨車撞死了。這件事對我有很深的影響。公司願意付我的父母兩百鎊作為賠償，希望我們不要告他們。他們說這會改善我們貧窮的家境，並且有助於五個孩子的教育，而我是老大。我十分憤怒，直言我的父母不該拿那些「沾滿血的錢」，而且那也沒辦法換我弟弟回來。我的父親可以收下錢，但不要告訴我，不過這不符合他的個性。就我所知，他也沒有去告他們。）雖然她在最後的日子裡瞎了，而且沒有辦法照顧自己的身體，但是她的心靈和幽默一直到最後都充滿著生氣。當她在高地之家那些年紀大了、身體也不好的鄰居們恭喜她的律師兒子變成法官時，她顯得得意揚揚，就像她對醫生兒子變成一個優秀的醫學專家這種成就也深感自豪一樣。非洲國民議會婦女聯盟（ANC Women's League）的成員偶爾會來拜訪，讓她知道她們的活動，她對這感到很高興。我們最後一次去看她時，她堅持的最後一件事是她不要土葬或是火化，希望把遺體捐給醫學院。在她去世之後，我才知道要送到醫學院並不是件簡單的事，不是你死了就可以了。相關承辦的人告訴我要先經過檢驗：遺體不能太臃腫，不能是因感染性疾病而死亡，而且遺體不能有外傷——我可以明天再來嗎？二十四小時之後我又回去了，帶著焦慮，到停屍間等候消息：可以了，我的母親通過了！說再見了，媽媽，革命者打字員，您從來沒有放棄能夠對別人有用的渴望，也沒有失去自我能夠自決的精神，您的人生長久而且受人尊敬，您對新南非也做出了偉大的貢獻。我很高興能生為您的兒子，而且大半生都根據您的解放價值觀而活——在這個光輝而受苦的世紀中，您顯露出高貴。

開普敦，一九九八年十月

二〇一四年版尾聲

我很緊張，用跪著的姿勢，不太自在的輕輕摟着奧利佛（Oliver）。攝影機就定位了，收音麥克風放得很小心，以免聲音被經過的車聲蓋過。要如何向一個三歲半的孩子解釋，這裡就是你的爸爸被炸斷右手的地方？每天早上，奧利佛會爬上床，鑽進我和瓦妮莎（Vanessa）之間，我會用我的「長手臂」——用手指彎成像鳥嘴，像玩偶一樣和「短手臂」說話——但短手臂堅持他要再睡一會兒：奧利佛會大笑著叫出來：「醒醒！醒醒！你醒醒！短手臂！」在幼兒園的時候，如果有其他孩子盯著我的手看，問它怎麼了，奧利佛會明白的、帶著一點自豪的告訴他們：我的車裡有一顆炸彈，所以我被送到醫院去了。有時候他會說那發生在芝加哥——我們待過的地方，他把那裡和馬布多搞混了——馬布多才是我們今天飛來的地方。現在，我們摟在一起，坐在人行道的邊緣，他可以感受到我的難為情。我是否只為了拍出賺人熱淚的影片，而利用了一個極端私密的時刻？我和瓦妮莎、導演都同意我們先錄下這個場景，然後再決定是否要用它。

路過的人們都停下腳步，向我豎起大拇指……他們都還記得二十幾年前的那個時刻，一位年輕的莫三比克新聞記者——艾琳（Irene）——在聽到爆炸聲之後的瞬間拍到我，並且用她的車把我載到醫院。她救了我的命，而且有人告訴我，整個馬布多都有看到那個片段在電視上播出，最後一幕還出現字幕：奧比萬歲……奧比還活著！我愛這個城市——當我初來乍到時，它讓我有勇氣回來，而當我在十一年後幾乎死在這裡時，它又為我歌唱，讓我康復。車子都放慢速度，還用喇叭聲表達支持。我當時走出的那棟公寓大樓隱約出現在我們的上方。我的車碎片掉在八樓高的陽台上。高興夾雜著恐懼，變成一種感覺很奇特的情緒：我覺得我又重新經歷了一次，但不是原本的那次事件，而是這本書中我對那次事件的描述。

奧利佛背對著我。我開始對他講話，但是看不到他的臉，也沒辦法直視他的眼睛。我故意不先想好我要講什麼。死亡在我心裡。今天下午，我要到墓地去——露思．法斯特和許多其他沒有逃過炸彈或是瞄準他們的子彈的人們，都葬在那裡。也許我在那裡會比較容易說出話來，也或許只要唱我們的國歌——天佑非洲（Nkosi Sikelele iAfrika）——就好。現在我在法院的任期屆滿了，我在想：我是否夠格可以舉起我的「長手臂」、握緊拳頭向我們的奮鬥致敬？在超過十五年之後第一次這麼做……？

專注於現在——我命令自己，這已經夠困難了。這應該是一個解放的時刻，向沒有力量的人說出真相，可以讓我們兩個人都從那可怕的記憶中解放出來。但是我覺得我們同樣悲哀，而且對於要儘快度過這個難關，都一樣感到焦慮。

「奧利佛，」我對著他的後頸講話，「這裡就是我車在的地方，我本來要去海邊，但是轟的一聲……！」我的身體又變得更緊繃了，我應該要反射性的揮動手臂以襯托爆炸聲，但是卻緊緊的摟住奧利佛，「爆炸了，我被彈飛到空中，然後我掉下來，掉在這裡。」我沒辦法轉過身去，指出那個我著地後躺著的地方（那是我事後看照片才知道的），「我的短手臂受傷了，有一些很好的人把我送到醫院，醫生人很好，他確定我的短手臂不會再痛了。」我現在話講得很快，希望我可以看到奧利佛的反應，「後來我好了，短手臂現在也很快樂。」我以前有告訴過他這些事，但是好像在說一個故事——很久以前發生在我身上的、一件很遙遠的事。他看過我躺在地上、樣子很悽慘的照片，拍我在法院這棟美麗的建築物中任職的DVD用了那張照片。法院院長皮斯·藍加就是在那裡為我和瓦妮莎證婚的，也是在那快樂的一年，奧利佛出生了。那張艾琳照的照片，他看過好幾次了。就只像是森林王子毛克利（Mowgli）、丁丁歷險記的丁丁（TinTin）、小熊維尼（Pooh Bear）、小馬王（Spirit）和——尤其是我離家遠行的時候——長腿叔叔。但是現在他就在現場了，而且他也要成為影片的一部分。他周圍的每個人都是認真的。

有些事以前我從來沒和他討論過。如果我現在不做，也許我就永遠不會做了。那是：為什麼呢？為什麼有人要在他爸爸的車上放炸彈？

我儘量專注。我必須用很簡單的語言表達出來，這樣他才能夠聽懂。「那是在很久以前……」首先我必須和他解釋種族隔離政策，然後再說明自由抗爭。用最簡單的話。

他知道如果他說出納爾遜．曼德拉的名字，人們就會微笑，說巴拉克．歐巴馬（Barack Obama）的時候也會。他不會從星期一數到星期日，但是可以告訴別人他的爸爸——奧比．薩克思——是一個法官，在憲法法院工作，〔當十五年任期結束時，在我們的卸任儀式上，他和陪他來的人到得比較晚，他靜靜的找到自己的位置坐下，還偷偷的向我揮手——那時候很安靜，全法院的人都看到他了，大家都在微笑。〕

我再說了一次：「那是在很久以前……」然後就接不下去了。我就是沒辦法讓他了解，有些人對別人很不好，只是因為他們的膚色。我體內有一些力量在阻止我說下去。我就是說不出口。我不想告訴他白人和黑人的事。我猶豫不決，說不出白人之所以想殺我，是因為我和黑人並肩作戰，我要幫這個國家的所有人——包括黑人和白人——得到自由。

就讓他只是個小孩子吧，他就是他，就是這樣，可以覺得阿姨叫作卡希爾法（Kashiefa）、而叔叔叫作本尼（Bennie）[1]是很正常的事，可以在幼稚園裡和任何膚色、任何背景的孩子一起騎踏板車、一起盪鞦韆。我做不到，我不想把他拉回另一個世界，在那個世界裡，我們終其一生必須如此緊張、而且憤怒的奮鬥。

也許這就是我們最大的成就。對於整個下一代而言，種族隔離政策變得很荒謬、不可置信。它潛在的傲慢心態與奧利佛的人生經驗格格不入，所以我找不出有意義的參考點讓他明白。不、我並不、我不想帶領我的孩子走入種族的語言和世界。種族還是存在於世界各地，影響著發生的每件事。但是脈絡已經不同了，完全不同。事情改變得越多，他們越不會維持在同一個樣子。就讓他沐浴在、感受現在這個有機、純淨、不存在種族主義的世界吧（這才是他們長大的世界）。還有時間去發掘潛在於我們周圍的種族主義。而在這個我們所建立的設定中，我很高興能夠屬於過去，屬於要陳列在博物館中的古董，也許就像那些在某些魔法時刻會活躍起來的玩具一樣，在陷入遲滯無生命的狀態之前，它們會用自己創造的回憶，來讓人著迷不已。

我溫柔的復仇已經過時了。我們有了新的問題、新的不正義必須處理。一切都與過去有所連結，由過去所預告，但是我們需要新的嘗試、新的思考方式。基本價值觀、解放的驅動力，這些都沒有改變。但是概念上的形式已經完全革新了。現在我們必須完全超越復仇的想法——即使是

---

1 譯注：兩者分別是黑人和白人的名字。

以最具有諷刺意味、最似非而是的溫柔形式。我們必須堅定的、用向前看的想法，堅守我們贏來的權利，守護它們、強化它們。讓新人在詳細計畫、躊躇猶豫之後邁步向前——像我們曾經做的那樣。

奧利佛還會有足夠的時間去查明種族隔離政策——它的殘酷、它的暴力。他不應該以為這件事只與他的父親個人有關。我將要結束我們在這個人行道上這場緊張的會面了。

「有一些殘忍的人把炸彈放在我的車裡，」我只是語意模糊的告訴他。「之後發生了很多戰鬥。戰鬥停下來了，我們不必再那樣打來打去了。」在讓他離開之前，我給了他最後一個緊緊的擁抱。「是短手臂給你的擁抱，」我告訴他。

我還是沒有看到他的眼睛。我放開摟著他的手，然後站起來。導演和瓦妮莎告訴我，奧利佛聽進去了我說的每個字。

開普敦

二〇一一年一月

奧比·薩克思生平重要事件年表

1935　生於南非。

1957-66　在開普敦執行法律業務。

1963-64　遭治安警察拘留，寫下《奧比·薩克思的獄中日記》（*The Jail Diary Of Albie Sachs*）。

1966　第二次遭到拘留。

1966　流亡至倫敦，寫下《受審的史蒂芬妮》（*Stephanie on Trial*），與史蒂芬妮·肯普（Stephanie Kemp）結婚。

1967-70　完成薩塞克斯大學（Sussex University）的博士學位。

1970-77　在南安普敦大學（University of Southampton）教授法律。兒子亞蘭和麥克出生。寫下《性別歧視主義與法律》（*Sexism and the Law*）。

1977-83　莫三比克的法學教授。

1983-88　莫三比克司法部門的研究主管。與史蒂芬妮·肯普離婚。

1988　在莫三比克的馬布多遭到汽車炸彈案。

1989　在哥倫比亞大學（Columbia University）教書，寫下《溫柔的復仇》（*The Soft Vengeance of a Freedom Fighter*）。

1989　倫敦大學（University of London）聯邦研究所（Institute of Commonwealth Studies）南非憲法研究中心（South Africa Constitution Studies Centre）的創辦主任。

1990　結束流亡，回到南非。

1991-93　參與南非新憲法的協商。

1994　南非的第一次民主選舉。

1995　被任命為新創設之南非憲法法院的法官。

1995-98　真相與和解委員會（Truth and Reconciliation Commission）開始運作。

1997　母親以九十二之齡辭世。

1998　協助設計新憲法法院建築。

2001　寫下《奧比・薩克思的自由日記》（*Free Diary Of Albie Sachs*），與瓦妮莎・薩天勃（Vanessa September）為共同作者。

2006　在憲法法院與瓦妮莎・薩天勃結婚。兒子奧利佛出生。

2009　在憲法法院的任期屆滿。

人物簡介

雅各布・祖馬（Jacob Zuma）：ANC的前莫三比克代表，現為南非總統。

約翰・納迪明（John Ndadimeng）：前工會領導人，之後擔任南非駐古巴代表。

米瑞安・馬卡貝（Miriam Makeba）、休・馬斯克爾（Hugh Masekela）、阿卜杜拉・易卜拉欣（Abdullah Ibrahim）：南非音樂家，都在流亡期間獲得國際間的聲望。

戈萬・姆貝基（Govan Mbeki）：ANC領導人，與曼德拉一同被關押。塔博・姆貝基（Thabo Mbeki）的父親，在寫本書後記時，塔博是副總統，之後成為南非總統。

路克司馬特・努固德（Looksmart Ngudle）、伊利亞・羅薩（Elijah Loza）、巴布拉・薩羅吉（Babla Salohee）：我的朋友們，都遭南非治安警察刑求至死。

露思・法斯特（Ruth First）、珍妮特・朔恩（Jeanette Schoon）、喬・葛卡比（Joe Gqabi）、杜爾斯・薩天勃（Dulcie September）：我的朋友們，在流亡期間遭到南非的暗殺小組暗殺。

皮斯・藍加（Pius Langa）：後來的南非法院院長，在憲法法院為我和瓦妮莎・薩天勃證婚。

國家圖書館出版品預行編目資料

溫柔的復仇：奧比．薩克思的創痛與重生日記／
奧比．薩克思（Albie Sachs）作；堯嘉寧譯.
-- 一版. -- 臺北市：麥田，城邦文化出版：家庭
傳媒城邦分公司發行，民104.03
面；　公分. --（麥田人文；156）
譯自：The soft vengeance of a freedom fighter
ISBN 978-986-344-225-7（平裝）

1. 薩克思（Sachs, Albie, 1935-）　2. 傳記

786.818　　104004211

麥田人文 156

溫柔的復仇：奧比．薩克思的創痛與重生日記

作　　者／奧比．薩克思（Albie Sachs）
譯　　者／堯嘉寧
責任編輯／王家軒
校　　對／陳佩伶

國際版權／吳玲緯
行　　銷／陳麗雯　蘇莞婷
業　　務／李再星　陳玫潾　陳美燕　枡幸君
副總編輯／林秀梅
副總經理／陳瀅如
編輯總監／劉麗真
總 經 理／陳逸瑛
發 行 人／凃玉雲
出　　版／麥田出版
台北市104民生東路二段141號5樓
電話：(886)2-2500-7696　傳真：(886)2-2500-1966、2500-1967
發　　行／英屬蓋曼群島商家庭傳媒股份有限公司城邦分公司
台北市民生東路二段141號2樓
客服服務專線：(886)2-2500-7718、2500-7719
24小時傳真服務：(886)2-2500-1990、2500-1991
服務時間：週一至週五09:30-12:00．13:30-17:00
郵撥帳號：19863813　戶名：書虫股份有限公司
讀者服務信箱E-mail：service@readingclub.com.tw
麥田網址／http://ryefield.com.tw
香港發行所／城邦（香港）出版集團有限公司
香港灣仔駱克道193號東超商業中心1樓
電話：(852) 2508-6231　傳真：(852) 2578-9337
E-mail：hkcite@biznetvigator.com
馬新發行所／城邦（馬新）出版集團【Cite(M)Sdn. Bhd.(45832U)】
11, Jalan 30D/146, Desa Tasik,
Sungai Besi, 57000 Kuala Lumpur, Malaysia.
電話：(603) 9056-3833　傳真：(603) 9056-2833

封面設計／王志銘
印　　刷／前進彩藝有限公司

■2015年4月　初版一刷　　Printed in Taiwan.

定價：360元

ISBN 978-986-344-225-7

cite城邦媒體 麥田出版
Rye Field Publications
A division of Cité Publishing Ltd.

廣 告 回 函
北區郵政管理局登記證
台北廣字第000791號
免 貼 郵 票

英屬蓋曼群島商
家庭傳媒股份有限公司城邦分公司
104 台北市民生東路二段141號5樓

請沿虛線折下裝訂，謝謝！

文學・歷史・人文・軍事・生活

麥田出版
Rye Field Publications

書號：RH1156 書名：溫柔的復仇

讀者回函卡

cite城邦媒體

※為提供訂購、行銷、客戶管理或其他合於營業登記項目或章程所定業務需要之目的，家庭傳媒集團（即英屬蓋曼群島商家庭傳媒股份有限公司城邦分公司、城邦文化事業股份有限公司、書虫股份有限公司、墨刻出版股份有限公司、城邦原創股份有限公司），於本集團之營運期間及地區內，將以e-mail、傳真、電話、簡訊、郵寄或其他公告方式利用您提供之資料（資料類別：C001、C002、C003、C011等）。利用對象除本集團外，亦可能包括相關服務的協力機構。如您有依個資法第三條或其他需服務之處，得致電本公司客服中心電話請求協助。相關資料如為非必填項目，不提供亦不影響您的權益。

□ 請勾選：本人已詳閱上述注意事項，並同意麥田出版使用所填資料於限定用途。

姓名：________________ 聯絡電話：________________

聯絡地址：□□□□□ ________________

電子信箱：________________

身分證字號：________________（此即您的讀者編號）

生日：____年____月____日 性別：□男 □女 □其他________

職業：□軍警 □公教 □學生 □傳播業 □製造業 □金融業 □資訊業 □銷售業

□其他________________

教育程度：□碩士及以上 □大學 □專科 □高中 □國中及以下

購買方式：□書店 □郵購 □其他________________

喜歡閱讀的種類：（可複選）

□文學 □商業 □軍事 □歷史 □旅遊 □藝術 □科學 □推理 □傳記 □生活、勵志

□教育、心理 □其他________________

您從何處得知本書的消息？（可複選）

□書店 □報章雜誌 □網路 □廣播 □電視 □書訊 □親友 □其他________

本書優點：（可複選）

□內容符合期待 □文筆流暢 □具實用性 □版面、圖片、字體安排適當

□其他________________

本書缺點：（可複選）

□內容不符合期待 □文筆欠佳 □內容保守 □版面、圖片、字體安排不易閱讀 □價格偏高

□其他________________

您對我們的建議：________________

____